미래의 부자인 _____ 님을 위해

이 책을 드립니다.

웰컴!

베트남

웰컴! 베트남

초판 1쇄 인쇄 | 2022년 09월 29일
초판 1쇄 발행 | 2022년 10월 06일

지은이 | 구본진
펴낸이 | 박영욱
펴낸곳 | 북오션

경영지원 | 서정희
편　　집 | 고은경·조진주
마케팅 | 최석진
디자인 | 민영선·임진형
SNS마케팅 | 박현빈·박가빈

주　　소 | 서울시 마포구 월드컵로 14길 62 북오션빌딩
이메일 | bookocean@naver.com
네이버포스트 | post.naver.com/bookocean
페이스북 | facebook.com/bookocean.book
인스타그램 | instagram.com/bookocean777
전　　화 | 편집문의: 02-325-9172　　영업문의: 02-322-6709
팩　　스 | 02-3143-3964

출판신고번호 | 제2007-000197호

ISBN 978-89-6799-708-3 (93300)

웰컴!
베트남

구본진 지음

북오션

베트남을 처음 방문하는 사람들은 베트남이 우리와 많은 부분에서 비슷하다고 생각합니다.

하지만 베트남은 지정학적으로 우리와 많이 다른 곳입니다.

베트남은 사회주의 국가이고, 날씨와 토양 등이 우리나라와는 아주 다른 지역입니다.

중국의 영향으로 일부 문화 풍습은 우리와 비슷하면서도 어딘지 모르게 우리와 다르고 오랜 전쟁 탓에 베트남 사람들의 사고방식도 우리와 다른 부분이 있습니다.

그런데 그들의 생활 문화를 살펴보면 볼수록 왠지 베트남에 친근함을 느끼기도 합니다. 오래전 우리들의 모습이 드문드문 이곳에 있기 때문입니다. 그래서 베트남은 마치 과거로의 여행길에 만나는 우리의 옛 추억들을 모아놓은 곳 같기도 합니다.

이 책은 지난 8년간 베트남에 거주하면서 본인이 직접 경험한 베트남의 실생활 속에 녹아있는 문화적 차이를 살펴보며 기록한 것으로 현지 교민 잡지 〈굿모닝 베트남〉에 1년간 연재한 글을 수정 보완하여 재구성하였습니다.

본인이 거주한 곳이 호찌민이다 보니 하노이보다는 남부 호찌민에 대한 이야기가 많고, 베트남어의 한글 발음 표기 역시 남부 호찌민의 발음으로 표기했습니다.

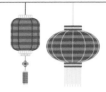

　베트남 투자와 창업, 진출 그리고 거주나 여행을 고려하는 분들이 참고해야 할 우리와 다른 베트남 사람들의 성향이나 자칫 오해할 수 있는 부분 그리고 실생활에 조금이라도 도움이 될 만한 정보를 최대한 많이 담고자 했습니다.

　아무쪼록 이 책을 통해 베트남, 특히 베트남의 경제 수도 호찌민의 분위기와 우리와 다른 베트남 문화를 이해하는 데 도움이 되었으면 합니다.

　다양한 소재와 정보를 찾는 데 도움을 준 Hia 님, Nhu 님, 김현우 님, 호찌민까지 와서 아이디어를 주고 간 정세진 님, 다양하고 소중한 경험을 전해주신 황성원 고문님, 바쁜 학사 일정에도 내용 감수를 해 주신 서강대 윤대영 교수님께 감사드립니다. 단행본 출간의 용기를 준 본인의 이종사촌 형, 아동문학 작가 정제광 형님과 흔쾌히 출간을 결정해 주신 북오션의 박영욱 대표님께 특별히 감사 인사를 드립니다. 그리고 멀리 떨어져 지내면서도 씩씩하고 멋지게 큰 두 아들 근모, 도영에게 고맙다는 말을 전합니다.

호찌민에서 구본진

5

목차

프 롤 로 그

Vietnam

우리를 왜 가두나요? 베트남 병원에 격리된 한국인들

'코로나19' 초기, 베트남 정부는 중국과의 모든 국경을 닫아버렸다. 그리고 해외에서 들어오는 거의 모든 항공편을 차단했다. 자국의 해외 거주자 입국도 전면 금지했고, 돌아올 수 없는 그들도 정부의 그러한 정책을 충분히 이해한다고 했다. 자국의 열악한 의료시스템을 잘 알기에 외부와의 엄격한 차단만이 전염병으로부터 인민들을 보호할 수 있는 유일한 선택이었다. 그래서 한때 일부 학자들은 K-방역보다 V-방역이 더 우수하다고도 했다.

코로나가 터지고 한국과 베트남과의 관계를 급격히 벌려놓은 일이 발생했다. 바로 항공편으로 베트남 다낭에 도착한 한국인들을 베트남 정부가 사전 예고 없이 강제로 격리한 사건이다. 격리 장소와 격리 행태에 대한 불만 그리고 제공된 베트남 전통음식 반미 등에 대한 우리 언론사의 표현은 한·베 간의 관계를 급격히 냉각시켰다.

당시 격리 장소는 폐(肺) 전문병원인데, 일부 한국 언론은 오래되어 닫아버린 폐(閉) 병원이라고 보도하기도 했다. 그러나 그 병원은 베트남 병원 중

그나마 시설이 깔끔한 상급 종합병원이었다. 이름 있는 언론사임에도 불구하고 우리가 상식으로 생각하는 병원과 다른 베트남의 실제 병원 시설에 대한 이해가 얼마나 부족한지 알 수 있었다. 병원 외부로 나올 수 없게 철문으로 잠근 후 자물통을 걸었다고 하는 내용은 베트남 문화를 모르는 상당수의 우리나라 사람들이 오해할 만하다. 왜냐하면 이러한 일은 베트남 사람들에게는 아주 자연스러운 행동이기 때문이다.

오래전부터 폐쇄적인 촌락 공동체 생활을 했던 베트남 사람들은 저녁 무렵 마을 사람들이 모두 울타리로 둘러싼 공동체 공간 안으로 들어오면 외부로 나갈 수 있는 문을 걸어 잠근다. 월남전 당시에는 땅굴을 파고 오랜 시간 그 안에서 생활했던 베트남 사람들은 동료들과 그 가족들이 모두 땅굴 안으로 들어오면 더 이상 적이나 모르는 외부인들이 들어올 수 없게 외부로 통하는 모든 출구를 막았다. 그리고 지금 현재, 베트남의 학교들은 각 교실에서 수업이 시작되면 각 복도에 설치되어 있는 철문을 걸어 잠근다.

이러한 모든 일은 내부 공간에 있는 이들을 '가두기' 위함이 아니라 '보호'하기 위함인 것이다. 베트남 문화에 대한 이해가 부족했던 한국의 언론사는 당시 격리되어 있던 한국 사람들이 전하는 격리 시설, 격리 행태에 대한 불만과 베트남의 전통음식 반미를 폄하하는 인터뷰 내용을 여과 없이 그대로 보도했다. 이후 점차 양국 네티즌들의 싸움으로 크게 확대되자 실수를 시인하고 '문화 차이를 이해하지 못해 생긴 일'이라고 하며 사과문을 발표하기도 했다. 하지만 이미 양국관계는 벌어질 대로 벌어진 상태라 한국 탑 언론사의 사과문도 별 효과가 없었다. 무책임한 뉴스가 나비효과가 되어 국가 간을 이간질한 것이다.

코로나 팬데믹 때문이기도 하지만 서로의 문화를 이해하지 못해 생긴 일이 이토록 양국관계에 썰렁한 분위기로 자리 잡고 이렇게 오래갈 줄은 몰랐다.

하지만 대부분의 베트남 사람들은 그 일을 잊었고, 여전히 한국을 좋아하며, 한국인들을 좋아한다. 당시 양국 네티즌 싸움에 발 벗고 나섰던 젊은 베트남 청춘들은 모두 BTS에 열광하고 있고, 제1외국어로 선정, 초등학교 3학년부터 선택할 수 있게 된 한국어와 한국문화를 배우기 위해 언제나처럼 K드라마에 빠져 있다. 그리고 근무 환경과 보수가 보다 좋은 한국 회사에 취직하기 위해 누구보다 열심히 한국어 공부를 한다. 그리고 박항서 감독의 나라, 한국을 다른 나라와는 달리 매우 친근한 나라로 생각하고 있다.

지나간 일을 훌훌 잘 털어버리고 여전히 한국을 좋아하는 베트남 사람들. 반면 아직도 베트남을 무조건 하대하는 몇몇 네티즌과 유튜버. 우리만 아직 뒤끝이 있는 것 같아 그들에게 미안하기도 하다.

우리나라는 베트남의 제1위 투자국입니다. 그리고 베트남은 신남방정책의 핵심 파트너 국가로 앞으로 교역, 투자, 문화, 관광, 인적 교류 등 다양한 분야에서 지금보다 더 많은 협력이 예상되는 나라입니다.

베트남에는 8천 개가 넘는 우리 기업들이 진출해 있고, 지금은 많이 줄었지만 코로나 팬데믹 이전만 해도 20만 명이 넘는 우리 교민들이 거주하고 있었습니다. 그리고 해마다 베트남의 주요 관광지에는 꽤 많은 우리 관광객들이 방문하곤 했습니다.

코로나 팬데믹의 시작과 함께 우리 언론사의 무책임한 뉴스가 단초가 되어 한·베 관계는 급격

여성 원피스에 써 있는 한글

히 냉각되었고, 현재 코로나 팬데믹이 완전히 풀리지 않은 것처럼 아직도 양국 간 냉각 분위기는 좀처럼 풀리지 않고 있는 것 같습니다.

2022년 1월, 양국 간의 정기 항공노선이 재개되고 백신 접종 완료자들에 대한 국가 간의 격리 정책이 완화되면서 점차 베트남을 찾는 우리 관광객들도 다시 늘어날 것이라 생각됩니다. 그리고 예전과 같이 다시 베트남에 거주하는 교민들도 증가하게 되겠지요.

베트남.

우리가 잘 알고 있는 것처럼 말하지만 우리 대부분은 베트남을 제대로 알고 있지 못한 것 같습니다.

1

베트남의 아침 문화와 주거 문화

1) 학교 수업 1교시는 아침 7시에 시작

베트남은 더운 나라이다. 특히 호찌민시는 1년 내내 여름이고 뜨거운 한낮에는 어떠한 일이든 야외에서 하기 힘들다.

더운 나라 사람들은 보통 게으르다고 하지만, 베트남 사람들은 예외인 것 같다. 베트남 사람들은 아침이 아니라 대부분 꼭두새벽에 일어난다.

더운 날씨 때문이어서 그런지 베트남은 오래전부터 이른 아침 문화가 형성되어 있는 듯하다. 대부분의 가정은 보통 새벽 4~6시에 하루를 시작한다. 보통 아침 6~8시에 하루를 시작하는 한국의 가정에 비하면 빠른 편이다.

베트남의 유아원이나 유치원은 아이를 맡기고 출근하는 엄마들을 위해 새벽 6시부터 문을 열고, 각 학교의 1교시는 아침 7시에 시작한다. 한국에 비해 아침 시작이 굉장히 빠른 편이다. 회사의 출·퇴근 시간 또한 한국에 비해 빠른 편인데, 보통 오전 7시 또는 8시까지 출근해서 오후 4시 또는 5시에 퇴근한다. 1일 근로시간이 8시간인 것은 한국과 동일하다.

2) 이른 아침부터 카페에 웬 남자들이?

사무실을 주택가로 이전했다는 지인에게 볼일이 있어 아침 일찍 주택가 골목골목을 살피며 사무실을 찾아가는 길이었다. 아침 8시가 안 된 이른 시간인데도 그 동네 골목 안쪽에 있는 한 카페에 남자들이 잔뜩 앉아 커피를 마시는 게 보였다. 카페는 거의 자리가 없을 정도로 꽉 찼다. 사무실에 도착한 후 지인에게 물었더니, 본인도 처음 보았을 때 동네에 무슨 일이 일어난 줄 알았다며 하는 얘기는 이렇다.

이곳 대부분의 부인들은 아침 7시 전 오토바이에 아이를 태워 학교에 등교시키고 바로 출근을 하는데, 집에 혼자 있는 게 심심한 남자들이 그 카페에 모여 커피 한 잔을 시켜 놓고 신문도 보며, 수다도 떨고 하는 거란다.

어쩌면 이렇게 우리나라와 정반대인가. 보통 남편이 출근하고 아이들이 모두 학교에 간 뒤, 동네 아주머니들끼리 모여 있는 우리나라의 풍경과 대조되는 아주 색다른 풍경이다.

베트남의 아침은 우리나라보다 훨씬 일찍 시작된다. 새벽 5시 반이면 서서히 동터 올라 6시면 날이 밝는다. 계절에 따라 조금씩 차이는 있지만, 아침을 준비해야 하는 시간이면 이미 더위가 시작되어 에어컨을 틀어야 한다. 그래서일까? 아침이면 그 많은 카페가 늘 사람들로 북적인다. 특히 남자들로 말이다.

베트남의 커피 생산은 프랑스 식민지 시대부터 시작되었다. 현재 베트남의 커피 생산량과 수출량은 브라질에 이어 세계 2위다. 커피를 즐기는 사람들이 많아 우리나라에 비해 카페 문화가 발달했고 이러한 카페는 생활 속에 깊이 들어와 있다. 그 형태와 크기도 아주 다양할 뿐 아니라 아무리 작은 시골 동네라도 다양한 형태의 카페가 있다. 대부분의 베트남 사람들은 아침 식사 전후 기본적으로 커피 한 잔을 마신다고 한다.

보통 주택가에는 간단한 의자와 테이블이 놓인 작은 카페들이 하나씩 있는데, 이곳이 그 동네의 사랑방 같은 역할을 한다. 이렇게 베트남의 동네마다 있는 카페에서는 동네 사람들이 오며 가며 커피나 차를 마시기도 하고, 이른 아침이나 모두가 퇴근한 저녁이면 동네 사람들, 특히 남자들이 모여 수다를 떠는 장소이기도 하다. 이른 아침, 여자보다 남자 손님이 많은 주택가의 카페는 베트남에 사회 활동과 생활력이 강한 여성들이 많다는 것을 짐작할 수 있는 곳이기도 하다.

3) 베트남의 낮잠 시간

베트남에서 한낮, 특히 점심시간에 낮잠은 흔한 일상이다. 더운 나라에는 이런 낮잠 문화, 즉 씨에스타(Siesta)가 있는데, 한낮의 짧은 낮잠은 더위로 지친 몸의 원기를 회복시켜 준다. 더구나 이른 새벽부터 하루를 시작한 베트남 사람들에게 이러한 낮잠 문화는 삶의 일부이자 즐거움이다.

베트남 관공서나 회사의 점심시간은 오전 11시 30분이나 오후 12시부터 오후 1시 또는 오후 1시 반까지인데, 베트남 사람들은 이 시간에 빨리 점심 식사를 마치고 낮잠을 잔다. 이렇게 낮잠을 자는 시간에는 출입문을 잠그고 불을 꺼놓는 경우가 많다.

참고로 대부분의 초등학교 학생들은 집에 가서 점심을 먹는다. 그리고 낮잠을 자고 다시 학교에 가서 수업을 받는다. 대부분의 고아원은 종교 시설, 즉 절이나 성당에서 운영하는데 이곳 또한 점심시간에는 낮잠을 자는 시간이므로 이 시간을 피해서 방문하는 게 좋다.

대형 마트나 온라인 쇼핑몰에서는 직장인들의 낮잠 문화를 위한 소품, 책상에서 엎드려 잘 때 또는 사무실 바닥에서 누워 잘 때 필요한 다양한 모양의 베개나 방석, 일인용 돗자리나 이불 등 낮잠 문화를 위한 다양한 상품들을 판매한다. 한낮 길거리에서도 쎄옴(xe ôm, 오토바이 택시) 아저씨가 그늘진 곳에 오토바이를 세우고 오토바이 위에서 또는 가로수에 해먹을 달고 낮잠을 자는 진풍경을 흔히 볼 수 있다.

4) 좁고 긴 베트남 주택

베트남에 처음 온 사람들은 옆집과 벽이 맞닿아 있는 베트남의 집들을 보고 의아해한다. 옆집과 벽을 같이 쓰는 것인지, 저 좁은 통로 같은 집에서 어떻게 사는지 그리고 왜 모두 서양풍의 집들인지 궁금증이 생기기도 한다.

베트남은 1883년부터 1954년까지 약 70년간 프랑스의 식민지였고, 이 기간 중 프랑스의 영향을 받아 일부 주택의 형태가 당시 프랑스의 주택과 같은 모양과 구조를 가지게 되었다. 일명 '칼집'이라고도 하는 프랑스식 베트남 주택의 폭은 4~5m, 길이는 15~20m가 대부분이며, 가장 흔한 주택 사이즈는 4m×20m이다. 대부분 3~4층인 프랑스식 베트남 주택의 특징은 한 층에 모든 시설이 갖춰 있는 것이 아니라, 층별로 용도와 목적이 다르다는 것이다. 1층(지상층)은 거실 또는 주방 그리고 밤에는 오토바이 주차 공간으로 사용되기도 한다. 주방의 위치는 1층이나 2층, 어떤 주택은 맨 꼭대기 층에 주방이 있다. 그리고 각 층에는 침실과 화장실이 있어 독립된 공간을 가지고 있고, 옥상 층은 비교적 작은 방과 함께 빨래를 건조할 수 있는 여유 공간이 있는 것이 일반적이다. 그리고 거의 모든 주택에는 조상을 섬기는 작은 제단(Bàn thờ, 반터)이 입구에 있다.

베트남 사람들은 조상을 매우 극진하게 숭배하는 편인데, 우리나라도 조상에 대한 예로 제사를 지내지만, 베트남 사람들은 평상시에도 집안에 있는 제단에 제사상을 차려 놓는다. 베트남의 어느 가정을 가더라도 집에 텔레비전이나 냉장고는 없어도 이 제단은 있다. 아무리 시골 오지 가난한 집이라도 집안 입구 한가운데 제단이 놓여 있다. 혹시 베트남 가정을 방문하게 된다면 이 제단에 향을 피우거나 아니면 잠시 고개라도 숙여 예를 갖추는 것이 좋다.

5) 아파트보다 아직은 개인주택

대부분의 베트남 사람들이 아파트보다 단독주택을 좋아하는 이유는 아파트 생활에 대한 인식이 아직은 낮기 때문이다. 베트남 사람들은 오랫동안 공동체 생활(대가족)을 해 왔기 때문에 "아파트는 넓지 않기 때문에 다 같이 살 수 없다"라는 인식이 있다. 또한 여러 세대가 함께 살면 개인 사생활이 노출된다고 생각하며, 고층에서 사는 것이 건강에 좋지 않다는 인식도 가지고 있는데 아파트의 고층보다 저층이 베트남 사람들에게 더 인기 있다는 게 이를 반증한다. 단독주택에 살면서 1층(지상층)에 가게를 차려 직접 장사를 할 수도 있고, 임대를 주어 임대 수익을 얻을 수도 있는데 아파트는 그렇게 할 수 없다는 것이다.

그러나 이러한 단독주택 선호 분위기도 점차 바뀌는 추세다. 중국, 한국, 일본 등 외국의 자금력으로 성장한 아파트 건설시장에 베트남 현지인들의 구입 비중이 점차 높아지고 있고, 아파트의 가격 상승세가 단독주택보다 훨씬 높아 투자가치가 높은 부동산으로 인식되기 때문이다. 과거 우리나라와 비슷한 현상이다. 베트남에서 아파트 투기는 이미 시작되었다. 과연 서울 강남과 같이 불과 몇 년 만에 아파트 값이 2~3배로 뛰는지는 지켜볼 일이다.

6) 왜 이렇게 천장이 높은 거야?

베트남 집들은 천장이 꽤 높다. 아파트도 마찬가지다. 한국의 아파트와 비교하면 확연한 차이를 느낄 수 있다. 이는 베트남의 무더운 날씨와 관계가 있는데, 천장이 너무 낮은 경우 뜨거운 열이 나갈 공간이 없기 때문에 천장을 높이는 것이란다.

우리나라는 겨울 난방을 위해 바닥에 보일러 배관을 하고, 천장의 콘크리트 마감이나 수도 배관 및 배선이 보이지 않도록 별도의 천장을 설치하지만, 이곳 베트남은 난방이 필요 없으니 보일러 배관이 없고, 수도 배관 및 배선을 벽이나 바닥, 기둥에 묻고 바닥이나 천장을 별도로 설치하지 않는 경우가 대부분이다. 그래서 베트남의 아파트는 한국의 아파트보다 천장이 훨씬 높아 집안에서 마음껏 골프채를 휘둘러도 안심이다. 이렇게 높은 천장은 무더운 날씨에 훨씬 쾌적하고 넓은 느낌을 준다.

7) 베트남의 이사 문화와 벽지 있는 집

베트남에 거주하면서 이상한 일들로 이사를 자주 다닌 편인데, 처음 이사한 경우는 순전히 집주인 때문이다. 1년 월세 계약서를 작성한 지 두 달이 채 안 되었는데, 한 부동산 사무실에서 자꾸 연락이 오더니, 손님이 집을 보러 가니 집을 비우지 말라는 황당한 얘기를 했다. 집을 얻을 때 거래하던 부동산 사무실 직원에게 물어보니 집주인이 집을 팔려고 내놓은 것이고, 집을 구입하려는 사람들이 집을 보러 온다는 것이다. 집이 팔려도 월세 계약이 일 년이니, 일 년간은 이상 없을 것이라고 했다. 하지만 어느 날 전화로 집이 팔렸고, 새 집주인이 직접 살기를 원하니 일주일 안으로 이사를 가라는 그야말로 황당한 내용을 두 부동산 사무실로부터 전달받았다. 난 못 나간다, 아니 안 나갈 거라고 통보했지만, 부동산 직원들은 모두 다행히 계약서에 보상금을 받는 내용이 적혀 있어, 돈을 받게 될 텐데 왜 그러냐고 도리어 나를 이상한 사람으로 보았다. 그제서야 계약서를 찾아 살펴보니, 집주인의 사정으로 계약을 위반할 시, 두 달치 보증금 외에 또 두 달치 보상금을 받게 되어 있는, '을'을 배려한 단 한 줄의 소중한 내용이 거기에 있었다. 나중에 다른 친구들에게 얘기하니 자기네 집 월세 계약서에는 그런 내용이 없다고 집주인에게 얘기해서 내용을 추가했다며 나에게 고마워했다.

잠시 망설였지만, 이 집을 고르려고 몇 날 며칠 땀 흘리며 겨우 찾아낸 집인 걸 다시 떠올리며, '그 짓을 또 하라고? 난 못해. 계약대로 해'라는 생각으로 다른 집을 알아 보지 않고 버티면 될 거라고 생각하던 중 한국 본사에 일이 생겨 약 한 달간 집을 비워야 하는 상황이 생겼다.

당시 제일 빨리 갈 수 있는 비행기 표가 1월 1일 날짜였고, 한 달간 한국을 다녀오면 자동으로 해결될 것으로 생각하며 이삿짐 대신 출장 가방을 싸던 참이었는데 바로 그날 12월 31일, 한국 가기 하루 전날, 아침부터 두 부동산 사무실 직원들이 모두 우리 집으로 몰려와 오늘 새 집주인이 이사 오기로 했다며, 짐을 모두 빼야 한다는 것이다. 현재 집에 살고 있는 세입자는 아랑곳하지 않고 계약서 내용보다 '새해가 되기 전 새로 구입한 집에 살림살이를 갖다 놓아야 잘살게 된다'라는 미신 얘기가 우선인 새 집주인의 황당한 얘기를 내게 전하며, 베트남 이사 문화가 그러하니 이해해 달라고 한다. 그리고는 막무가내로 나의 짐을 싸는 것이다.

그렇게 난 이상한 베트남 이사 문화 덕분에 손 하나 까딱하지 않고 짐을 싸서 한 달간 두 부동산 사무실에 이삿짐을 분산 보관한 후, 부동산에서 잡아 준 호텔에서 그해 마지막 날을 보냈던 기억이 있다.

그리고 한 달 뒤 한국에서 돌아와 살게 된, 부동산에서 골라 놓은 집이 바로 벽지와 나무 바닥으로 인테리어가 나름 되어 있는 집이다.

집을 많이 보러 다녔지만 한 번도 본 적이 없었던 벽지와 나무 바닥이 있는 집.

벽지는 모르겠는데, 나무 바닥은 몇 번 실수로 맥주잔을 떨어뜨렸는 데도 컵이 멀쩡해서 안전, 안심 그리고 부동산 직원에게 고마운 마음까지 들었다.

하지만 시원한 대리석 바닥의 집보다는 다소 더워 에어컨을 계속 틀다 보니 전기료가 많이 나온다는 게 좀 문제였다.

그러나 더 큰 문제는 건기가 끝나고 우기로 접어들면서 나타났다. 조금씩 끝이 떨어져 있던 벽지가 곳곳에서 좀 더 심하게 떨어지기 시작했고, 그 벽지 안쪽으로 검푸르게 곰팡이가 피어있는 게 보였다. 마룻바닥도 삐거덕 소리가 점점 더 심해지더니 어느 날엔 바닥 한쪽이 올라와 있었다. 거실 한쪽의 나무 바닥 틈 사이로는 개미들이 줄지어 연신 왔다 갔다 하고 있었고, 싱크대가 있는 바닥 안쪽에서는 이상한 냄새가 났다. 부동산에 연락하니 우기 끝나면 다시 괜찮아질 거라는, 전에 살던 사람도 그랬다는 황당한 소리를 듣고는 바로 달려가 그날부터 다른 집을 구하러 다닌 일이 있다.

베트남에는 전세가 없다. 그래서 베트남에서 거주를 시작하는 대부분의 사람들은 월세로 집을 얻고, 월세 계약서를 작성한다. 계약서 내용을 꼼꼼히 살펴보고 집주인이 계약 위반 시 위약금을 받을 수 있는지 확인해야 한다.

또한 베트남의 거의 모든 집들은 벽지가 없다. 그냥 페인트로 마감한 벽이다. 아무리 벽지를 잘 부착해도 습한 우기가 되면 벽지 안쪽에 곰팡이가 생기면서 떨어지게 된다. 그리고 집안의 바닥도 대부분 대리석이다. 이 차가운 대리석이 더운 열기를 없애주는 역할을 한다.

차가운 바닥이 어색하고, 따스한 벽지가 익숙한 우리들은 적어도 '의·식·주' 부분에 있어서는 베트남 식으로 사는 게 맞는 것 같다. 여기에는 더운 열대기후에서 살아온 그들의 오랜 경험과 지혜가 녹아들어 있기 때문이다.

8) 철창에 갇힌 기분, 아파트 현관문이 감방 철문 같다

대부분의 베트남 로컬 아파트는 전체 건물의 구조에서부터 각 세대의 배치, 세대별 내부 구조까지 우리나라 아파트와 모든 게 다르다. 가장 큰 차이점은 뭐니 뭐니 해도 천장 높이다. 더운 공기를 위로 끌어올려 밖으로 보내려면 천장 높이가 높아야 한다. 아마 우리나라 아파트 천장보다 1m쯤 더 높은 것 같다.

이러한 로컬 아파트는 정사각형이나 직사각형의 건축 형태로 사방을 둘러가며 여러 세대가 배치되어 있다. 규모가 큰 아파트는 사각형의 중앙 내부는 또 하나의 공간으로 하늘로 열려 있고, 규모가 작은 경우에는 사각형의 중앙에 엘리베이터를 배치해 놓았다. 그래서 같은 층이라도 어떤 집은 북향, 어떤 집은 남향으로 위치에 따라 동서남북 방향이 제각각이다.

그리고 베트남 로컬 아파트의 특징은 대부분 각 층별, 동서남북 각 위치별로 바람이 들어오는 다양한 '바람 통로'가 만들어져 있다는 것이다. 어떤 아파트의 경우 같은 층 바로 옆집과의 사이에 외부와 통하는 작은 복도, 즉 바람 통로들이 있고, 이 바람 통로를 통해 항상 아파트 내부로 바람이 들고 난다. 이렇게 바로 옆집과 벽이 붙은 게 아니라 바람 통로로 나누어 떨어져 있기 때문에 방음 문제도 자연스럽게 해결된다.

에어컨을 안 틀고 집안을 좀 더 시원하게 하는 방법은 바로 현관문을 열어 바람을 통하게 하면 되는데, 이 부분이 아직 우리나라 사람들에겐 익숙하지 않은 것 같다. 다른 집들은 다 열어놓고 있는데, 한 집만 현관문을 닫고 있다면 집주인이 장기간 외출했거나, 한국인이나 외국인이 거주하는 집으로 보면 된다. 베트남 사람들과는 달리 개인 프라이버시를 중요시하는 생활 습관이 우리 몸에 밴 탓이다.

로컬 아파트의 현관문을 하루 종일 열어도 괜찮은 것은 현관문 밖에 철창 같은 문이 하나 더 있기 때문이다. 대부분의 로컬 아파트는 이렇게 일반 현관문에 철창문이 하나 더 있는 이중 현관문으로 되어 있다. 이중 현관문은 더울 때는 일반 현관문을 열고, 철창 현관문만 닫아 놓으면 바람은 통하되, 외부 사람은 함부로 집에 들어오지 못한다. 또한 오랫동안 집을 비울 경우, 현관문에 이중으로 시건 장치를 할 수 있기 때문에 조금 더 안심할 수 있다. 하지만 이 철창문은 마치 경찰서나 교도소의 철창 같은 분위기를 주기 때문에 눈에 거슬린다. 코로나로 인한 강도 높은 사회적 격리 기간 중엔 특히 더 그렇다.

요즘 베트남의 신축 아파트에는 이러한 현관 철창문이 없다. 경비와 보안시스템이 워낙 잘 되어 있어 철창문을 별도로 설치할 필요가 없는 것이다. 베트남 사람들은 철창문이 없어도 낮에 아무렇지도 않게 그냥 현관문을 열고 지낸다. 코로나 확진자의 자가 격리 치료의 경우가 아니라면 말이다. 문을 꼭꼭 닫고 에어컨을 계속 틀자니 전기요금이 폭탄이라 체면이고 뭐고 너무 더워서 똑같이 현관문을 열어 놓으면, 옆집이나 앞집 꼬마들이 드나들어 집안이 놀이터로 변할 수도 있는데, 화내지 말고 잠시 꼬마들과 놀아 주면서, 본인의 베트남어 수준을 확인해 보는 것도 좋겠다.

9) 이사 간 집에서 제일 먼저 하는 것, 제사상 차리기

우리나라에도 고사(告祀)가 있지만 일반 가정에서는 잘 지내지 않고 건축공사 같은 공적(公的)인 일을 시작할 때나 회사 사무실을 옮기게 되면 지내는 경우가 있다. 하지만 베트남에서는 공적인 일이나 회사 사무실을 이전할 때는 물론 일반 가정집이 이사한 경우에도 간단한 제사상을 차린다.

베트남에는 가정집은 물론 회사나 일반 식당 또는 작은 구멍가게에도 제단이 있는데, 이사를 할 때 이 제단을 옮기게 되면서 간단히 제사를 지내는 것이다. 이것은 베트남의 불교와 토속신앙의 영향이라고 보면 된다. 재물과 안전을 기원하고 조상님을 위해 제사를 지내는데, 일반적으로 간단한 밥상을 차리고 향을 피워 예를 표한다. 새로 이사간 집에서는 새로 이사를 왔으니 '앞으로 우리 가족과 재산을 잘 지켜주고 잘 지내게 해달라'는 뜻으로 하는 것이다. 사무실을 이전할 때도 마찬가지다. 사무실 이전 시 새 사무실에서 간단히 제사상을 차리고 베트남 직원들과 함께 잠시 예를 갖추는 것도 좋다. 우리가 그들의 문화를 충분히 이해하고 있고, 같은 고사 문화를 갖고 있다는 동질감을 느끼게 할 수 있기 때문이다.

2

베트남의 호칭 문화와 숫자 문화

1) 형, 오빠? 회사의 직급 호칭

회사의 직원들끼리 회사 내에서나 밖에서나 동료나 상사를 부를 때 직급으로 호칭하는 경우가 대부분이다. 하지만 베트남 회사들은 회사 내에서나 밖에서나 직급으로 상대방을 호칭하는 경우는 거의 없다. 예를 들어 직급이 과장이나 사장이어도 '과장님' '사장님'이라는 호칭을 사용하지 않는다. 보통 '안(Anh, 형/오빠)'이라는 호칭을 쓴다. 예를 들면, 여직원이 김 과장에게 '김 오빠, 이것 좀 봐 주세요', 박 사장에게는 '박 오빠' 이런 식이다. 단, 외부 업체에서 과장이나 사장을 찾는다면, 그때는 과장님이나 사장님 호칭을 쓰면서 "김 과장님 안 계십니다" 혹은 "사장님, 전화 받으세요"라고 한다.

만약 사장이 본인의 할아버지 나이뻘이거나 최소 20세 이상 나이 차이가 난다면, 옹(Ông, 선생님/할아버지)이라는 호칭을 쓰고, 옹보다 나이가 좀 적고 본인의 아버지 나이보다 많다면 박(Bác, 아저씨 또는 큰 아버지)이라는 호칭을 쓴다. 이러한 호칭은 베트남 최고 권력자들

(공산당서기장, 국가주석, 국회의장, 총리)을 사석에서 호칭할 때도 마찬가지다. 예를 들어 총리가 나이 많은 국가주석을 부를 때, 'ㅇㅇ주석님'이라고 하지 않고, ㅇㅇ형(Anh ㅇㅇ)이라고 부른다고 한다. 베트남의 영원한 지도자 호찌민 주석을 베트남 사람들이 박 호(Bác Ho, 호아저씨 또는 호 큰아버지)라고 부르는 이유가 바로 그것이다.

2) 첫째 아들, 첫째 딸을 둘째 오빠, 둘째 언니로

베트남 북부지방에서는 집안의 첫째 아들, 첫째 딸을 동생들이 아인 까(Anh cả, 큰형/큰오빠), 찌 까(Chị cả, 큰누나/큰언니)라고 부르고, 남부지방에서는 안 하이(Anh hai, 둘째 형/둘째 오빠), 찌 하이(Chị hai, 둘째 누나/둘째 언니)라고 부른다. 왜 '첫째'를 '둘째'라고 부르는지 여러 가지 설이 있는데, 가장 신빙성이 높은 것이 응우옌(Nguyễn)왕조의 초대 왕과 관련된 설이다. 레(Lê)왕조 장군인 응우옌 낌(Nguyễn Kim)의 둘째 아들로 태어난 응우옌 호앙(Nguyễn Hoàng)은 아버지와 맏형인 응우옌 엉(Nguyễn Uông)이 찐 끼엠(Trịnh Kiểm)에게 암살당한 후, 자신을 따르는 충성스러운 군대를 모은 후 남부지방으로 내려가 응우옌왕조를 만들었다.

이처럼 베트남은 북쪽의 찐 끼엠과 남쪽의 응우옌 호앙을 중심으로 남북으로 갈라지게 되었다. 이후 남부지방 사람들은 둘째 아들인 응우옌 호앙을 존중하고 추앙하기 위해 첫째 아들, 첫째 딸을 둘째 아들, 둘째 딸로 부르기 시작했다고 하는데 사실은 첫째 아들, 첫째 딸이라고 하면 장자, 장손이 죽임을 당할지도 모른다고 생각하여 첫째 아들을 남들이 들으면 둘째인 것처럼 부른 것에서 유래되었다고 한다.

또 하나의 설은 프랑스 식민지 시절 베트남 중남부지역에 퍼진 가톨릭의 영향이라고 한다. 당시 프랑스 신부에 의해 지금 사용하는 베트남어가 만들어진 것을 감안해서 베트남의 요일을 살펴보면, 이 또한 비슷한 맥락이다. 베트남어로 일요일은 쭈녓(Chủ nhật, 주일)이고, 일주일의 첫 번째 날인 월요일을 트 하이(Thứ hai, 두 번째), 두 번째 날인 화요일을 트 바(Thứ ba, 세 번째)라고 하는 것과 유사하기 때문이다. 베트남의 남부지방(특히 호찌민시)의 아파트 단지 중에는 1동(B1, Block1)이 없이 2동(B2, Block2)부터 시작하는 아파트 단지가 있다는 것도 참고하기 바란다.

3) 왜, 매너 없이 초면에 여자 나이를 묻는 거야?

베트남 지사로 발령받아 온 지 얼마 안 된 여성 임원이 왜 베트남 사람들은 매너 없이 초면에 여자 나이를 물어보냐고 투덜투덜한다. 베트남어 과외를 다음 주부터 시작한다고 하는데, 베트남어를 배우기 시작하면 알게 되겠지만 베트남어의 호칭에 대한 특성 때문이라고 간단히 설명해 주었다. 그리고 대부분의 여성이 처음에 많이 당황한다고 위안이 되는 말도 해 주었다.

한국에서 기초 베트남어 책을 사서 베트남에 오자마자 혼자 공부할 때, 가장 기억에 남는 문장이 '또이 라 응어이 한꿕(Tôi là người Hàn Quốc)'이다.

지사 세팅을 돕고 곧 서울로 복귀하는 선배가 중얼거리는 내 발음을 듣고는 '또라이 응어이 한국'이라며 우스갯소리를 한 것이 아직도 기억에 남아 있어서인지, 집 근처 베트남 학원 선생님이 '그렇게 말하는 사람은 하나도 없을 것'이라며 잊어버리라고 해서 더 기억에 남는 건지 모르지만, 아무튼 아직도 새로운 베트남 친구를 만날 때 일부러 가끔 그 말을 써먹곤 한다.

또이(Tôi)는 우리말로 '나', 영어로는 'I'이다. 공식 석상이나 여러 사람들을 대상으로 말할 때 또는 상대방과 일부러 거리를 두고자 할 때 사용한다. 베트남 사람들이 서로 대화하는 걸 가만히 들어보면 또이(Tôi)를 전혀 사용하지 않는다. 대신 안(anh, 형이나 오빠), 엠(em, 남동생이나 여동생), 찌(chi, 언니 또는 누나) 등을 사용한다. 이런 호칭은 당연히 자신보다 나이가 많은지 아닌지에 따라 달라지게 된다. 상대방과 대화를 하려면 호칭을 붙여야 하고, 어떤 호칭을 붙여야 할지 알고자 하면 상대방의 나이가 자신보다 많은지 적은지를 알아야 하는 것이다. 그래서 베트남 사람들은 초면에 상대방의 나이를 묻는다. 외모로 보아 당연히 본인보다 나이가 많아 보이거나 어려 보이면 나이를 묻지 않지만, 한국인들은 어려 보이지만 보기보다 나이가 많다며, 남자이든 여자이든 초면에 나이를 묻는 경우가 많다.

베트남 사람들이 외국인인 우리에게, 특히 여성에게 나이를 묻는 경우 당황하거나, 매너를 따지거나, 기분 나쁘다는 생각은 하지 않아야 한다. 베트남어를 배우면서 이들이 사용하는 호칭을 자연스럽게 터득한다면 초면에 상대방의 나이를 묻는 베트남 문화를 이해할 수 있을 것이다.

4) 다섯 살짜리 꼬마가 형이라고? 나이보다 서열

베트남 사람들은 우리처럼 어른을 공경하고, 부모님에 대한 효심이 지극하다. 아니 어쩌면 우리보다 훨씬 더하다. 그리고 가족구성원에 대한 관심과 사랑은 상상을 초월한다. 모든 것이 가족 우선이다. 이런 것이 우리가 베트남 사람들에게 가장 호감을 갖는 부분이고, 우리와 그들을 좀 더 친숙하게 만드는 근원이다.

그런데 가족구성원 간의 호칭을 살펴보면 특이한 점이 있다. 어린 꼬마에게 '형' 또는 '오빠'라고 하는데, 그것은 바로 베트남이 아직까지 가족구성원의 나이보다는 서열을 중요시하기 때문이다.

그 옛날 우리도 나이보다 서열을 중요시했지만 현재는 대부분 나이가 먼저다. 하지만 베트남은 나이보다 무조건 서열이 먼저다. 아주 가까운 사촌지간에도, 이를테면 큰아버지의 아들이나 딸이 본인보다 나이가 적어도 무조건 안(형 또는 오빠)이나 찌(누나 또는 언니)라고 부른다. 우리나라에서는 이제 거의 사라진 호칭(서열) 문화지만, 베트남에서는 아직도 여러 면에서 나이보다 서열을 중요시한다는 점을 기억하자.

5) 좋아하는 숫자 & 싫어하는 숫자

베트남 친구들은 가끔 우리에게 좋아하는 숫자가 있는지 묻는다. 평소 숫자에 대해서 깊이 생각한 적이 없어서 머뭇거리면, 한국 사람들은 왜 다들 좋아하는 숫자가 없냐고 의아해한다. 베트남 사람들은 대부분 자기가 좋아하는 숫자가 있다. 보통 홀수보다 짝수를 좋아한다.

우리가 4를 죽을 사(死)의 한자음과 같아서 싫어하는 것처럼, 베트남 사람들은 홀수인 3과 5 그리고 13을 싫어한다. 사진을 찍을 때도 3명 또는 5명은 잘 찍지 않는다. 3명이나 5명이 사진을 찍으면 가운데 있는 사람은 일찍 죽는다는 미신이 있기 때문이다. 그래서 웬만하면 3명이 함께 사진을 찍지 않고, 꼭 찍어야 할 경우가 있으면, 인형이나 큰 나무를 중간에 두고 가운데에 사람이 없도록 사진을 찍는다고 한다. 인형이나 나무가 없는 경우 별로 중요하지 않은 사람을 오라고 해서 함께 사진을 찍기도 한다. 요즘은 많이 없어졌지만 예전에는 이러한 이유로 아기 돌 사진을 찍을 때도 엄마와 아기, 또는 아빠와 아기 이렇게만 찍고,

엄마 아빠 사이에 아기를 두고 사진을 찍지 않았다.

더 재미있는 건 베트남의 음악 그룹도 3명으로 구성된 팀은 없고, 2명 아니면 4명이었다는 사실이다. 하지만 몇 년 전 3명의 여성 그룹이 데뷔해 인기를 얻었는데, 그들은 당시 한 매체와의 인터뷰에서 사진을 찍을 때는 주로 누가 가운데 있고, 그걸 어떻게 결정하느냐는 질문에 그런 거에 전혀 신경 쓰지 않는다고 당당하게 말했다고 한다.

이렇게 3과 5는 베트남 사람들이 별로 좋아하지 않는 숫자이기도 하지만 반대로 신성한 숫자이기도 하다. 사원이나 장례식장에서는 초와 향 그리고 꽃을 3개 또는 5개씩 놓는다.

반면 베트남 사람들에게 짝수는 일반적으로 좋은 숫자로 인식되어 있다. 4는 한국사람들이 싫어하는 숫자이지만 베트남 사람들은 좋아하는 숫자이고, 우리가 행운의 숫자로 여기는 7은 베트남 사람들에게는 좋지 않은 숫자로 인식되고 있다.

한국의 빌딩이나 아파트 엘리베이터에 4층을 F층으로 표기하는 것처럼, 베트남에서는 13을 불길한 숫자로 생각해 13층을 12A 또는 12B로 표기한다. 아마 프랑스 식민지 시절 가톨릭의 영향을 받았기 때문이라고 생각된다. 한국에서는 식기 세트나 과일 세트의 경우 주로 5개짜리 세트가 많지만, 베트남에서 5는 좋지 않은 숫자이기에 보통 찻잔 세트의 경우 6개짜리가 많고, 과일 세트도 짝수가 많은데 6개짜리가 주를 이룬다.

대체로 베트남 사람들에게 홀수는 안 좋은 수, 짝수는 좋은 수이다. 베트남 사람들이 가장 싫어하는 숫자는 홀수 3과 7이라고 한다. 베트남의 어르신들은 음력 매월 3일과 7일은 길일(吉日)이 아니라는 이유로 여행이나 결혼 그리고 이사와 같이 중요한 집안일은 그날을 피해 잡는다.

전화번호 끝자리 역시 7로 끝나는 것을 싫어하는데, '실패하다'라는 뜻인 thất bại(텃 바이)와 발음이 비슷하기 때문이다. 반면 79 또는 39로 끝나는 것을 좋아하는데, 이 숫자는 부와 재물을 관장하는 행운의 신 (神)인 Thần tài(턴 따이)를 상징하는 기호이기 때문이란다.

9는 홀수임에도 불구하고 베트남 사람들이 가장 좋아하는 숫자이다. 음양의 조화에서 '양'을 상징하는 홀수 중 가장 높은 9는 그들에게 가장 완벽한 숫자이며, 발전과 성장, 행운을 가져다주는 숫자이다. 또한 음양 오행의 5와 동서남북의 4를 더하면 9가 되므로 9는 세상의 모든 것을 망라하는 힘과 권력을 상징하는 숫자로 생각한다. 그리고 10은 더 이상 올라갈 곳이 없고 내려가야만 하는 끝이라고 생각해서 별로 좋아하지 않는다.

베트남 사람들은 휴대폰의 전화번호나 자동차 번호를 고를 때 끝 번호 네 자리 숫자를 더한 합이 9이거나, 모든 숫자의 합을 9로 나누어 나머지가 9가 되는 등 9와 연관된 번호를 좋아한다. 9가 연이어 들어간 전화번호, 예를 들어 끝 네 자리가 9999로 끝나는 휴대폰 전화번호는 큰돈에 거래되기도 한다.

연속된 숫자가 많으면 많을수록 좋다고 생각해서 숫자 0333(3+3+3=9) 또한 좋아한다. 이와 같은 예가 바로 'Bia 333'이다. 베트남 사람들이 가장 즐겨 마시는 베트남 대표 맥주 Bia 333의 원래 이름은 'Bia 33'이었고, 월남전 종전 후인 1975년 'Bia 333'으로 이름을 변경, 좋은 숫자를 선호하는 베트남 사람들의 성향을 반영해서 '행운의 맥주'라는 의미로 다양한 마케팅을 했다고 한다.

이처럼 베트남 사람들이 선호하는 숫자를 알아두면 사업적으로나 개인적으로나 베트남 사람들과 교류할 때 도움이 될 수 있다. 베트남어의 1부터 10까지의 숫자는 각각의 의미가 있다.

베트남에 관심 있는 분들은 적어도 베트남어로 1부터 10까지는 알아두는 게 좋다.

반터(bàn thờ) 안의 재물 신 턴 따이(Thần tài)

〈베트남어 숫자 1~10의 발음과 뜻〉

숫자	베트남어	발음	뜻	숫자	베트남어	발음	뜻
1	môt	못	탄생	6	sáu	싸우	어린잎
2	hai	하이	늙음	7	bảy	바이	잃음
3	ba	바	아픔	8	tám	땀	죽음/발전
4	bốn	본	죽음	9	chín	찐	재탄생/영원
5	năm	남	재탄생	10	muời	므어이	-

6) 우리와 다른 건물 층수, 13층은 없고 12층이 두 개

베트남은 건물 층수를 표기하는 방법도 다르다. 지상층을 1층으로 시작해 한 층 올라가면 2층, 3층으로 이어지는 우리와는 달리, 베트남에서 지상층은 Ground층이고, 한 층을 올라가면 그때부터 1층, 2층, 3층으로 이어지는 식이다. 그리고 11층 다음에 12층A, 12층B, 그리고 14층이다. 처음엔 당황스럽다. 더구나 어떤 건물에는 M층도 있어 어떤 층을 말하는 것인지 도무지 헷갈리기도 한다. 하지만 영어 단어 그대로 생각해 보면 이해가 쉽다. G는 지면(Ground)에 닿는 층을 말하는 것이니, 바로 우리가 말하는 1층이다. 그리고 M은 중간층(Mezzanine)이다. 그래서 G층(지면층), M층(중간층), 그다음부터 1층이 시작된다. 12A, 12B는 우리가 '4'란 숫자를 싫어해서 'F'라고 표기하는 것처럼, '13'이라는 숫자를 싫어해서 11층 다음 12층을 12A, 13층을 12B로 표기하는 것이다.

가) C점수 받은 게 잘한 거라고? 선풍기 3단이 왜 이리 약해?

베트남에서 처음 직원을 뽑을 때, 대부분 통·번역 직원을 가장 먼저 뽑게 된다. 그런대로 자기소개서도 잘 썼고, 한국말도 웬만큼 해서 누구를 뽑아야 할지 고민을 하는데, 이때 어쩔 수 없이 학교 성적을 보게 된다. 그동안 한국에서도 신입 직원 면접 시 대학교 성적이나 TOEIC 같은 영어점수는 별로 중요시하지 않았지만, 면접에서 이것저것 물어봐도 잘 판단이 안 서니 어쩔 수가 없다. 우리나라와 달리 베트남의 대학 성적은 대부분 백분율로 표기되어 있다. 성적도 모두 우수하다. 영어능력시험 등급이 별로 좋지 않지만, 그중 활발하고 인상이 좋은 친구를 한 명 점지해 두고 면접을 마쳤고, 예정대로 그 친구를 입사시켰다.

통역 직원이 첫 출근한 날, 점심 식사를 같이 하면서 그 친구에게 영어공부는 별로 안 했느냐고 물었다. 무슨 말인지 모르는 표정이어서 영어능력시험 등급이 면접 본 다른 친구들은 'A'나 'B'인데, 혼자 'C'라고 했더니, 그 친구가 말한다.

"저희 베트남에서는 'C'가 'A'나 'B'보다 높은 거예요."

앗, 순간 당황했다. 눈치 빠른 그 친구는, 영어능력시험 등급은 가장 높은 게 C, 다음이 B 그리고 'A'가 가장 낮은 점수이며, 한국어능력시험은 가장 높은 등급이 6급이고 다음이 5, 4, 3, 2, 1 순이란다. 면접 때 직접 한국어 테스트를 한 점수로 판단했기에 망정이지, 다시 살펴본 이 친구의 이력서상 한국어능력시험 성적은 상급인 5급이었다. 1급이 가장 높은 등급이라고 생각하고 있는 내 상식으로만 평가했다면, 이 친구는 출근하지 못했을 것이고, 그날 점심은 다른 친구와 같이 했을 것이다.

이렇게 시작부터 베트남 인복이 좋을 줄은 몰랐는데, 아무튼 럭키(Lucky)다. 그리고 이곳 베트남에서는 우리 상식으로만 판단하면 일을 그르칠 수도 있다는 생각을 했다.

그렇게 무엇이든지 확인을 해야겠다고 생각하고 한국어능력시험 등급과 영어능력시험 등급을 파악한 지 한 달이 지났을까?

집에 에어컨만 켜니 전기요금이 많이 나와 큰맘 먹고 저렴한 선풍기 한 대를 사 가지고 집에 와서 틀었는데, 앗! 이게 거꾸로다.

한국에서는 풍속 버튼이 1단(미풍), 2단(약풍), 3단(강풍)인데, 이건 3단이 미풍이고, 1단이 강풍으로 가장 세다. 베트남 지인에게 물어보니 베트남에서는 '1'이 제일 높은 숫자, 쏘못(So 1, 넘버원)이라서 그렇단다. 그런데, 며칠 후 거래처 사무실에서 본 다른 선풍기의 풍속 버튼은 한국과 똑같이 1단이 미풍이고 3단이 강풍이다. 왜 풍속 버튼이 제품마다 다른 걸까? 베트남 직원들에게 확인해 보았는데 모른단다. 그것에 대해서는 아직도 모르겠다.

우리나라는 국가기술표준원에서 모든 전기·전자 제품을 국제적 표준에 부합하도록 관리하는 것으로 알고 있다. 하지만 기술규정(Technical Regulation)에 대해서는 각 나라별로 독자적인 규정이 있다고 한다. 베트남은 전기제품(선풍기) 기술규정도 제품마다 다른 건지는 모르지만 여하튼 일부 제품은 거꾸로다.

'선풍기 좀 세게 3단으로 틀어봐라~'가 아니라 그냥 '세게 틀어라~'이고, 베트남 신입 직원의 이력서를 검토할 때는 우선 백분율로 된 대학 성적을 확인하고 한국어능력시험은 1~2급이 초급, 3~4급이 중급, 5~6급이 가장 높은 상급이고, 영어능력시험은 'C'가 고급, 'B'가 중급, 'A'가 초급으로 가장 낮은 점수임을 명심하도록 하자.

Vietnam

3

베트남의 조직 문화

1) 복종과 대화

베트남에서 사업하는 한국 사람들은 모두 베트남 직원을 고용하고
있다. 그리고 한국 사람 대부분은 베트남 직원들에게 복종을 요구한다.
하지만 그들은 대화와 설명을 원한다. "무조건 까라면 까는 거야"가 처
음에는 그들에게 통하는 것 같지만, 나중에는 전혀 통하지 않는다.

베트남 사람들은 어려서부터 토론 문화에 익숙해 있고, 그것을 교
육받아 왔다. 하지만 우리는 조직 생활에서 복종은 매우 중요하고 또
한 복종해야 같이 일을 할 수 있다고 생각하는 경우가 대부분이다. 그
래서 베트남 직원들은 우리가 대화나 설명 없이 명령에 복종하기만을
원할 때, 그리고 큰소리를 치며 화난 목소리로 이야기할 때 매우 힘들
어 한다.

우리의 경우 명령에 대해 스스로 고민하고 일을 해결하면서 본인
스스로 업무를 터득해 나가는데, 베트남 직원들은 아직 그런 부분에
익숙하지 않다고 생각하면 된다. 군사 훈련장에서도 베트남 교관은

다르다고 한다. 우리나라 교관과 같은 권위주의적인 모습은 찾아볼
수 없을 뿐만 아니라 자상하며, 하나하나 자세히 훈련병들을 가르친
다고 한다.

또한 그들은 자존심이 아주 강하다. 자존심을 존중해 주면 모든 것
들이 술술 풀린다. 명령과 복종만을 강요하는 게 아니라 조용한 목소
리로 대화를 통해 자세히 설명하면 그들은 누구보다 잘 따른다. 베트
남 국가대표 축구선수들은 박항서 감독이 그들에게 보여준 '존중'과
'대화', '설명'을 통해 기적과 같은 신화를 만들었던 것이다.

2) 마음의 상처는 꼭 대화로 풀어야

어떤 일을 진행하다 문제가 발생할 경우 대부분의 한국 사람들은
문제를 만든 당사자가 한국 직원이든 베트남 직원이든 큰소리로 화
내며 욕을 한다. 그리고 화를 내면서 자신이 했던 말을 거의 잊어버린
다. 잘못했으니까 욕을 먹는 것은 당연하다고 생각하고, 또 시간이 지
나면 자신이 욕한 것도 쉽게 잊는다.

그러나 베트남 사람은 다르다. 문제가 생기면 우선 대화를 한다. 화
를 내더라도 욕하면서 큰소리로 말하지 않는다. 만일 자신의 불같은
성격 때문에 베트남 직원이 마음에 상처를 받았다면, 대화로 상처를
풀어 주는 게 중요하다. 그렇게 하지 않으면, 그 직원의 마음속에 오
랫동안 상처가 남게 되고, 시간이 지나도 치유되지 못하면, 점점 더
상처가 커지게 되어 그 후엔 어떤 불상사가 생길지 아무도 모르는 것
이다.

이것은 베트남 사람들이 아이를 키울 때와도 같다. 만 3세~5세의
꼬마들은 어느 나라 아이든 장난꾸러기다. 베트남의 엄마들은 큰소리

로 아이를 혼낸다. 간혹 때리는 엄마도 있지만, 대부분의 엄마들은 아이를 때리지 않는다. 그렇게 큰소리로 야단을 치고 끝에는 아이를 꼭 안아준다. 자신이 베트남 직원을 혼냈다면, 반드시 직원의 마음에 남아 있는 상처를 풀어 주어야 한다.

3) 와~ 다들 '땡' 하니 우르르 가네, 칼퇴 문화

우리는 근무시간이 끝나도 퇴근을 어려워하는 경우가 많다. 자신의 상사 또는 선배가 퇴근하지 않고 있으면, 눈치 보며 퇴근을 못 한다. 하지만 베트남 직원들은 퇴근 시간이면 눈치 보지 않고 무조건 칼같이 퇴근한다. 사장이나 부장이 업무가 남아 일을 하고 있어도 업무시간에 맞춰 본인 일을 마쳤다면, 당연히 퇴근하는 것이라고 생각한다.

그리고 이렇게 칼퇴근 후 친구를 만날 때는 퇴근 후 바로 만나는 경우도 있지만, 대부분 집에 들러 저녁을 먹고 만난다. 한국에서는 보통 퇴근 후 바로 만나서 저녁을 겸한 술자리를 갖는다. 하지만 베트남의 직장인들은 퇴근 시간이 이르기도 하지만 모두 칼같이 퇴근하기 때문에 일단은 집에 가서 간단히 저녁 식사를 하고, 옷도 갈아입고 경우에 따라서는 화장도 한다.

그리고 저녁 7시나 8시쯤 친구들을 만나 가볍게 맥주를 마시거나 차를 마시는 경우가 많다. 그들이 만나는 곳은 주로 오토바이로 이동하기 쉽고, 집에서 30분 이내 거리의 장소이다. 주로 밤 10시면 잠자리에 들기 때문에 한두 시간 수다를 떨다 집으로 돌아올 수 있는 멀지 않은 장소를 택하는 것이다.

4) 업무 지시를 너무 쉽게 까먹는 베트남 직원

세 번째 통·번역 직원을 거쳐 네 번째로 뽑은 직원은 별로 알려지지 않은 대학교의 한국어학과를 졸업할 예정인 여학생으로, 나중에 알고 보니 학과 점수나 한국어 평가시험 성적도 썩 좋지 않은 수준이었다. 하지만 이 친구를 뽑은 이유는 다른 유수한 대학교 출신 통·번역 직원들에게는 볼 수 없는 일에 대한 열정이 있을 것이라고 생각했기 때문이다. 지인이 있는 한국 회사의 행사 때 잠시 아르바이트로 일했던 이 여학생은 단순 통역 업무임에도 불구하고 행사장을 찾은 한국인 고객들을 위해 이리 뛰고 저리 뛰면서 혼자서 이런 저런 업무를 하도 열심히 했던 터라 아르바이트가 끝나고 학사 일정이 허락한다면 회사에 정식으로 입사해 줄 것을 권유했던 것이다.

워낙 성격이 활발한 친구라 출근 첫날부터 사무실이 환해지고 분위기가 달라졌다. 그런데 이 친구가 출근한 그날부터 정확히 두 달간 스트레스 때문에 잠을 못 잘 지경이었다. 이유는 바로 업무 지시 사항을 이 친구가 하나도 이행하지 않았기 때문이다.

처음 몇 번은 그냥 웃으면서 넘어갔는데, 하루하루 지나면서 매일매일 확인해도 '앗, 까먹었어요'라고 똑같은 소리를 하기에 점점 더 화가 나기도 하고, 상식적으로 생각해도 이렇게 매일 묻는데도 까먹을 수는 없을 텐데, '이 친구가 날 물로 보는 건가? 아님 무시? 이 건방진 친구를 확~ 잘라야 하나?'라는 생각까지 들었다.

고민 고민하다가 생각해낸 방법이 화이트보드다. 사무실의 커다란 화이트보드 한쪽에 이 친구가 해야 할 업무를 적어 놓고 직접 손으로 하나하나 짚어 가면서 해야 할 일을 알려주었다. 그리고 업무를 하나씩 한 후 보고하라고 했다. 하지만 그 후 진행사항을 물을 때마다 똑같은 소리를 했다. '앗, 까먹었어요. 죄송합니다.' 화가 머리끝까지 올라 표정관리가 안 될 지경이었고, 잠을 거의 못 자는 수준의 스트레스로 머리카락이 빠지기까지 했다.

하지만 다시 마지막이라고 생각해낸 방법은 그 친구가 해야 할 일을 포스트잇에 적어 매일매일 그 친구의 컴퓨터 모니터에 붙이는 일이었다. 머리끝까지 오른 화를 잠시 식히고 냉철한 마음으로 '그래. 아무래도 화이트보드는 자리에서 거리도 좀 떨어져 있고, 자주 쳐다보는 것도 아닌 것 같으니 이렇게 해도 까먹었다는 소릴 하는지 두고 보자'라는 것이었다.

그렇게 매일매일 모니터에 포스트잇을 일주일을 붙이니, 이 친구가 뭔가 달라지기 시작했다. 사무실에서 웃고 떠들던 게 없어지기 시작했는데, 스트레스로 몸살이 나서 출근을 못한 어느 날 오후, 문자 소리에 잠이 깨서 핸드폰을 열어 보니 지시한 업무를 이메일로 보냈으니 확인해달라는 것과 너무 늦게 해서 죄송하다는 그 친구의 문자였다.

이메일을 열어 보고는 그동안 받은 스트레스가 한 번에 날아갔다. 이 친구는 내가 지시한 업무 외에도 본인이 생각하기에 필요한 사항까지 모두 조사해서 보냈기 때문이다. 이 친구를 뽑은 '촉'이 역시 틀린 게 아니라는 생각과 함께 끝까지 화 한 번 내지 않고 참고 참아온 스스로에게 박수를 보냈다. 결국 이 친구는 나이는 어리지만 통역과 번역 업무 외에 회사의 정책과 방향을 함께 논의하면서 거래처와 지방에까지 흩어져 있는 내부 직원들을 관리하는 중요한 위치의 직원이 되었다.

베트남에서 직원을 뽑을 때 가장 먼저 뽑는 직원은 통·번역 직원이다. 그리고 이 통·번역 직원은 대부분 여직원으로 뽑는 경우가 많다. 접수된 이력서의 99%가 여성의 이력서이기 때문이다. 통·번역 직원의 업무가 통역이 많은지 아니면 번역이 많은지를 파악하고 직무에 맞는 직원인지 아닌지를 세세히 살핀 후 시간이 좀 더 들더라도 제대로 뽑는 것이 좋다. 번역 업무보다는 통역 업무가 많다면, 이름 있는 명문대학교나 학과 성적보다 얼마나 융통성과 센스가 있는지를 우선적으로 보고, 직원을 뽑는 게 좋다. 사무실에서 문서 번역만 하는 게 주업무가 아니고 통역 업무가 주업무라면 센스 있는 통역 직원을 뽑는 게 좋다는 얘기다.

일반적으로 번역보다 통역을 더 잘하는 직원을 뽑는 게 좋은데 그 이유는 아무리 번역을 잘해도 어차피 한국인이 한 번 더 번역본을 읽고, 수정 작업을 해야 하기 때문이다. 또한 정확한 단어의 사용으로 상대방과 의사소통을 가능하게 해 주는 통역도 중요하지만, 상황에 따른 통역자의 융통성과 순발력이 더 중요한 경우가 많기 때문이기도 하다. 그리고 때때로 통역자는 단순 통역 업무를 떠나 베트남 직원 모두에게 관리자를 대신해 여러 가지 지시 사항을 원만하게 전달하는 센스 있는 내부 관리자 역할도 해야 하기 때문이다.

베트남 직원들은 본인의 업무, 해야 할 일 등에 대해서는 퇴근하면서, 즉 회사 문을 나가면서 모두 까먹는다고 생각하면 된다. 특히 주 5일 근무의 경우, 금요일에 지시한 사항은 토요일과 일요일을 거치면서 200% 다 까먹는다. 이 젊은 청춘들은 주말에는 정말 아무 생각 없이 미친 듯 노는 것 같다. 이러한 베트남 직원을 탓하기 전에 이들을 어떻게 해야 일 잘하는 직원으로 만들 수 있을지 고민해 볼 필요가 있다.

박항서 감독의 지도로 베트남 선수들이 달라지듯, 그리고 그 짧은 기간 내에 놀라운 성적을 보여주듯, 베트남 젊은이들 중에는 열정은 있지만 일하는 방법을 모르는 이들이 있음을 명심하고 그들의 열정을 살리고, 그들이 생각지도 못한 놀라운 일도 할 수 있는 가능성이 있다는 것을 알려 주기 바란다. 그렇게 열정을 가진 베트남 직원은 어떤 한국 직원보다 베트남에서 더 놀라운 업무 실적을 가져올 수 있으니 항상 베트남 직원 한 명, 한 명을 좀 더 깊이 있게 살피고 고민하는 것이 필요하다.

5) 남자 직원보다 여자 직원이 일을 더 잘한다고?

'베트남에서 사무직으로 베트남 직원을 뽑는다면, 비슷한 나이, 비슷한 학력의 남성과 여성의 경우, 업무 숙지 능력, 업무 집중도, 업무 처리 능력 등 업무 효율성을 비교하면 남성보다 여성이 월등히 높다. 또한 대부분의 여자 직원이 남자 직원보다 훨씬 더 근면 성실하다'

이와 같은 이야기를 사전에 들었지만, 아무리 사무직이라도 가끔 힘쓰는 일도 있으니 적어도 한두 명은 남자 직원으로 뽑아야겠다고 생각하고 서류 상 성적이 월등히 뛰어나 이미 합격으로 점찍어 놓은 여학생과 같은 학과의 남학생 한 명을 추가로 합격시켰다. 통·번역 직원을 제외하고 여자 직원 4명, 남자 직원 1명, 총 5명의 직원으로 베트남에서의 첫 직원을 세팅했다.

직원들에게 매일매일 업무를 지시하고 체크하는데, 일주일이 지난 후 이 남자 직원의 업무 진도는 다른 여자 직원들에 비해 50%에도 못 미쳤다. 나중에 안 사실이지만, 이 50%에도 못 미치는 남자 직원의 업무조차 다른 4명의 여자 직원들이 남자아이 하나 돌보듯, 서로 돌아가면서 업무를 대신해 주었다고 한다. 사무실 집기를 옮길 때도 남자 직원은 멀뚱멀뚱 서 있기만 하고, 여직원들이 팔을 걷어붙이고 옮겼다. 또 외부에 심부름을 시키면 여직원들은 업무를 마치고 모두 1시간 이내에 회사로 복귀하는데, 이 친구는 2시간, 어떤 날은 3시간이 넘어서 복귀를 하곤 했다.

하루 날을 잡아 그 남자 직원에게 늦게 복귀한 이유에 대해 물어보니, 가는 길에 교통사고가 나서 한참 동안 사고현장을 구경하기도 했고, 집에 일이 있어서 갔다 오기도 했으며, 또 어느 날은 회사로 복귀하는 길에 예전부터 사고 싶었던 핸드폰 액세서리를 싸게 파는 곳이 있어서 그것을 구입하느라 늦었다는 것이다.

그래도 거짓 없이 솔직하게 얘기하는 게 그나마 맘에 들어 출근을 시작한 지 한 달째 되는 날까지 지켜보다가 한 달 치 월급을 주고 정리했다. 그리고 그 후로는 어떠한 일이 있어도 남자 직원을 뽑지 않았다. 우리가 흔히 생각하는 힘든 일, 우리의 고정 관념으로 여직원이 아니라 남자 직원이 해야 하는 일을 베트남의 여직원들은 아무렇지도 않게 남자들보다 더 잘한다는 것을 알았기 때문이다.

베트남의 직원들은 우리가 흔히 생각하는 한국의 직원 수준이 아니다. 그래서 이들의 인건비가 한국 직원 인건비 대비 50%도 안 되는 것인데, 그만큼 업무 효율성이 떨어진다는 것을 알아야 한다.

한국에서의 직원들은 신입이라도 지시한 업무에 대해 거의 80% 이상은 완수를 하고 완수하지 못한 20%에 대해서는 나름의 이유를 설명하며 이해를 구하는 편이다. 이런 모습을 베트남 직원들에게는 기대할 수 없다. 의사소통의 문제 또는 지시한 업무에 대해 이해하지 못하는 것이 아니라, 그들은 지시한 업무를 하고자 하는 노력을 하지 않기 때문이다. 베트남의 직원들은 한국 직원들과 많이 다르다. 그들은 사무실에서는 노력하지만 사무실을 나가면 끝이다. 고민하지 않는다. 퇴근하면 그 일에 대해 잊어버린다.

회사를 퇴근하면 근무가 끝난 것이고 다음 날 아침 출근 시간까지 아무 생각이 없다. 그래서 본인 업무를 100% 이해하고, 숙지하기까지 얼마나 많은 시간이 걸릴지가 관건이라 한 사람이 한 가지 일이라도 제대로 하면 다행인 것이다. 따라서 베트남 직원 한 사람에게 동시에 여러 가지 업무를 주고 그 업무를 소화하길 바라는 것은 절대 금물이고 욕심이다. 아무리 베트남 직원이 알았다고, 하겠다고 말해도 크게 기대하지 말고 대비책을 마련하는 것이 좋다.

우리나라에서는 어느 회사건 대리 직급과 과장 직급의 업무가 가장 많다. 베트남에 진출하는 대부분의 한국 회사 관리자 직급은 대기업이거나 어느 정도 규모가 있는 회사가 아니라면 거의 임원급이다. 그래서 달랑 임원급 한 명이 총대를 메고 오는 경우도 있고, 과장급 또는 부장급 한두 명과 함께 특공대로 오는 경우도 있다. 한국에서의 임원급 업무는 스트레스를 많이 받는 자리다. 밑에 차·부장도 있지만 실제로 사무실 업무는 거의 손발이 되어주는 대리와 과장이 백업을 해 준다.

하지만 베트남에서 베트남 직원에게 한국의 대리와 과장과 같은 역할을 기대하는 것은 결코 무리다. 만일 한두 명의 한국 직원과 함께 몇몇 베트남 직원들을 뽑아 그들에게 아무리 적은 일을 부여하면서 함께 일을 처내더라도 한국에서처럼 업무 속도를 내거나 예상 기간 내에 업무를 완수하기는 어렵다. 한국 직원들이 아무리 일을 빨리 해도 베트남 직원이나 베트남의 여러 협력 회사, 때로는 베트남의 관공서에서 우리 생각처럼 일을 빨리 처리해 주지 못하기 때문이고, 그 외에 다양한 이유로 일의 진척이 늦어지는 경우가 많기 때문이다.

그래서 한국 직원들보다는 떨어지지만, 어느 정도 한국 직원처럼 같이 호흡하며 손발이 되어줄 베트남 직원을 잘 뽑는 일이 매우 중요한데, 베트남에서 직원을 뽑는 경우 아직까지는 베트남 남자 직원보다 베트남 여자 직원이 훨씬 일을 잘하고 업무를 이해하고 소화하는 속도가 빠르다는 것을 염두에 두기 바란다.

6) 내가 웃는 건 웃는 게 아니야. 이 친구, 야단치는데 웃어?

베트남은 미소의 나라다. 어디를 가든 얼굴을 마주하면 베트남 사람들은 웃음을 가득 담아 준다. 웃음은 아니더라도 적어도 미소로 대한다. 외국인이라 그런가 생각했는데 아니었다. 그들은 언제나 늘 미소가 배어 있다. 그러나 그 웃음이나 미소는 우리가 생각하는 그런 게 아니라, 외부인들로부터 스스로를 보호하려는 일종의 본능적인 것이라고 한다.

우리나라만큼이나 외세의 침입을 많이 받고, 전쟁이 많았던 베트남 사람들은 간혹 위기 상황에서도 미소를 짓는다고 한다. 그것은 바로 상대방에게 보다 친밀한 느낌을 전달하기 때문이라고 하는데, 그래서 위기 상황을 모면하려고 하는 본능적인 반응이 바로 미소와 웃음이라는 것이다.

자신의 잘못이나 실수를 지적하고 나무라는 한국 관리자를 쳐다보며 베트남 직원이 실실 웃는 모습을 본 한국 관리자는 '어? 이 친구 봐라, 웃어? 지금 웃음이 나와?' 하고 더 열받을 확률이 100%다. 하지만 그의 웃음은 진짜 웃는 게 아니라 '부끄러우니 한 번만 봐달라는 표현'이다. 실실 웃는 모습은 '죄송합니다, 다시는 안 그러겠습니다'라고 말하는 것이다. 이러한 상황을 처음 겪는 한국 사람들은 무척 당황스럽겠지만, 절대 열받지 말고, 이 베트남 직원이 웃는 건 웃는 게 아니라는 것을 반드시 명심해야 할 것이다.

가) 야단? 면박? 공개적인 장소보다는 혼자 조용히 불러서…

베트남 사람들은 자존심과 자부심이 대단한 민족이다. 베트남은 전 세계에서 미국을 이긴 유일한 나라다. 백 년도 아니고 천 년 동안이나 중국의 식민 지배를 받다 기어코 독립한 나라다. 베트남 사람들에게는 중국과의 오랜 전쟁에서 그리고 프랑스, 일본, 최근의 월남전(대미 항전)까지 모두 외세를 물리치고 조국을 지켰다는 자부심이 뿌리 깊게 자리 잡고 있다.

베트남과 사이가 안 좋은 나라가 바로 중국이다. 천 년이라는 오랜 식민지 기간에도 민족의 정체성을 잃지 않고 독립 의지를 키운 만큼 그 속박에서 풀린 후에도 끊임없는 중국의 침략을 받았기 때문이다. 아마 일본의 침략을 많이 받은 우리가 일본을 미워하는 뿌리 깊은 감정과도 같은 것이라 생각된다. 아무리 중국이 큰 나라라고 하지만, 베트남 사람들은 절대 중국을 무서워하지 않는다. 간혹 중국과 분쟁이 생길 때면 베트남 내 중국 기업이나 중국 사람들은 좀 심하게 말하면 숨어 지내기도 한다. 어떤 봉변을 당할지 모르기 때문이다.

몇 해 전 중국이 남중국해 파라셀 군도(베트남명 호앙사 군도)에서 석유 시추를 시도했을 때, 베트남 국민들은 오토바이를 몰고 떼를 지어 다니며 중국어로 쓰인 가게나 공장들을 습격했다. 이때 한국 사람들과 한국 기업들은 모두 바짝 긴장했고, 외모가 비슷해 자칫 중국 사람으로 오해를 받아 봉변을 당할 수도 있기 때문에 겉옷에 태극 마크를 달고 다니자는 말도 나왔다. 중국이 전 세계에서 가장 두렵고 무서워하는 나라가 베트남이란 말이 괜히 나온 말이 아니다.

베트남 사람들은 평소에는 매우 순하고 착하지만, 한 번 화가 나서 이성을 잃으면 앞뒤를 가리지 않는다. 전 세계 마피아 중 베트남 마피아가 가장 무섭다는 얘기가 있는데, 바로 한 번 눈이 뒤집히면 겁낼 게 없이 잔인한 일을 저지르기 때문이라고 한다.

그들이 화가 나서 이성을 잃을 때는 크게 두 가지다.

첫째는 국가에 피해가 있을 때이고, 둘째는 개인의 자존심을 건드렸을 때이다. 그래서 우리는 주의해야 한다. 베트남 작업자나 직원들을 절대로 공개적인 장소에서 면박하지 말아야 한다. 그리고 야단을 칠 때는 우선 욕하지 말고, 왜, 무엇을 잘못했는지 설명하면서 '대화를 하듯' 해야 한다. 만일 그렇게 하지 않고 기분 내키는 대로 다른 사람들이 보는 공개적인 장소에서 욕하고, 면박하게 되면 아마 밤에 돌아다니기 힘들게 될지도 모른다.

그리고 다시 한번 강조하지만, 야단치거나 잘못을 지적하는 윗사람 앞에서 실실 웃는 베트남 직원이 있을 수 있으니 이를 보고 절대 더 열받지 않도록 해야 한다. 그 직원이 웃는 것은 잘못했으니 한 번만 용서해 달라고 하는 것이다.

4

베트남의 화폐와 패션 문화

1) 모두 지폐만 사용, 베트남은 동전이 없다?

베트남에도 동전은 있지만 지금은 거의 사용하지 않는다. 예전에는 대형마트에서 가끔 동전으로 거스름돈을 받은 적이 있는데, 요즘은 아예 볼 수가 없다.

베트남은 동전과 지폐의 가치가 다른 몇몇 국가들 중 하나다. 모든 베트남 사람들이 동전보다 지폐 사용을 더 좋아하기 때문에 동전보다 지폐 가치가 더 높은 것이다. 요즘에는 베트남 동전을 구경이라도 한 번 해보고 싶지만 거의 사용하지 않고 있어서 찾아볼 수가 없다. 참고로 베트남은 달러의 환전율도 큰 금액의 지폐일수록 높다. 1달러, 5달러, 10달러짜리보다 100달러짜리가 훨씬 환전율이 좋으니, 베트남 현지에서 환전을 하려면 참고하기 바란다.

지난 2011년 베트남 중앙은행은 결국 더 이상 동전 발행을 하지 않는다고 발표했다. 정부에서 동전을 쓰지 못하도록 규제하는 것도 아닌데, 실제로 동전은 거의 쓰이지 않는다. 이처럼 베트남 사람들은 동전 사용을 싫어하기 때문에 일부 상인들은 동전이 불편하다는 이유로 물건 값을 동전으로 지불하면 받지 않는다. 이처럼 동전 지불은 거절하지만 혹시 외국인에게 잔돈을 거슬러 줘야 할 경우, 모아둔 동전으로 주기도 한다.

만일 상인들에게 거스름돈을 동전으로 받았다면 은행에 가서 지폐로 바꾸면 되는데, 일부 은행에서는 교환 비용을 청구할 수도 있다고 한다. 하지만 요즘은 워낙 구경하기 힘든 동전이라 만일 베트남 동전이 수중에 들어오면 기분 좋게 그냥 기념으로 간직하는 게 좋을 것 같다.

2) 너무 큰 돈 단위, 비슷한 색깔의 지폐 잘못 지불하기도

베트남의 상용 화폐는 현재 대부분이 지폐다. 동전은 거의 사용하지 않는다. 모든 지폐에는 단 한 사람, 호찌민 주석의 초상화가 있다. 그런데 이 지폐 단위가 너무 커서 베트남에 온 지 얼마 안 된 사람들은 헷갈릴 때가 있다. 그리고 자신이 돈을 얼마나 썼는지 감을 잡기도 힘들다. 또한 장사하는 사람들이나 택시기사들 중에는 외국인이 지폐를 잘못 지불하는 경우(물론 줘야 할 돈보다 많은 돈을 냈을 경우) 돌려주지 않는 사람도 있다. 10만 동(5천 원) 이하의 돈이 그리 큰돈이 아니라고 생각할 수도 있지만 지나고 나면 왠지 기분이 썩 좋지 않을 수도 있다. 2만 동짜리와 10만 동짜리 지폐가 같은 파란색이고, 5만 동짜리와 20만 동짜리 지폐가 같은 붉은 색 계통이기 때문에 실수로 잘못 지불하는 경우가 많다.

또한 1만 동 이상의 베트남 지폐는 얇은 플라스틱 소재로 되어 있어서 물에 젖지 않는다는 장점도 있지만, 물(특히 빗물)이 묻으면 지폐끼리 달라붙어서 돈을 지불할 때 붙어있는 돈을 같이 내는 경우도 있어 주의하는 것이 좋다.

또 하나 염두에 두어야 하는 것이 있는데, 바로 우리와 다른 베트남 사람들의 숫자 표기법이다. 우리가 돈의 금액 표기 시 숫자에 쉼표(,)를 사용하는 것과는 달리 베트남 사람들은 마침표(.)를 사용한다. 예를 들어 우리는 '2,000,000vnd'이라고 적지만, 베트남 사람들은 '2.000.000vnd'이라고 적는다. 이렇게 우리가 흔히 쉼표를 사용하는 숫자 표기에 베트남 사람들은 마침표를 사용하고, 거꾸로 우리가 마침표를 사용하는 숫자 표기에 그들은 쉼표를 사용한다.

[한국] 금액 2,000,000vnd / 키 1.73m
➡ [베트남] 금액 2.000.000vnd / 키 1,73m

혹시 한국(본사)으로 보낼 문서 작성이 아니라면, 그들의 이러한 표기법을 단지 우리가 보기 불편하다는 이유로 우리 식으로 바꾸라고 강요해선 안 된다. 처음엔 좀 이상하지만, 자꾸 보다 보면 금방 익숙해진다.

3) 베트남은 위조지폐, 아니 가짜 돈 천국?

베트남에 와서 얼음 탄 밍밍한 맥주만 마시다가, 알코올 도수가 높은 보드카를 베트남 친구들이 마시는 것처럼 마셔 보니 맛이 기막혔다. 베트남의 대표 보드카라고 할 수 있는 '보드카하노이'를 사이다, 즉 바이업(7UP, Seven Up)과 섞은 후, 짠(Chanh, 베트남 레몬)을 짜 넣어 마시는 술인데, 보드카 향이 나는 레몬 음료수 맛이라고 생각하면 된다. 우리나라 사람들도 보통 소주에 이 짠을 섞어 마시는데, 속도 편하고, 뒤끝도 좋고, 알코올 냄새 때문에 소주를 못 마시는 여자들도 제법 잘 마시게 된다. 그렇게 40도짜리 보드카 두 병을 바이업을 섞고, 짠을 짜 넣어서 맥주 먹던 버릇으로 벌컥벌컥 배부르게(?) 마시고 식당에서 계산을 마치고 일어났다. 거기까지만 기억난다.

다음 날 아침 바지 주머니와 와이셔츠 주머니 속에서 100달러짜리 가짜 돈(이런 수준은 위조지폐도 아님)들이 잔뜩 들어있는 것을 보고, 어렴풋이 기억해냈다. 길바닥에 100달러짜리가 양탄자처럼 깔려 있어서 '이게 웬 떡, 아니 웬 달러~' 하면서 정신없이 주워 주머니 같이 생긴 곳에는 모두 마구마구 넣었던 게 꿈이 아니라 생시, 진짜였다는 것을…. 근데 한 장도 안 빼고 전부 가짜 돈이라니. 어휴…창피해… 누가 안 봤겠지.

베트남에서도 명절이나 제삿날이 되면 차례를 지낸다. 음식과 과일, 다양한 과자 등을 상 위에 놓고 절을 하며, 끝난 후엔 온 가족이 모여 차린 음식을 먹는다. 그야말로 우리와 똑같다. 그러나 우리나라와 달리 베트남에는 특별한 제사 풍습이 있다.

베트남에서는 조상신이 새로 갈아입을 종이로 만든 옷과 모자, 신발 모형 등을 음식과 함께 놓고 제사를 지낸 후 이 종이 모형들을 태워버리며 기도를 하는데, 이때 조상신에게 용돈을 드린다는 의미로 준비한 가짜 돈도 함께 태운다.

또한 음력 7월 15일은 레브란(Le Vu Lan)으로 우리의 '백중날'에 해당하는데, 조상의 혼을 위로하는 이날은 그야말로 '진짜 돈을 뿌리는 날'이다. 회사나 집에서 간단히 차례상을 차려 조상에게 예를 표하고 나서 진짜 돈, 대부분 1천 동(50원), 2천 동(100원), 5천 동(250원), 1만 동(500원)짜리를 뿌린다.

그렇다면 가짜 돈은 언제 뿌릴까? 바로 장례식 때이다.

삼일장이나 오일장을 치르고 장지까지 차량으로 이동하면서 노잣돈으로 쓰라고 가짜 돈, 특히 100달러짜리를 길거리에 뿌린다. 베트

판매대에 진열된 다양한 가짜 돈

남 길거리에 100달러짜리가 있다면, 이런 가짜 돈일 확률이 99.99%
이다.

이렇듯 베트남에서는 모든 차례상, 제사상 그리고 장례식 때는 반
드시 가짜 돈이 필요하다. 베트남 재래시장에 가면 온갖 가짜 돈을 산
더미처럼 쌓아 놓고 파는 것을 볼 수 있다. 그러나 최근 이러한 풍습
이 논란이 되고 있는데, 많은 사람들이 이런 풍습은 미신이며, 종이를
태우는 것은 도시의 대기오염을 더 심하게 할 뿐만 아니라 화재위험
도 있고, 자원을 낭비하는 것이라고 주장한다.

아무튼 우리가 열심히, 성실하게, 거짓 없이 베트남 사람들과 어울려 살아가다 보면 베트남 조상신이 우리에게 진짜 달러를 내려 줄지도 모르겠다.

4) 손톱 하나를 유난히 길게 기르고 다니는 남자가 있다?

베트남 사람들의 외모에서 좀처럼 이해할 수 없는 것이 딱 하나 있었는데, 그것은 바로 베트남 남자들의 긴 손톱이다. 엄지손톱만 기른 사람도 있고 새끼손톱만 기른 사람도 있다. 택시를 타면 운전대를 잡은 운전기사의 손에서도 가끔 이렇게 유난히 길게 기른 손톱을 볼 수 있다. 그리고 손톱을 기른 사람들은 대부분 눈에 띄는 커다란 금반지나 금목걸이를 착용하고 있다.

이상한 종교집단인가? 아니면 특별한 조직 사람들인가? 이런 생각이 들 정도로 손톱을 기른 사람들은 차림도 다들 비슷한 콘셉트를 하고 있다.

그런데 알고 보면 그들은 이상한 종교 집단의 일원도, 조직원도 아니다. 이렇게 손톱 하나를 유난히 길게 기르고 다니는 사람은 '고생하지 않고 사는 것을 티내려고 하는 것'이라고 한다. 그리고 이들 대부분은 금반지와 금목걸이로 자신의 부를 과시한다고 한다. 옛날처럼 농사짓고 살면 당연히 손톱을 그렇게 길게 기를 수 없지만, 이제 손톱을 길러도 될 만큼 고생 안 하고 편하게 살고 있다는 걸 티내는 일종의 '자기 과시'인 셈이다.

그 긴 손톱으로 간지러운 곳을 긁고, 귀지도 파며, 때로는 코를 후빌 때도 아주 유용하게 사용한다고 한다.

혹시 거래처의 베트남 친구 중 그런 이가 있다면, 긴 손톱이 눈에 거슬려 대화에 집중하지 못하거나, 이상한 종교 집단 사람이 아닌가

하는 수상한 눈빛으로 그를 대하지 마시길….

5) 엥? 잠옷 입고 마트에?

베트남의 대형마트에 가면 가끔 황당한 경험을 하는데, 그것은 바로 잠옷을 입고 쇼핑하는 베트남 여성들 때문이다. 우리나라에 잠옷이 처음 선보였을 때도 이런 일이 있었다고는 하는데 지금은 상상할 수도 없는 일이다.

베트남에서 처음 이런 패션을 보면 어리둥절하지 않을 수 없다. 여성뿐만 아니라 남성들도 가끔 보인다. 제일 민망할 때는 아파트의 엘리베이터 안에서 만나는 파자마 차림의 아저씨 또는 란제리 차림의 아가씨들이다. 날씨가 좀 더워지면 더 심하다. 웃통을 벗고 트렁크 팬티만 입은 채 엘리베이터를 타는 배불뚝이 베트남 아저씨들도 종종 만날 수 있다.

베트남 사람들은 대부분 잠잘 때 옷을 갈아입지 않는다. 집에서 입던 옷 그대로 입고 잔다. 따라서 우리가 잠옷이라고 생각하는 옷은 그들에게는 잠옷 겸 집에서 편하게 입는 옷이다. 그래서 집에서 입던 옷을 외출할 때나 대형마트에서 장을 볼 때 입어도 된다고 생각하는 것이다. 우리가 그랬듯 그들도 머지않아 잠옷을 입고 외출하는 일은 없을 것이다.

6) 이 더운 날에 웬 두꺼운 파카? 한 달 내내 감기?

베트남 여성들은 대부분 하얗고 뽀얀 피부를 원한다. 그래서 햇볕에 피부가 검게 타는 것을 정말 싫어한다. 점심시간에 잠깐 사무실 코앞에 있는 식당에 갈 때도 온몸을 칭칭 감는다. '혹시 햇볕이 몸에 닿으면 몸이 타버리는 드라큐라인가?'라고 생각할 정도다.

뜨거운 한낮이 아닌 출퇴근 시간(오전 7~8시, 오후 4~5시)에 오토바이로 이동하는 베트남 여자들 역시 마찬가지다. 아니 오히려 더 완벽하다. 헬멧, 마스크, 차양 셔츠, 차양 치마, 선글라스 등으로 온몸을 '완전 무장' 하고 있다. 누가 누군지 절대 알아볼 수 없다. 아침저녁으로 기온이 조금 내려가는 12월과 1월엔 이보다 더 심하다. 몇몇 사람들은 아주 두꺼운 파카를 입고 다닌다.

회사의 베트남 직원 의자 등받이에 한 달 넘게 걸려 있는 두꺼운 파카를 보고 이상해하거나, 출퇴근 시 파카를 입은 모습을 보고 감기약사 먹으라고 약값을 주는 것도 좋지만, 한국 출장길에 보온, 차양 기능이 있는 얇은 기능성 점퍼를 하나 사다 주는 게 직원에게 훨씬 큰 감동을 줄 수 있다.

7) 베트남 길거리 이발소, 머리는 집에 가서 감아야…

베트남의 독특한 길거리 문화 중 하나는 바로 '길거리 이발소'다. 하노이든 호찌민이든 시내 중심부에서 조금만 벗어나 길을 걷다 보면, 인도의 가로수나 벽에 거울을 달아 놓고 의자만 하나 덩그러니 놓은 '길거리 이발소'를 쉽게 발견할 수 있다. 여기에서는 머리만 깎는 것이 아니라 면도도 하고, 귀도 파주는 등 보통의 이발소가 하는 일들은 다 한다. 그러나 길거리다 보니 이발 후 머리를 감겨주지는 않는다. 머리카락 때문에 따끔거리고 찝찝할 텐데도 말이다.

그럼에도 불구하고 생각보다 많은 사람들이 이곳을 이용한다. 기술적으로 부족함이 없을 뿐 아니라 가격도 보통 1만 동(500원) 정도로 일반 이발소보다 엄청 저렴하기 때문이다. 참고로 일반 이발소 가격은 보통 3만 동(1,500원), 미용실은 4만 동에서 5만 동(2,000원~2,500원) 정도이다.

길거리에서 이발하는 모습이 외국인들에게는 퍽 낯설고 이색적이어서 사진 촬영을 원하다 보니, 요즘은 이발하는 포즈를 취해 주고 돈을 받기도 한다고 한다.

하지만 베트남에서는 형편이 어려운 사람들을 위해 길거리에서 무료로 이발해 주는 봉사자들도 어렵지 않게 볼 수 있다.

8) 샴푸도 돈을 받아? 의자에 앉은 채 머리를 감겨준다

베트남의 로컬 이발소도 이발 후 머리는 집에 가서 감아야 한다. 베트남 사람들은 당연하다는 듯 이발만 하고 바로 일어나 계산하고 나간다. 끝에 잔털을 면도할 때도 쉐이빙폼 없이 그냥 물을 묻혀 면도하거나 분가루만 묻혀 면도하는 수준이다. 아무것도 바르지 않은 채 면도만 하는 곳도 있다.

베트남 사람들은 대부분 짧은 머리를 하고 있는데, 특히 젊은이들은 한국 군인들처럼 머리가 매우 짧다. 그들은 이발 후, 머리를 툴툴 털고 그냥 이발소를 나서며 볼일을 보러 바로 가는데, 혹시 이발 후 시간이 있는 경우 집으로 가서 샤워하면서 머리를 감는다.

하지만 이발소가 아닌 여성들이 이용하는 로컬 미용실은 샴푸를 해

준다. 단, 무료가 아니라 별도의 비용을 지불해야 한다. 일반적으로 미용실에서 이발(커트)이나 염색 또는 파마한 후 당연히 머리는 무료로 감겨 주는 것으로 생각하지만, 베트남 미용실에서 '샴푸'는 커트, 염색, 파마와 같은 또 하나의 개별 상품이다. 실제로 샴푸만 하기 위해 미용실을 찾는 베트남 여성들도 많다.

베트남 로컬 미용실의 재미있고 신기한 광경은 미용 의자에 앉아 있는 고객의 머리를 감겨 주는 장면이다. 보통 미용실에 손님이 많을 때나 손님이 그냥 의자에서 샴푸를 원할 때(이때는 대부분 핸드폰을 보기 위해서다)는 샴푸 통을 가지고 와서 미용 의자에 앉아 있는 손님 머리에 물을 조금씩 부어 가면서 머리를 감겨 준다. 머리는 온통 샴푸 거품으로 덮여 있는데, 신기하게도 물이나 샴푸 거품은 떨어지지 않는다. 물론 머리를 물로 헹굴 때는 누워서 머리를 감겨 주는 장소로 간다.

이곳에서 누워 있으면 다시 두세 번에 걸쳐 정말 시원하게 머리를 감겨 주는데, 이때 두피 마사지는 기본이고 얼굴과 목, 어깨, 팔까지 시원하게 마사지를 해 준다. 샴푸 비용은 마사지까지 포함해서 5만 동에서 6만 동(2,500원~3,000원) 정도이다.

베트남 미용실에서 이발(커트)을 한 후 샴푸와 마사지를 할 거냐고 물으면 무조건 받아보시길. 가격 대비 충분한 만족을 느끼고 정말 새로운 체험을 할 수 있다. 하지만 10분이면 충분한 우리나라의 샴푸시간과 달리 족히 30분 이상 오래 걸리니, 이발 후 다음 스케줄에 차질이 없을 때 받아야 한다.

9) 호찌민은 일 년 내내 여름, 하지만 하노이는?

하노이는 겨울에 너무 춥다. 11월부터 이듬해 2월까지 특히 12월과

1월은 매우 춥다. 베트남이 우리나라 제주도보다 더 남쪽에 있는 나라니까 더울 것으로 생각하는 것은 착각이다. 몇 년 전 12월에 아무 생각 없이 호찌민의 여름 옷차림으로 하노이에 갔다가, 좀 과장해서 얼어 죽을 뻔한 적이 있었는데, 결국 가까운 백화점 안으로 들어가 몸을 녹이며 비싼 가격임을 알면서도 두툼한 파카를 사 입었던 적이 있었다.

하노이의 여름은 습도가 높아 무덥기로 유명하고, 겨울은 해를 볼 수 없는 잿빛 하늘이 몇 주 동안 계속되기도 하며, 비도 아니고 안개도 아닌 요상한 것이 사람을 움츠러들게 만든다. 겨울(12월과 1월)에 하노이에 간다면, 겨울옷으로 완전무장 해야 하고, 안개 같은 비가 자주 내리기 때문에 특히 방수 기능이 있는 점퍼를 추천한다.

따뜻한 곳으로 알고 있는 베트남에서 이렇게 옷을 입는 게 절대 혼자 튀는 패션이 아니므로 염려하지 않아도 된다. 그곳에서는 겨울에 모두 두툼한 점퍼뿐만 아니라 털모자와 장갑에 목도리까지 두르고 다니는 걸 쉽게 볼 수 있을 테니 말이다. 그리고 또 한 가지. 특급 호텔이 아닌 저렴한 호텔에 머물 계획이라면 따뜻한 물과 히터가 잘 나오는지도 확인하는 것이 좋다.

이처럼 더운 물과 히터를 확인해야 하는 곳이 베트남에 또 있는데, 바로 달랏이다. 달랏은 호찌민에서 가까운 베트남의 중남부 지역인데도 고산 지대에 조성된 도시여서 일 년 내내 선선한 날씨다. 우리나라의 늦가을 날씨 정도라고 생각하면 된다. 외국인들과 베트남의 신혼부부들이 많이 찾는 달랏에 갈 일이 있다면, 그리고 특히 겨울(12월과 1월)에 갈 예정이라면 하노이의 겨울 복장과 같이 준비하면 된다. 같은 베트남인데도 불구하고 날씨가 달라도 너무 다르다.

10) 다들 조폭 문신이 멋이라고?

베트남 사람들은 '조폭', 즉 조직폭력배를 '마피아(Mafia)'라고 부른다. 우리나라도 지방마다 '무슨 무슨' 파라는 조폭이 있듯이 베트남에도 '어디 어디' 마피아라고 한다. 베트남에 온 지 얼마 되지 않았을 때 나이트클럽을 가 보고 마피아가 왜 그렇게 많은가 했는데, 그것은 어느 나이트클럽을 가도 만나게 되는 안전요원(security) 때문이다.

건장한 체격에 검은 티셔츠를 입은 그들은 곳곳에 눈을 시퍼렇게 뜨고 서 있었는데, 손님들의 자리를 안내하기도 하고, 화장실을 갈 때 길을 터주기도 하고, 테이블 주변을 지키며 손님들 자리의 소지품을 지켜 주기도 한다.

참고로 베트남 친구들은 이 나이트클럽을 그냥 '바(Bar)'라고 한다. 아마 월남전 때 미군들에 의해 처음 선보인 바(Bar)가 춤추고 술 마시며 노는 곳의 대명사가 된 것 같다.

검은 티셔츠의 안전요원은 손님이 담배를 입에 물면 바로 라이터를 들이대며 담뱃불을 붙여 주기도 한다. 이 건장한 친구가 외국인인 우리를 지켜 주는 것 같아 마음이 놓이기도 하지만, 담뱃불을 붙여 줄 때는 여간 불편한 게 아니다. 왜냐하면 대부분 이런 안전요원들은 옷 밖으로 드러난 부분에 어김없이 눈에 거슬리는 요란한 문신이 있기 때문이다. 팔은 기본이고 손등이나 목덜미에도 문신이 있다. 아마 티셔츠를 벗으면 더 화려한 문신이 몸통을 휘감고 있을지도 모른다. 마치 '조폭'이 담뱃불을 붙여 주는 그런 부담감…. 내가 붙인다고 해도 막무가내로 자기가 켠 라이터로 불을 붙여야 하는 강압적인 분위기 때문에 우리를 불편하게 만든다. 나이트클럽에서 나갈 때 10만 동(5천 원) 정도의 팁을 손에 쥐어 주면, 험상궂은 이 마피아 친구의 얼굴은 금세 환해지며 흡족해한다. 그렇게 해야 뒤통수가 따갑지 않다.

우리는 상식적으로 문신을 하면 군 입대도 안 되고, 과거에는 문신이 있다는 이유 하나로 조폭으로 낙인 찍혀 삼청교육대로 끌려갔던 때도 있었다.

그리고 간혹 목욕탕에서 만나는 '문신 형님들'의 언행을 익히 알기에 본능적으로 문신에 대한 거부감이 있다.

그런데 베트남은 나이트클럽뿐만 아니라 식당이나 카페에서 서빙하는 친구, 세차장에서 세차하는 친구, 꽁초 담배를 입에 물고 연신 가위질을 하는 길거리 이발소의 이발사, 웃통을 벗고 낮잠을 자는 동네 구멍가게 주인도 모두 문신을 하고 있다. 등짝에 커다랗고 화려한 용 문신을 하고 있는 사람도 있다.

그렇다면 이들은 모두 마피아일까? 배가 나온 구멍가게 아저씨는 지금은 아닐 테고, 예전에 마피아였나? 베트남 마피아는 낮에는 성실하게 일하나? 아니면 '학교'에 갔다 와서 반성 중인가?

그런데 가끔 카페에서 보는 손님들 중에는 발목이나 팔, 목 등에 문신을 한 어여쁜 베트남 아가씨들도 있다. 그들은 여자 마피아일까? 이런 생각들을 한 적도 있다.

이런 생각이 한순간에 날아가 버린 것은 어느 날 베트남 친구와 함께 거리에서 파는 '타투(Tattoo) 스티커'를 보고 나서다. 수많은 타투 스티커를 길바닥에 쌓아 놓고 팔기도 하지만, 검은 잉크통과 헤어드라이어로 어른이나 아이들의 어깨, 팔 등에 즉석 '임시 타투'를 새겨 주기도 하는 것이다. 이 '임시 타투'는 문양이 파진 플라스틱 판을 피부에 대고 잉크로 문지르면 진짜 타투처럼 피부에 문양이 새겨지는데 타투 스티커에 비해 훨씬 오래 지속되며 일주일 이상 지워지지 않고 그대로라고 한다.

베트남 친구가 말하기를, 베트남 사람들은 타투를 매우 좋아하고, 마피아든 아니든 모두 타투에 거부감이 없다는 것이다. 그러니 이렇게 타투 스티커까지 등장하고 엄마들이 어린아이들에게까지 타투를 해주는 거라고 한다.

'문신'과 '타투(Tattoo)'는 분명 같은 말이지만, 왠지 문신보다 타투가 멋있고 세련되어 보인다.

다양한 문양의 타투 스티커

　타투를 한 베트남 젊은 친구들은 이러한 '타투 스티커'나 '임시 타투(헤나)'가 아닌 진짜 타투다. 가격은 문양과 크기에 따라 천차만별이지만 보통 싸게는 50만 동(2만 5천 원)에서 비싸게는 1,000만 동(50만 원)도 훨씬 넘는다고 한다.

　무속신앙으로 뱃사람들이 타투를 많이 했다고도 하는데, 남북으로 1,600km나 되는 베트남의 긴 국토의 한쪽은 모두 바다이고 바다에서 생업을 이어가는 뱃사람들이 많은 탓에 타투는 자연스럽게 그들의 문화가 된 듯하다. 베트남 사람들은 젊거나 그렇지 않거나 다들 타투를 좋아한다고 하니, 괜히 문신한 사람만 보면 이상한 생각을 하는 우리 상식만으로 베트남 친구들을 색안경 끼고 보거나 조폭으로 오해하는 일은 없어야 할 것이다.

　이역만리 타국에서 아는 사람도 없고 혼자 이런저런 상황을 겪어 나가야 하는 베트남 거주 초창기에 좀 세게(?) 보이려고 타투를 심각

하게 고민하다 결국은 그 길거리를 찾아 타투 스티커 몇 장 사서 집에
온 적이 있다. 그때 서울에 있는 선배가 전화 통화 끝에 한 말이 아직
도 생각난다.

"누렁이에게 호랑이 무늬 그려 넣는다고 누렁이가 무서워 보이
냐? 문신이고 타투고 어울리는 사람이 있는 법이다. 그냥 생긴 대로
살아."

11) 베트남에 빨랫비누가 없다고?

베트남에 빨랫비누가 없다는데, 진짜인가요?

친하게 지내는 후배가 묻는 말에 잠시 머리가 멍해졌지만 설마 그 흔한
빨랫비누가 없을까 했는데, 아는 베트남 친구들에게 물어봐도 모두 빨랫비
누를 모른다고 한다. 베트남 직원들에게 물어봐도 모른단다. 진짜 없는 것
인가? 세탁기용 액상세제를 쓰는 나는 한 번도 사 본 적이 없지만, 대형마트
아니면 동네 구멍가게에서 분명히 본 것 같은데 말이다.

베트남 직원이 베트남어에 '빨랫비누'라는 단어가 없다고 한 말이 자꾸
맘에 걸렸지만 직접 확인하러 다녔다. 두 개의 대형마트 그리고 동네 구멍가
게를 다 뒤져도 정말 빨랫비누는 없었다. 대형마트 직원에게 물어보니 세탁
기용 세제 코너로 안내한다. 결론은 '베트남에는 빨랫비누가 없다.' 하지만
설마, 하며 시간 날 때마다 그리고 아는 베트남 지인들에게 물어보고 또 물
어봐도 다들 그런 건 없다고 한다.

왜 없을까? 그렇다면 도대체 무엇으로 빨래를 했단 말인가?

지금처럼 세탁기에 세제를 쓴 지 얼마 안 되었을 텐데, 그 전에는 도대체
무엇으로 어떻게 빨래를 했단 말인가?

'삐삐랑 같은 거 아닌가?' 베트남 지인이 이 말을 하며 전화를 끊었는데,

순간 맞다. 삐삐!

이것도 점프한 거구나…. 나도 모르게 손으로 이마를 쳤다.

베트남에는 빨랫비누가 없다. 모두 세탁기용 세제로 빨래를 한다. 그렇다면 세탁기용 세제 사용 전 베트남 사람들은 무엇으로 빨래를 했을까? 아는 베트남 지인이 어머니에게 들었다고 하면서 알려준 것이 바로 '풀을 태운 재'를 이용해서 세탁을 했다는 것이다. 바로 잿물 세탁이다.

1975년 이후 배급 경제 시대라고 불리던 때, 베트남 사람들은 매달 한 가족당 250g 정도의 비누를 배급 받았는데, 이것은 세수나 목욕용으로만 사용하기에도 부족한 양이었다. 그래서 우리가 그 옛날 그랬던 것처럼 잿물을 내려서 빨래를 했다고 한다.

볏짚이나 건초를 태운 뒤 남는 하얀 재를 천에 올려놓고 물을 부어 내리면, 재 속에 미네랄, 특히 알칼리 이온이 녹아 나오는데, 이 물은 강한 알칼리성이 되어 이것이 옷의 기름기와 때를 세탁하는 기능을 하는 것이다. 이것이 바로 잿물 세탁이다.

우리나라는 1947년 국내 최초의 빨랫비누인 '무궁화 세탁비누'가 선풍적인 인기를 끌며 잿물 세탁이 완전히 없어지는 듯했으나, 1950년 6·25 전쟁으로 온 국토가 폐허가 된 이후, 다시 잿물 세탁이 시작되었다. 1966년 국내 최초 합성세제인 가루비누 '하이타이'가 나왔고, 1960년대 이후 시골의 가난한 집에서 간혹 잿물 세탁을 했다고 쳐도 우리나라에서의 잿물 세탁은 아마 1970년 이후 완전히 사라진 세탁 방법인 것이다.

우리나라의 개인 통신기기 발전 과정에서 과도기에 나타난 호출기, 일명 '삐삐'가 베트남에는 아예 없이 핸드폰으로 한 단계를 건너 점프한 것처럼, 빨랫비누 역시 마찬가지다.

배급 경제 시대가 끝나고, 1986년 도이머이 정책을 채택한 베트남은 이후 개혁 개방이 시작되어 1990년 세계로 문을 열고 시장 경제를 받아들이게 되는데, 당시 전 세계적으로 가장 일반적인 세탁 세제인 합성세제, 즉 세탁기용 가루비누를 바로 사용하게 된 것이다.

삐삐나 빨랫비누를 건너뛴 베트남. 이제 또 무엇을 건너뛸지 생각해 볼 일이다. 베트남 사람들은 옷을 삶을 때는 무엇을 사용할까? 적어도 아기 옷은 삶아야 하는데 말이다. 우리는 옷을 삶을 때 항상 빨랫비누를 사용했다. 그렇다면 빨랫비누가 뭔지도 모르는 베트남 사람들은 빨래를 삶을 때 합성세제를 넣고 삶는다는 것인가?

최근 베트남에 다시 우리 교민이 증가하면서 드디어 한 대형마트에 빨랫비누가 등장했다. Made in Japan과 Made in Korea다. 베트남은 끝까지 빨랫비누를 만들지 않으려나 보다.

12) 왠 빨래방이 이렇게 많아? 여기도 대학가인가?

베트남, 특히 호찌민은 사시사철 여름이다. 무척 덥다. 그래서 땀도 많이 난다. 매일매일 와이셔츠나 티셔츠를 갈아입어야 한다. 외근이 많은 날이나 우기에 비가 많이 올 때는 옷을 한 벌씩 더 준비해서 중간에 갈아입기도 한다. 이러한 이유로 대부분의 베트남 가정에서는 아주 많은 옷들을 가지고 있다. 옷이라고 해 봐야 반팔 티셔츠, 반바지 그리고 짧은 치마가 대부분이다. 의외로 세련된 디자인의 이러한 옷들은 마감이 깔끔하지는 않지만 그리 비싸지도 않다. 워낙 인건비가 저렴하기 때문이다. 전 세계로 옷감과 옷을 만들어 납품하고 있는 우리나라의 섬유, 봉제 공장들이 중국에서 이곳 베트남으로 옮겨온 이유도 저렴한 인건비 때문이다. 간혹 세탁할 때 짙은 옷감의 색이

묻어 나와 다른 옷들을 망치는 몇몇 옷을 제외하면 대부분 싼 맛에 입을 만하다.

옷을 자주 갈아입다 보니 매일매일 빨래가 쌓여 일주일이면 엄청난 양이 되는데, 혹시 주말에 날씨가 흐리거나 비가 내리게 되면 낭패다. 이 많은 빨래를 어떻게 한단 말인가?

베트남의 하노이나 호찌민 같은 대도시에는 자취생 밀집 지역뿐만 아니라 일반 주택가나 아파트 단지 등 어디서나 쉽게 빨래방을 찾을 수 있다. 빨래방은 대용량 세탁기와 건조기를 갖추고 있어서 이불처럼 부피가 큰 세탁물도 한 시간이면 세탁부터 건조까지 끝난다. 날씨가 우중충해서 빨래가 잘 마르지 않는 하노이의 동절기나 비가 많은 호찌민의 우기에도 건조기를 이용하면 햇볕에 널어 말린 듯 뽀송뽀송하게 건조된 빨래를 만날 수 있다. 단칸방에 살면서 세탁기가 없거나 아니면 빨래할 시간이 부족한 베트남 젊은이들이 주로 빨래방을 이용하는데, 빨래방 이용은 이제 베트남 사람들에게 '사치'가 아닌 '필수'가 되고 있다.

5

베트남의 축구와 도박 문화

1) 달밤에 운동하는 사람들

호찌민에는 산이 없다. 사방을 둘러봐도 온통 평지뿐이다. 그래서 높은 빌딩 위에서 보면 지평선을 쉽게 볼 수 있다. 호찌민은 메콩델타 지역 인근에 만들어진 도시로 이 지역의 해수면은 '0'이다. 즉 바다와 육지가 같은 높이라는 말이다. 그래서 밀물과 썰물 때면 도심 한복판의 강 수위가 심하게 오르락내리락하며, 밀물 때 폭우라도 내리면 도심에 물난리가 나기도 한다.

이러한 호찌민에서 최소 100km 이상을 가야 산다운 산을 만날 수 있는데, 바로 북서쪽 떠이닌(Tây Ninh)성의 해발 987m '누이(Núi, 산) 바덴', 즉 바덴(Bà Ðen)산이다.

산이 없는 호찌민에 거주하는 어떤 한국 사람은 등산을 하고 싶어 가끔 15층짜리 아파트 비상계단을 오르락내리락한다고 한다.

조깅이나 등산에 익숙한 한국 사람들은 매일 걷지도 않고 오토바이만 타고 다니는 베트남 사람들이 운동을 전혀 안 하는 것으로 생각한다.

도심 곳곳에 흐르는 사이공강 강줄기

　매일 오토바이를 타는 베트남 사람들은 약간 과장해서 하루에 걷는 걸음 수가 열 걸음도 안 된다. 집 밖으로 나가 오토바이에 올라타서, 다시 집에 올 때까지 걷지 않고 거의 모두 오토바이로 이동한다. 그야말로 '3보 이상 오토바이 탑승'이다. 도심 어디를 둘러봐도 걸어 다니는 베트남 사람을 찾기 힘들다. 이렇다 보니 조금 과장해서 하루에 걷는 걸음 수가 열 걸음도 안 된다는 것이다. 퇴근 후 재래시장에서 장을 보는 여성들도 오토바이를 타고 시장 곳곳을 천천히 이동하면서 장을 보는 모습을 볼 수 있다.

　오토바이만 타는 베트남 사람들. 도대체 이 사람들은 운동을 하지 않는단 말인가? 전혀 아니다. 우리가 모를 뿐이다. 특히 호찌민은 독특한 운동 문화를 가진 도시다. 베트남 사람들의 대부분이 이른 새벽부터 일어나 하루를 시작하듯 호찌민 도심에 거주하는 사람들은 이른 새벽에 운동하거나 아니면 밤에 운동한다. 그들은 도심 곳곳에 있는 큰 공원이나 동네마다 조성된 작은 공원에서 운동하는데, 베트남 특유의 덥고 습한 날씨를 피해 아침이나 저녁 또는 밤에 운동을 하는 것이다.

호찌민 도심 내 여러 개의 큰 공원에서는 이른 새벽 4~5시부터 많은 사람들이 걷고, 뛰며, 신나는 음악과 함께 에어로빅도 하고 지르박, 탱고 같은 다양한 댄스까지 함께한다. 이렇게 이른 새벽에 시작된 운동은 일과를 마친 후 저녁 7시~8시에 다시 시작되어 밤 9시~10시까지 계속된다. 아무래도 새벽보다는 저녁 때 좀 더 많은 사람들이 모인다. 그야말로 달밤에 운동하는 것이다.

나이가 좀 있는 사람들이나 여성들은 보통 이런 큰 공원이나 동네의 작은 공원에 모여 운동하고, 젊은 남자들은 도심 곳곳에 있는 풋살 경기장에서 야간 축구를 즐기거나 동네마다 있는 작은 헬스장에서 걷고, 달리고, 아령으로 근육을 만들기도 한다. 이런 작은 헬스장은 대부분 에어컨이 없고 공간이 외부로 오픈되어 있으며, 헬스 기구들이 다양하고, 샤워장도 있고, 에어컨도 나오는 넓고 쾌적한 실내 헬스장도 더러 있다.

이렇게 수시로 운동하는 베트남 사람들을 유혹하기 위해 최근 다국적 기업들의 피트니스와 요가 센터가 도심 곳곳에 럭셔리한 인테리어를 갖추고 하나둘씩 늘어나고 있는 추세다. 코로나 팬데믹으로 잠시 주춤했지만 이들의 연 매출은 해를 더할수록 늘어나고 있는 상황이다.

하루종일 뜨거운 날씨 속에서 일하고 집에 돌아오면 에어컨 바람에 몸이 나른해져 아무것도 하기 싫지만, 베트남 사람들처럼 매일은 힘들더라도 반드시 일주일에 한두 번만이라도 운동으로 체력관리를 해야 이 더운 나라에서 건강을 유지할 수 있다는 것을 명심해야 한다.

2) 베트남 학교는 대부분 운동장이 없다

베트남의 학교, 특히 대학교의 특이한 점은 대부분의 대학교에 큰 캠퍼스가 없다는 것이다. 대학뿐만 아니라 초·중·고등학교도 운동장이 없다. 베트남 대학교의 경우 보통은 단과대학별로 2~3개의 캠퍼스로 나누어져 있는데, 호찌민시 경제대학교의 경우 캠퍼스가 12개로 나누어져 있기도 하다. 이러한 상황이다 보니 대부분의 대학교에 운동장이 없는 것이다. 두세 곳의 캠퍼스로 나누어져 넓은 땅을 차지하고 있지 못한 것도 이유라고 할 수 있지만, 대학교를 비롯해 각 학교에 운동장이 없는 이유는 프랑스 식민지 시절 프랑스식 캠퍼스 형태의 영향을 받은 것이 가장 큰 이유라고 할 수 있다.

운동장이 없는 베트남 초등학교

특히 대학교의 경우 이렇게 운동장이 없는 것은 대학생들의 정치색 짙은 집회를 금지하는 차원에서 애초에 넓은 공간을 제공하지 않은 것이라고 한다.

그렇다면 운동을 어디서 할까? 특히 그들이 좋아하는 축구는 어디서 하는 걸까? 우리나라의 경우 각 동네마다 있는 초등학교 운동장에서 주로 축구를 하곤 했는데 말이다.

베트남의 학생들은 각 지역의 체육센터에 등록해서 운동하고 다양한 운동 수업을 받은 체육센터의 확인증을 학교에 제출하도록 되어 있다. 체육센터 외에 개별적으로 도심 공원이나 주택가의 작은 공원에도 운동할 수 있는 공간과 다양한 운동 기구들이 곳곳에 마련되어 있어 학생들은 이곳에서 뜨거운 낮 시간을 피해 주로 저녁 무렵에 운동한다. 베트남 도심에는 동네마다 잘 설치된 풋살 경기장이 있다. 그리고 이 풋살 경기장에는 조명 시설이 설치되어 있기 때문에 사람들은 주로 밤에 모여 축구 경기를 한다.

3) 축구는 내 인생, 근데 다 좋은 게 아니라고?

베트남 사람들이 가장 좋아하는 스포츠이자 가장 잘한다고 생각하는 운동이 '축구'다. 베트남의 경제 수준을 생각한다면 이해가 되지 않을 정도로 도심의 동네마다 인조 잔디에 야간 조명까지 갖춘 풋살 경기장이 있고, 이곳은 저녁이 되면 사람들로 꽉 찬다. 프로 축구팀도 상당수 있다고 하니 축구에 대한 그들의 열정을 가히 짐작할 수 있다.

베트남 국가대표 축구팀을 이끌고 있는 박항서 감독은 베트남 최고의 인기 스타다. 신한 베트남 은행과 베트남 삼성전자 등 다양한 기업의 광고 모델로도 활동하고 있는 박항서 감독은 베트남에서 코로나

팬데믹에 관계없이 인생 최고의 황금기를 누리고 있다고 해도 과언이
아닐 것이다.

그러나 베트남에서 축구의 인기가 무조건 좋은 점만 있는 건 아니
다. 가장 큰 병폐가 바로 도박이다. 베트남은 축구의 인기가 그 열정
으로만 끝나는 것이 아니라 도박과 연결되어 축구 대회가 끝나면 오
토바이도 팔고, 집도 팔고, 하루아침에 전 재산을 다 날리고 엄청난
빚까지 떠안은 몰락한 사람들이 생기고 이혼율도 증가하고 있다고 한
다. 축구 경기를 보며 환호하는 사람들 중에는 겉으로는 웃지만, 속으
로는 울고 있는 축구 도박꾼들이 있는 것이다. 최근 축구 도박으로 큰
돈을 잃은 30대 초반의 베트남 남성이 호찌민 인근 도시의 한 은행에
침입해 거액의 현금을 챙겨 도주하다 잡히는 사건이 발생했다. 축구
도박이 은행 강도를 만든 셈이다.

4) 다 맡겨, 다 걸어~ 베트남의 축구와 전당포

우리나라에도 예전에는 동네마다 하나씩 있을 정도로 전당포가 많
았다. 그리고 혼담에서 오가는 말 중 '신랑이 윗동네 전당포 집 아들
이야'라는 말은 신랑 집이 잘산다는 것을 의미할 정도로 당시 전당포
는 수입이 꽤 좋은 업종 중 하나였다. 하지만 언제부턴가 우리나라에
서는 전당포가 하나 둘씩 없어지기 시작하더니 지금은 눈을 씻고 찾
으려 해도 보이지 않는다.

지금 베트남에는 우리나라에서 한참 전당포가 호황이던 때보다 훨
씬 많은 전당포가 있다. 베트남 어딜 가도 '깜도(Cầm đồ)'라고 쓰인
빨강 전당포 간판을 쉽게 찾을 수 있다. 심지어는 대학가와 학원가에
도 그 간판이 보란 듯이 걸려 있다.

대형 전당포(cầm đồ) 간판

베트남 전당포의 이자율은 하루에 5~10%이고, 축구를 좋아하고 내기를 좋아하는 특징 때문에 아시안컵이나 월드컵과 같은 국제 축구 대회 시즌에는 이자율이 하루에 15~20%인데도 손님은 평소보다 훨씬 많다고 한다.

그리고 대회가 끝나면 베트남 중고시장에 지각변동이 일어난다. 전당포에 있는 엄청난 양의 물건들이 중고시장으로 쏟아져 나오기 때문이다. 전당포에 맡긴 집문서와 땅문서로 부동산 가격은 뚝 떨어지고, 중고 자동차, 중고 오토바이, 노트북, 스마트폰 등이 엄청나게 쏟아져 나와 중고시장을 뒤집어 놓는다.

그래서 베트남에서 질 좋은 중고 물건을 싸게 사거나 ─ 특히 오토바이가 가장 많이 매물로 나온다고 한다 ─ 중고 오토바이를 구입하기에 가장 좋은 시기는 월드컵과 같은 축구대회 이후라고 한다.

5) 축구에 열광하는 나라, 도박 때문이라고?

2018년 12월 6일, 필리핀을 꺾고 2018 아세안 축구 선수권 대회(AFF Championship) 스즈키컵 결승에 오른 베트남은 그야말로 열광의 도가니였다. 우리의 박항서 감독 때문에 온 거리를 뒤덮은 오토바이 행렬에서 간혹 태극기도 볼 수 있었는데 2002년 월드컵을 떠올리게 했다. 온 나라가 함성과 웃음바다다. 2008년 이 대회에서 우승한 베트남이 그해 10년 만에 다시 우승의 기회를 잡은 진정한 기쁨의 웃음도 있지만, 돈내기에서 이긴 웃음도 있고, 어쩌다 위험한 고배당 배팅으로 큰돈을 날리게 된 그늘진 얼굴로 겉웃음만 짓는 웃음도 있었다.

베트남에서 축구는 곧 도박이라는데, 이런 베트남 사람들의 순수한 축구 정열에 도대체 언제부터 도박이 자리 잡게 된 것일까?

축구는 베트남의 국민 스포츠다. 도심 곳곳에 야간 조명 시설을 갖춘 풋살 경기장이 하루도 비어 있는 걸 본 적이 없다. 그리고 베트남의 지방 어디를 가도, 심지어 산골짜기 마을에도 축구부가 있다고 한다. 우리나라로 치면 읍, 면, 리, 군, 동, 구, 시, 도 등 각 행정 구역마다 축구부가 있는데, 우리나라의 조기 축구회 같은 친목 모임의 개념이 아닌 정식으로 등록된 축구부인 것이다.

뿐만 아니라 각 학교와 직장에도 축구부가 없는 곳이 없다. 시골 시장의 옷 가게에 가장 많이 걸려 있는 옷이 각 사이즈별 세계 유명 구단의 마크가 찍혀 있는 축구 유니폼이다. 실력이야 어떻든 이렇게 각 축구부에 소속된 선수들만 따지면, 아마 전 세계에서 가장 많은 축구 선수를 보유한 나라가 베트남일 것이다.

도심이든 아니든 베트남의 웬만한 식당에는 하나같이 대형 TV가 있는데, 이 대형 TV에서 다른 스포츠, 예를 들어 야구나 농구, 배구, 테니스 등의 스포츠 경기가 방송되는 것을 단 한 번도 본 적이 없다. 이 대형 TV에서 나오는 건 언제나 축구 경기뿐이다.

베트남 사람들은 영국의 프리미어 리그, 이탈리아의 세리에 리그, 스페인의 프리메가 리그, 독일의 분데스리가 등 세계 축구 4대 빅 리그의 모든 경기를 시청한다. 단순 시청 정도가 아니라 이 또한 열광적으로 응원한다. 베트남 선수가 뛰는 것도 아닌데 말이다. 간혹 이렇게 빅 리그를 보며 응원하는 베트남 사람들 중에는 빅 리그의 경기 일정, 각 팀 감독, 선수, 지난 성적 등을 줄줄이 꿰고 있는 사람도 있다.

허름한 정도가 아니라 시커먼 기름때에 군데군데 낡아 구멍까지 난 윗옷과 통 넓은 바지에, 갈라진 비닐 벨트가 반 이상 남아 옆 허리춤 뒤로 말아 올린 바짝 마른 베트남 아저씨가 꽁초 담배를 입에 물고 발가락 사이에 낀 슬리퍼를 까딱거리며 전문 스포츠 해설자처럼 이러쿵저러쿵 선수와 감독을 평가하는 모습을 상상해 보시라. 참으로 놀랍고도 기가 막힌다. 그리고 궁금해진다. 베트남 사람들은 왜 하나같이 많은 스포츠 중에 오로지 축구 한 가지에만 이렇게 관심을 쏟는 것일까?

베트남에 처음 축구가 들어온 것은 프랑스 식민지 때라고 한다. 프랑스 공무원, 상인, 군인들에 의해 들어온 축구는, 1906년 프랑스축구협회연합의 브르통(E. Breton) 위원이 베트남에 축구 경기 규칙을 소개하면서부터 본격적으로 베트남에 널리 퍼졌다고 한다. 축구는 공 하나만 있으면 할 수 있는 스포츠다. 특별한 장비 없이 누구나 쉽게 즐길 수 있는, 다시 말해 가난한 사람들이 쉽게 접할 수 있는 스포츠 로 매우 빠르게 베트남 사람들의 관심을 받기 시작한 것이다.

그리고 프랑스 식민지 이후 또다시 전쟁터로 변한 베트남에 다른 스포츠가 유입되기 힘든 상황이 축구를 더 활성화시켰다고 한다. 1975년 전쟁 종료 후 별다른 구기 종목을 알지 못하는 상황에서 오로 지 축구 종목 하나로 '남북 통합 베트남 전국 축구대회'가 개최되어 남과 북이 하나 되는 구심점을 만들어 주었고, 그 이후로 지금까지 베트남에서의 축구는 온 국민의 스포츠로 자리 잡게 된 것이다.

이런 국민 스포츠 축구가 내기와 도박을 좋아하는 베트남 사람들과 만난 것이다. 베트남의 가장 큰 명절인 뗏(Tết, 설날) 명절이 끝날 무렵 부터 시작되는 마을 축제인 동제 기간에는 우리의 윷놀이, 섰다, 고스 톱 등과 비슷한 다양한 내기 놀이가 성행했는데, 이러한 놀이가 베트 남 사람들의 도박 심리를 키웠고, 결국 베트남은 17세기 말, 나라에서 공식 도박장을 허가하고 세금을 징수하게 되었다. 다시 말해 베트남 이 다른 나라보다 일찍 도박을 합법화시킨 것인데, 이로 인해 도박에 대한 인식이 나쁘지 않게 저변에 자리 잡은 것이다.

그리고 무엇보다 중요한 것은 전쟁이 끝나고 집으로 돌아온 남자들 은 부인이 알아서 육아와 가정 경제를 책임지고 있고, 또한 대부분의 일(직업)을 부인(여자)이 알아서 하고 있는 상황이라 딱히 할 일이 없 는 상태였다. 이러다 보니 하루하루가 지루한 상황이고 좀 더 재미있 고 부인이 벌어다 주는 돈 못지않게 적은 돈으로 한 번에 큰돈을 만질 수 있는 도박에 좀 더 쉽게 빠져들게 된 것이다. 돈내기, 즉 도박을 좋 아하고 축구도 좋아하는 이들이 '내기 축구'를 시작한 건 어쩌면 당연한 결과라 할 수 있다.

'도이머이'로 개혁개방 정책을 시작한 베트남 정부의 의지로 하루가 다르게 변하는 사회적 분위기로 모든 것이 바뀌기 시작한 1990년, 즉 본격적인 시장 경제 시대부터 시작되었다고 하는 베트남의 내기 축구는 해가 갈수록 내기 수준과 규모가 커지면서 너무도 쉽게 도박으로 변했다.

'2018 AFF 스즈키컵'과 같이 자국의 선수들이 출전하는 경기는 물론 월드컵이나 세계 축구 4대 빅 리그의 각 경기마다 삼삼오오 모여 내기를 하는데, 여학생들끼리도 돈내기를 하는 모습을 종종 볼 수 있다. 이렇게 남녀노소 할 것 없이 거의 모든 베트남 사람들이 많든 적든 돈내기를 하는데, 여학생들에게 돈내기를 왜 하냐고 물어보면 '경기를 좀 더 재미있게 보려고'라고 한다. 모든 국민들이 돈내기를 하며 축구 경기를 관람하는데, 전문 축구 도박꾼들은 일반적으로 이기고 지는 단순한 승부 외에 전·후반 골 득점 수, 종합 골 득점 수, 코너킥, 드로잉, 패널티킥, 파울 등의 횟수까지 다양한 방법으로 베팅한다고 한다.

이처럼 베트남의 축구 경기는 점점 내기를 넘어 도박의 수단으로 변질되었는데, 몇 년 전에는 축구 도박과 관련하여 고위 공무원이 공금을 횡령해 구속되기도 했고, 유명 축구 선수가 동료들과 내기 축구를 했다가 징역형을 받았다고도 한다. 최근에는 온라인 도박 축구 사이트를 통해 어마어마한 금액의 돈이 거래되고, 거래 금액에 대한 수수료를 떼는 불법 사이트가 사회적으로 큰 문제가 되고 있는 상황이다.

프리미어 리그 시즌, 식당의 대형 TV를 보며 골을 넣을 때마다 함성을 지르며 응원하는 베트남 친구들은 그 나라, 그 팀의 축구 팬으로 응원하는 게 아니라 본인이 돈을 걸었기 때문이란 걸, 그리고 전문 스포츠 해설자처럼 정보를 줄줄 꿰차고 있어야 내기에서 이길 수 있다는 것 또한 최근에야 알았다.

2018년 12월 15일, 결국 우리의 박항서 감독이 이끄는 베트남 국가대표 축구팀은 2008년 이후 10년 만에 '2018 AFF 스즈키컵'에서 우승했다. 수많은 오토바이 행렬들이 경적을 울리며 떼를 지어 도로를 점령했다. 온 나라가 열광의 도가니 그 자체였다. 2008년 첫 우승 당시에는 베트남 전역에서 400여 명의 사상자가 발생했다고 하는데, 기쁘고 들뜬 분위기라 할지라도 이제 어느 정도 '안전 의식'이 자리 잡은 것인지 예전과 같은 일은 일어나지 않았다.

그리고 다시 1년 뒤인 2019년 12월 10일, 박항서 감독의 베트남 국가대표 축구팀은 동남아시안 게임 축구 대회에서 60년 만에 우승하는 또 하나의 대기록을 세웠고, 2021년 6월에는 최초로 월드컵 (2022 카타르) 최종 예선 진출 확정과 더불어 2023년 아시안컵에 사상 처음으로 예선 없이 진출이 확정되면서 다시 한번 베트남 전역이 열광하게 되었다.

6) 한국과 다른 닭싸움, 물고기 싸움도 있다

누구나 실제든 아니면 TV를 통해서든 닭싸움을 본 적이 있을 것이다. 하지만 베트남의 닭싸움은 우리와는 조금 다르다. 우리나라의 닭싸움은 닭이 부리로 상대 닭을 쪼아 공격하고, 상대방 닭이 죽거나 도망가면 게임이 끝난다. 이런 방식의 닭싸움은 대부분 시간이 많이 걸린다.

베트남도 방식은 마찬가지지만, 한 가지 다른 점은 각 싸움닭의 두 다리에 날카롭고 뾰족한 작은 쇠창살을 매달아 뒷발로 찰 때 그 작은 쇠창살이 상대방 닭을 찌르게 되어 있다. 기세로 보아 당연히 이길 것 같은 닭이 순식간에 쇠창살에 찔려 지는 경우가 많고, 싸움은 생각보다 금방 끝난다. 이런 방식의 닭싸움은 100% 돈을 거는 도박이며, 당연히 불법이다.

베트남에는 또 다른 도박이 있는데 바로 물고기 싸움이다. 차를 타고 지나가다 보면 길 한쪽으로 비닐봉지에 물고기를 담아 파는 물고기 장사들이 있다. 그들이 파는 물고기 중 가장 비싸고 화려한 물고기가 바로 물고기 싸움, 즉 '투어(鬪魚)'의 주인공 '베타 스플렌덴스(Betta splendens)'라는 물고기다.

베트남어로 까쪼이(Cáchọi)라고 불리는 이 화려한 열대어는 키우기 쉬운 관상어이기도 하다. 까쪼이(Cáchọi)는 베트남어로 '부딪치는 물고기'라는 뜻으로 같은 수컷끼리 만나면 무조건 죽기 살기로 싸우는데, 암컷을 차지하기 위해서다.

그래서 대부분 이 까쪼이는 비닐봉지에 한 마리씩만 들어 있고, 한 어항에 한 마리만 키운다. 베트남에서는 이런 물고기 싸움도 닭싸움과 같이 대부분 도박에 이용된다.

베트남 외에 태국과 캄보디아에도 이 물고기 싸움이 있는데, 이것은 아주 오래된 전통놀이 중 하나라고 한다. 현재 복권 외에는 모든 도박이 금지된 베트남에서 닭싸움과 물고기 싸움은 여전히 전통 놀이와 불법 사행 놀이 사이에서 줄타기하며 아직까지 명맥을 유지하고 있는 전통 도박놀이 문화다.

Vietnam

6

베트남의 음식과 식사 문화

1) 말없이 빨리빨리 먹는 게 불안하다?

베트남 사람들은 식사할 때 많은 대화를 한다. 대화하기 위해 식사를 한다고 해도 과언이 아니다. 대화가 주(主)이고 식사는 대화를 위한 소품이라고 할 정도다. 또한 코스 요리의 경우, 아주 조금씩 매우 천천히 먹는다. 그러면서 다음 요리, 또 그 다음 요리를 즐긴다. 반면 우리나라 사람들은 허겁지겁 먹기 바쁘다. 말도 별로 없다. 그리고 엄청나게 빨리 먹는다. 지금은 그렇지 않지만, 예로부터 밥상에서 말을 많이 하면 예의가 없다고 해서 그런 건지, 아니면 '빨리빨리 문화' 때문인지 먹는 데만 열중하는 경우가 많다.

말도 없이 빨리 식사하는 것은 자칫 함께 식사하는 베트남 사람들에게 뭔가 좋지 않은 일이 있을 것 같은 오해를 살 수 있다. 다시 말하면, 그들은 수많은 전쟁을 겪은지라 본능적으로 대화 없이 서둘러 식사하는 모습은 함께 식사하는 사람들에게 불안한 분위기를 만들 수 있고, 즐거운 식사 분위기를 방해할 수도 있다는 것이다. 식사 자리에서 먹기만 하는 우리의 모습은 자칫 그들에게 '돼지처럼 먹기만 한다'고 놀림을 받을 수도 있다. 그들과 함께 조금씩, 천천히, 대화를 나누면서 식사해 보면 좋을 것 같다. 다양한 베트남 요리를 맛보면서 저절로 소식(小食)할 수 있고, 체중 감량에도 큰 도움이 될 수 있으니 말이다.

2) 수박을 소금에 찍어 먹어? 깎는 것도 이상하네

베트남 사람들은 모든 과일을 소금에 찍어 먹는다. 달콤한 파인애플이나 수박도 반드시 소금에 찍어 먹는다. 이 소금은 그냥 소금이 아니다. 마치 매운 라면의 스프 가루처럼 빨간색인데, 말린 새우 가루가 들어 있기도 하지만 대부분은 매운 고춧가루가 섞여 있는 소금이기 때문이다. 그래서 맛이 짜고 맵다. 짧은 의학 상식으로 베트남 친구들에게 그렇게 먹지 말라고 여러 번 말했지만 소용없었다. 그들은 줄기차게 모든 과일을 그 빨간 소금에 찍어 먹는다.

생각해 보면 그것은 우리와 여러모로 환경이 다른 베트남 사람들만의 전통 '식문화'다. 풋고추를 고추장에 찍어 먹는 우리에게 '왜 매운 고추를 매운 고추장에 찍어먹는가?'라는 말은 그렇게 먹지 말라는 이야기다. 몇 백 년도 더 된 식문화를 바꾸려고 하는 것은 그들의 식문화가 잘못된 것이니 인정하지 않는다는 것과 같고, 바꾸라고 강요하는 것은 무례한 일인 것이다.

그들은 과도로 과일 껍질을 깎을 때도 우리와 다르다. 예를 들어 사과 껍질을 과도로 깎을 때, 우리는 바깥쪽에서 안쪽으로 칼날을 돌리는 데 비해 베트남 사람들은 반대로 안쪽에서 바깥쪽으로 칼날을 돌리며 깎는다. 안쪽 방향으로 과일을 깎으면 몸이나 손이 다칠 염려가 있기 때문에 그렇게 깎는 것이라고 한다. 이해하기 어렵지만, 이 또한 그들의 문화다. 우리의 과일 깎는 방법이 옳거나 좋다고 주장하고 그들에게 그렇게 하라고 강요하지 말아야 한다. 그냥 우리와 다른 그들의 문화를 이해하면 된다.

3) 바나나를 구워 먹고 또 삶아 먹는다고?

강아지 풀 뜯어 먹는 소리라며, 말도 안 되는 소리를 한다고 처음엔 그냥 웃으면서 넘겼지만, 정말 베트남 사람들은 바나나를 구워 먹거나 삶아 먹기도 한다. 바나나를 구우면 군고구마보다 더 맛있다. 특히 베트남 달랏(Đà Lạt) 같은 고산 지역에서는 서늘한 날씨 탓에 노점에서 따뜻한 군것질거리를 많이 판다. 이 중에 구운 바나나도 있는데 맛

구워 먹는 바나나

이 훌륭하다. 물론 아무 바나나나 구워 먹는 게 아니다. 노란색이 아닌 푸른색의 작고 단단한 바나나를 주로 구워 먹는다. 기회가 된다면 베트남에서 구운 바나나를 한 번 먹어 보기 바란다. 바나나의 새로운 맛을 경험하게 될 것이다.

4) 베트남에는 쌀국수 한 가지만 있는 게 아니다

우리가 흔히 알고 있는 '베트남 쌀국수'는 베트남의 여러 면 종류 중 '퍼(Phở)'라는 국수로 만든 것이다. 베트남 쌀국수 프랜차이즈 상호 명에 '퍼'가 자주 붙는 것도 '퍼' 국수를 다룬다는 의미다.

베트남에는 '퍼'뿐만 아니라 '분(Bún)', '후 띠우(Hủ Tiếu)', '반깐(Bánh canh)', '미 꽝(MiQuảng)'과 같은 다양한 종류의 국수가 있다. '퍼'와 '분'은 북부(하노이), '미 꽝'은 중부(다낭, 꽝응아이) 그리고 '후 띠우'와 '반깐'은 남부(호찌민)를 대표하는 국수다.

'분'은 '퍼'와 달리 둥근 쌀 면을 사용한다. 우리나라의 일반 잔치국수 면발과 비슷하다. '분'의 가장 큰 특징은 변신이 자유자재라는 점이다. 국물의 유무, 소고기, 돼지고기, 닭고기 등 다양한 고기의 조합, 다양한 국물의 맛으로 '분' 요리는 다양하다. 면의 굵기 또한 얇은 것에서부터 굵은 것까지 여러 가지가 있다. 주로 얼큰한 맛을 내기 때문에 우리나라 사람의 입맛에 잘 맞는다.

'후 띠우'는 호찌민을 중심으로 한 남부의 국수다. 원래는 캄보디아 음식이라는 말이 있는데 매우 근거 있는 얘기다. 호찌민 이하 남부 지방은 오래전 캄보디아의 땅이었고, '후 띠우'는 캄보디아 사람들이 즐겨먹는 '곧 띠우(Kuot tieu)'와 식재료와 맛도 비슷하고 명칭도 비슷하기 때문이다. 당면 느낌이 나는 얇고 둥근 쌀 면을 사용하며, '퍼'나

'분'에 비해 질기고 거친 식감을 주는 '후 띠우'는 우리나라 냉면의 면발과 비슷하기도 하다. 부드러운 면발의 후 띠우 멤(mềm)은 어르신들이 즐겨 먹는다. 호찌민의 거리에서 젊은 사람들이 주로 먹는 것은 쌀국수가 아니라 '후 띠우'다. '분'처럼 다양한 재료와 함께 먹을 수 있으며, 국물은 '퍼'와 '분'의 중간 정도다. 맛은 '퍼'처럼 깔끔하진 않지만 '분'처럼 자극적이지도 않다.

'반깐(Bánh canh)' 역시 남부의 대표적인 국수로 언뜻 보면 우리가 먹는 우동 같은 면발의 국수다. 정확히 말하면 불은 우동과 똑같다. 쌀가루와 타피오카 전분으로 만들었기 때문이다. 이 반깐도 다양한 재료에 따라 구분할 수 있다. 우리나라 사람들이 가장 좋아하는 것은 '반깐 꾸어(Bánh canh cua)'로 게살과 게 내장으로 끓인 진한 육수에 반깐 국수를 넣어 만든다. 불은 우동 면발 '반깐'과 꽤 많이 들어 있는 게살 덩어리를 함께 먹는 맛이 일품이다.

'미 꽝(MiQuảng)'은 중부 다낭 근처의 '꽝응아이(T.P Quảng Ngãi)'라는 지역의 국수다. 약간 비린 듯한 국물에 작은 새우, 고기, 뻥튀기처럼 생긴 얇은 과자를 올려 함께 먹는다.

한국 관광객뿐만 아니라 세계 각 나라의 관광객들이 찾는 다낭은 베트남 중부 지역의 대표 관광도시다. 그 다낭 바로 아래 꽝응아이시가 있다.

바다와 접하고 남북으로 길게 뻗은 베트남 지도를 보면 허리처럼 잘록한 중부 지역은 타 지역에 비해 농지가 거의 없다 보니 자연히 수산업이 발달했고, 수산물을 이용한 음식이 많다. 또한 더운 날씨에 다양한 수산물을 장시간 보관해서 먹기 위해 소금에 절인 음식이 많다. 이러한 영향인지 남부와 북부 지역에 비해 다소 짠 음식들이 많다. 그래서 베트남의 북부, 중부, 남부 지역 음식에 대해 '북부 음식은 좀 싱겁고, 중부는 좀 짜며, 남부 지역은 좀 달다'고 한다.

5) 베트남 사람들은 쥐 고기를 먹는다?

베트남은 오래전부터 농업국가였다. 기르는 가축이 많지 않아 지금처럼 소고기나 돼지고기를 자주 먹을 수 있는 형편이 아니었기 때문에 가끔 단백질 섭취를 위해 집 주변에 흔히 있는 쥐를 잡아 요리했는데 이 쥐 요리가 아직까지 식문화 풍습으로 내려오고 있다. 다른 동물에 비해 쥐가 곡식 낱알을 먹고 사는 깨끗한 동물이라고 생각해서 쥐 고기를 먹었던 것 같다.

그래서 농촌에서 잡은 쥐만 먹고 도시의 쥐는 먹지 않는다고 한다. 베트남의 쥐는 한국 쥐보다 훨씬 큰데 보통 2~3배의 크기이고, 그 이상 되는 것도 있다. 하노이, 호찌민 등 대도시에서 쥐 고기 식당을 하는 사람들은 매일매일 쥐를 구입하기 위해 농촌을 찾는다고 한다. 쥐는 내장과 머리는 잘라내고 살코기와 다리만 끓여서 먹거나 구워서 먹는데, 요즘에는 눈을 씻고 찾아봐도 쥐 고기 식당이 없다. 혐오 식품이란 걸 알기 때문인지 아니면 수급이 점점 더 어려워졌기 때문인지 현재는 거의 없어졌다.

최근 방영된 베트남 TV 프로그램 중 우리나라 예능 프로그램인 〈삼시세끼〉와 비슷한 프로그램이 있다. 베트남 연예인들, 즉 유명 MC, 가수, 배우들의 시골 생활 모습을 보여 주는데, 이 프로그램에서도 베트남 연예인들이 숲속에 모여 모닥불을 피우고 작은 화로에 쥐 고기를 구워 먹는 장면이 나온다.

TV 프로그램에서까지 이처럼 자연스럽게 나오는 걸 보면, 베트남 사람들에게 '쥐 고기를 먹는다는 것'은 우리가 시골 개울가에서 '가재나 개구리를 잡아 구워 먹는 것'과 별반 다르지 않을 듯하다.

베트남 직원들 중 쥐 고기를 먹어 보았다고 하는 직원을 이상한 눈으로 쳐다보지 말기 바란다. 우리가 어려서 개구리와 메뚜기를 잡아 먹은 것처럼 이들이 쥐 고기를 먹는 것은 오래전부터 내려온 베트남의 식문화 풍습이기 때문이다.

6) 베트남 굼벵이, 야자나무 벌레… 먹다 걸리면 벌금?

베트남은 열대지방이다. 어디를 가도 야자나무가 많다. 그 야자나무에 서식하는 벌레가 바로 굼벵이다. 베트남 굼벵이 요리는 보기에는 징그럽지만 직접 맛을 보면 정말 기가 막힌다고 한다.

굼벵이는 베트남어로 '야자나무 벌레'다. 베트남 사람들은 야자나무에 사는 이 벌레를 잡아 구워 먹거나 튀겨 먹는다. 굼벵이가 사람 몸에 꽤 좋은지, 최근 우리나라도 식용 굼벵이를 대량으로 키워 약용으로 사용한다.

굼벵이는 무엇보다 단백질이 풍부한데, 베트남 사람들은 오래전부터 이 야자나무 벌레가 몸에 좋다는 것을 알고 있었다고 한다. 이 굼벵이 요리의 가격은 매우 비싸서 한 마리에 약 2만 동(1,000원)이나 한다고 한다.

굼벵이는 야자나무에 아주 해로운 해충이라 베트남 정부는 굼벵이 요리 판매를 불법으로 정했는데, 이것은 굼벵이의 대량 사육을 막기 위한 목적으로 굼벵이가 대량 사육될 경우 아무리 관리를 잘해도 베트남 전역의 야자나무에 피해가 생길 수 있다는 판단에 의한 것이다.

못하게 하면 더 하고 싶은 것처럼 베트남 내에서는 아직까지 암암리에 굼벵이 요리가 불법으로 판매되고 있을 터인데, 베트남의 번듯한 식당에서 호기심에라도 굼벵이 요리를 먹다 공안에게 걸려 벌금을 내야 하는 안타까운 일이 발생하지 않도록 주의하기 바란다.

7) 왜 모두 나무젓가락이야? 쇠젓가락 없나?

우리나라 사람들은 대부분 쇠젓가락을 선호하는 경향이 있다. 그래서 식당들의 젓가락은 가느다란 쇠젓가락이다. 하지만 베트남 식당에서는 나무젓가락을 사용한다. 플라스틱으로 만든 젓가락도 있지만 코코넛 나무로 만든 이 나무젓가락은 매우 단단하고 오래 사용해도 모양이 변하지 않는다.

베트남 음식은 국수 종류가 많고, 기름을 이용해서 만드는 볶음 요리도 많다. 그래서 열전도가 잘 되고 미끄러운 금속 젓가락은 불편하다. 한국의 짧고 가는 쇠젓가락은 주로 나물 종류나 김치를 먹기에 적합하고, 베트남의 길고 굵은 나무젓가락은 국수 종류나 뜨거운 튀김을 먹는 데 편리하다. 간단한 예로 쌀국수를 먹거나 자장면을 먹을 때는 짧고 가는 쇠젓가락보다 나무젓가락이 훨씬 먹기 편한 것처럼 말이다. 베트남 식당에 가서 쇠젓가락을 찾는 일은 없을 테지만, 혹시 쇠젓가락만을 고집하는 분들은 이런 점을 미리 알고 염두에 두면 좋을 듯하다.

8) 맥주 컵에 웬 얼음덩어리?

베트남 로컬 식당에서 맥주를 주문하면 맥주와 얼음덩어리가 들어 있는 컵(Ly đá, 리다)을 준다. 이렇게 맥주 컵에 얼음을 넣어 마시는 이유는 간단하다. 맥주를 시원하게 마시고 싶지만 냉장고가 없기 때문이다. 일반 소규모 상점이나 대부분의 식당에서는 맥주를 시원하게 보관할 방법이 없다. 냉장고가 있긴 있지만 하루에 많게는 족히 몇 십 박스까지 판매되는 맥주를 그 작은 냉장고에 보관할 수가 없기 때문이다. 대형 냉장 시설을 갖추는 것보다 얼음은 매우 싼 가격으로 구입할 수 있으므로 미지근하게 보관된 맥주를 시원하게 마시는 가장 간단한 방법은 바로 맥주 컵에 얼음을 넣는 것이다. 차갑게 보관된 맥주가 있다고 해도 잔에 따라 놓으면 더운 날씨 탓에 조금만 지나면 다시 미지근해진다. 맥주 맛이 밍밍해지더라도 얼음덩어리를 넣어 마시는 게 가장 시원하게 마시는 방법이다.

베트남에 와서 이렇게 얼음과 함께 맥주를 마시고 배탈이 난 경험이 있어 불안하거나 아니면 톡 쏘는 강한 맥주 맛에 익숙한 우리나라 사람들에게는 당황스럽기도 하고 거부감이 있을 수 있지만, 마시다 보면 어느 순간 이 얼음 맥주에 익숙해지고 의외로 마실 만하다는 걸 알 수 있다. 베트남 사람들은 얼음으로 맥주를 희석하게 되어 빨리 취하지 않아서 좋다고 하는데, 술에는 장사가 없다.

9) 그날 먹을 것은 그날 산다

베트남의 로컬 시장(재래시장)은 새벽 4~5시와 오후 4~5시에 가장 손님이 많다. 어느 재래시장에 가도 마찬가지다. 아침 식사를 준비하는 식당은 이른 새벽 시간에 그리고 오후 시간에는 퇴근길 저녁 식사를 위해 장을 보려는 일반인들로 북적인다. 그들은 무엇이든 절대 많이 사지 않는다. 그날 먹을 것만 사서 바로 그날 먹는다.

우리나라는 대형마트가 생기면서 재래시장이 하나둘씩 사라지기 시작했는데, 현재 70%가 넘는 시장점유율을 가진 베트남의 재래시장들이 없어지는 일은 쉽지 않을 것으로 보인다.

대부분의 베트남 사람들은 아직도 재래시장이 값도 싸고, 물건도 좋다고 믿는다. 재래시장에서는 계란을 한두 개 살 수 있고, 파도 한 뿌리만 살 수 있다. 그리고 재래시장 안에서도 오토바이를 그대로 타고 다니며 생선이나 야채가 담긴 비닐봉지들을 하나 둘씩 오토바이에 걸고 그대로 집으로 갈 수 있다는 편리함도 있다.

뭐든지 아주 조금씩 사는 이유를 물어보면, 곧 있을 저녁 식사거리만 사기 때문이라고 한다. 대부분의 베트남 가정에서는 아침은 간단히 사서 먹고, 점심은 도시락을 싸거나 아니면 이 또한 사서 먹는다. 그래서 그날 저녁 한 끼를 위한 것만 사는 것이다.

이처럼 대부분의 베트남 사람들은 그날 먹을 것을 그날 산다. 그래서 매일 시장에 들른다. 이것은 베트남의 더운 날씨 때문이기도 하고, 대부분의 가정엔 음식이나 식자재를 보관할 만한 큰 냉장고가 없기 때문이다.

그리고 오랜 세월 동안 많은 전쟁을 겪다 보니 언제 무슨 일을 당할지 모르고, 또한 전시 상황에서 쉽게 이동하려면 음식은 짐이 되기 때문이라고도 한다. 전쟁에 대한 상처가 완전히 아물고, 우리나라처럼 어느 집에나 대형 냉장고가 갖춰지게 된다면 이처럼 조금씩 사는 습관이 달라질 수도 있을 것이다.

우리나라의 대형 마트 매출 증가 수치는 대형 냉장고 판매 수치와 일치한다는 말이 있다. 그것은 바로 대형 냉장고에 김치 냉장고 게다가 음료 냉장고까지 갖추고 사는 우리나라의 각 가정이 점점 음식 창고, 식자재 창고가 되고 있음을 의미하는 것이다. 어찌 생각해 보면 매일매일 새롭고 신선한 먹거리를 식탁에 올리는 베트남 가정식이 부러운 것 같기도 하다.

10) 닭 머리도 먹는다고?

베트남 사람들이 선호하는 육류 음식 중 하나가 닭 요리다. 우리는 대부분 닭을 '치킨' 형태로 많이 먹지만, 베트남 사람들은 주로 삶아 먹는다. 닭똥집과 닭발은 대부분 우리처럼 양념을 발라 BBQ로 먹는다. 베트남 사람들이 우리와 다른 점은 닭 머리도 먹는다는 것이다. 재래시장에서는 닭이나 오리를 머리가 달린 채 팔고 있는데, 우리의 삼계탕과 비슷한 닭 요리에도 닭 머리가 그대로 나온다. 어여쁜 베트남 처자가 이 닭 머리를 한 손에 들고 '쪽쪽' 빨아먹는 모습을 보면, 마치 마귀가 공주로 변장해서 닭 머리를 뜯고 있는 것처럼 보인다.

참고로 베트남 사람들이 죽기 전 꼭 한 번 먹어보는 것이 소원이라는 닭이 바로 '가동따오(GàĐông Tảo)'다. 세계에서 가장 독특한 닭인 가동따오는 베트남이 원산지인데 1년이 넘으면 닭 다리가 맥주병처럼 두꺼워지고, 고기 맛이 굉장히 좋다고 한다. 이 닭은 다리가 굵을수록 고가로, 비싼 것은 닭 한 마리에 3천만 동, 우리 돈으로 150만 원이나 된다고 한다.

11) 베트남 밥, 입으로 불면 밥알이 다 날아간다

우리나라는 1년 1모작이지만, 베트남은 1년 3모작이다. 얼마나 축복받은 자연환경인가. 특히 남부 메콩델타 지역은 워낙 비옥한 땅이어서 볍씨를 뿌리기만 해도 잘 자란다고 한다. 우리나라처럼 모내기를 하지 않아도 될 정도라는 거다.

우리가 먹는 둥근 모양의 쌀은 '자포니카'종의 쌀로 우리나라와 일본, 중국 등에서만 재배된다. 이 종은 밥을 했을 때 단맛이 나고, 점성이 높아 찰진 밥이 되어 숟가락 없이 젓가락만으로도 먹을 수 있다. 반면 베트남과 태국, 인도 등 동남아시아에서 주로 재배되는 쌀은 '인디카'종으로 흔히 '안남미'라고 부르는 쌀이다. 이 쌀은 상품과 하품으로 나뉘는데, 상품으로 밥을 지었을 때는 어느 정도 점성이 있지만 하품은 점성이 약해 잘 뭉쳐지지 않는다. 정말 입으로 불면 다 날아간다. 하지만 소화는 정말 잘된다. 다이어트를 원한다면 이 '안남미'가 최고다. 이 '안남미'에 우리 쌀이나 찹쌀을 섞어 밥을 짓게 되면 찰기도 있고, 맛도 꽤 괜찮다.

베트남 사람들은 오히려 찰밥을 싫어하거나 못 먹는 사람이 많은데, 소화가 안 된다는 게 가장 큰 이유다. 찹쌀로 만든 우리나라 대표 떡 중에 하나가 인절미다. 우리나라에서는 눈꽃빙수에 인절미를 넣은 게 인기 메뉴이지만 베트남 사람들은 눈꽃빙수 빈 그릇에 인절미만 남겨 놓는다.

12) 식당에서 물값과 물티슈 값은 별도 계산

베트남에는 커피 외에도 각종 음료가 많이 있는데, 아무래도 더운 날씨 때문인 것 같다. 이 중에 대표적인 게 바로 '느윽짜(Nước Trà)'다. 베트남 전통차인 쟈스민 차를 넣고 끓인 물은 우리나라의 보리차처럼 더위를 식히는 데 효과가 있다. 베트남 사람들은 예로부터 물을 그냥 마시면 탈이 나는 걸 알기 때문에 이렇게 물을 끓여 차를 만들어 마셨고, 더위와 갈증을 해소했다고 한다.

느윽짜에 얼음을 넣은 것이 바로 '짜다(Trà Đá)'로 베트남 어느 식당에 가도 마실 수 있다. 요즘 우리나라 식당에서는 맹물만 주는 데 비해 베트남에서는 맹물 대신 이 짜다를 준다. 다만 짜다는 값(보통 2천 동, 100원)을 따로 내야 하고, 그냥 주는 듯한 물티슈 역시 사용했을 경우 물티슈 값(보통 1천 동, 50원)은 따로 계산해야 한다. 어떤 식당에서는 주문한 음식을 가져오기 전 마치 식사 전후에 먹으라는 듯 푸딩이나 요플레 같은 것을 아무 말도 없이 슬쩍 식탁 위에 놓고 가는데, 이것 또한 먹게 되면 추가 요금이 청구된다.

13) 발 고린내 나는 풀, 고수⋯ 정말 모기가 안 물어?

베트남은 중국과 인도의 영향으로 향이 강한 채소를 요리에 사용한다. 향신채 중 가장 유명한 것은 바로 중국에서 넘어온 '고수'다. 이 냄새 지독한 고수는 우리의 선입견과는 달리 베타카로틴, 비타민, 무기질이 풍부하며, 위장 기능 개선과 입 냄새를 예방하는 효능이 있어 여러모로 유용한 채소다.

고수는 베트남 대표 음식인 쌀국수에서 반미(Bánh mi) 그리고 집에서 반찬으로 먹는 여러 음식들까지 거의 모든 베트남 요리에 빠지지 않고 들어간다. 향 때문이기도 하지만, 값이 워낙 비싸서 조금씩만 넣는다고 한다. 고수는 우리나라 사람들이 이상야릇한 냄새, 즉 발 냄새가 심한 사람이 방금 벗은 구두 안에서 나는 100% 그대로의 발 고린내 같기도 하고 걸레 섞은 냄새 같기도 해서 쉽게 먹지 못하고 거부감을 갖는다.

고수를 먹지 못하는 사람은 요리할 때 빼 달라고 하면 되지만, 시간을 두고 조금씩 먹다 보면 베트남의 다양한 요리 특히 기름진 요리와 같이 먹어야 되는 이유를 알 수 있을 것이다. 국물 요리를 먹을 때도 기름진 돼지고기 국물이 처음엔 입에 착 감기며 맛있다가도 어느 정도 먹으면 금방 느끼해져 더 이상 먹기 힘들게 되는데, 이때 함께 주문한 향신채와 그 외 다양한 야채, 라임, 고추를 넣으면 이 느끼함이 없어지고 산뜻한 느낌의 묘한 국물 맛이 난다. 더 이상 배가 불러 못 먹을 상황이거나, 술을 많이 먹은 상황이라도 이 국물을 마시면 이상하게 속이 확 풀리기도 한다.

베트남에 오랫동안 거주한 분이 말하길, 한국 사람들만 모기에 물리고 베트남 사람들이 모기에 잘 안 물리는 이유는 그들이 평소에 향신채를 많이 먹기 때문이란다. 모기 역시 향신채의 냄새를 싫어하는데, 우리가 향신채를 먹게 되면 모기가 싫어하는 그 진한 향이 땀에서도 배어 나와 모기가 접근을 못한다는 것인데⋯ 이 말이 사실일까? 냄새나는 고수를 얼마나 더 먹어야 모기에 안 물릴까?

14) 한 번만 푸면 제삿밥이라고?

우리나라는 식사 때 보통 밥을 식구 수에 맞춰 밥그릇에 담는다. 그리고 밥과 함께 국그릇에 담긴 국, 각종 반찬들을 놓고 식사를 한다. 그리고 자기 밥그릇에 밥이 좀 많다고 생각되면 옆의 형, 누나 또는 동생에게 밥을 덜어 주곤 한다. 이때 숟가락으로 한 번만 주는 게 아니라 두 번 정도 덜어 준다. 오래전부터 들은 이야기가 바로 '한 번만 주면 정이 없다'이다. 그래서 우리는 밥이든 뭐든 자기 먹을 것을 남에게 줄 때는 항상 두 번 준다. 세 번도 안 된다. 세 번 퍼주는 밥은 제삿밥이라고 해서다.

베트남 생활 초기, 국내 유명 밥솥의 베트남 마케팅 업무를 대행할 때, 대부분의 베트남 고객들이 전기밥솥의 코드가 밥솥에서 분리되기를 원했는데, 그때는 그 이유를 몰랐다. 우리와 달리 베트남 사람들의 식사 문화는 밥통을 통째로 옆에 두고 수시로 덜어 먹는다. 그런데 전기밥솥에 코드가 달려 있으니 불편했던 것이다.

베트남 친구들은 자기 밥을 옆 사람에게 나눠 줄 때 몇 숟가락을 퍼 주든 상관하지 않는다고 한다. 식사 때 밥통을 옆에 두고 수시로 밥을 덜어 먹는 그들은 처음 밥을 풀 때는 반드시 한 번 이상 푼다. 한 번만 푸는 것이 제삿밥이라고 한다. 또한 이때 너무 많이 밥을 담지 않는다. 그래서 식사 중 밥이 부족한 사람은 수시로 밥통에서 먹을 만큼 덜어 먹는다. 밥을 꾹꾹 눌러서도 안 된다고 하는데 죽은 사람에게 주는 밥만 꾹꾹 눌러서 주는 것이라고 한다.

같은 밥 문화, 같은 제사 문화를 가진 베트남과 우리는 비슷하지만 뭔가 서로 다른 점이 있다는 것을 이해하기 바란다.

15) 대한민국 대표 돼지고기 삼겹살, 그럼 베트남 대표는?

한국 사람들은 '돼지고기' 하면 가장 먼저 삼겹살을 떠올린다. 별도의 양념 없이 간편하게 먹을 수 있어서 언제 어디서나 남녀노소 쉽게 즐길 수 있는 음식 중 하나이고, 특히 직장인들이 회식 때 가장 많이 즐겨먹는 메뉴이기도 하다. 심지어 전 세계 삼겹살은 한국인이 다 먹는다는 말이 나올 정도로 우리는 삼겹살을 좋아한다. 그래서 한국에서 삼겹살은 가장 맛있고 가장 비싼 돼지고기 부위 중 하나로 인식된다.

하지만 베트남 친구들은 삼겹살에 열광하는 한국 사람들을 이해할 수 없다고 한다. 베트남에서는 삼겹살이 가장 싼 부위 중 하나이며, 잘 먹지도 않는 부위이기 때문이다. 그들은 삼겹살보다는 돼지갈비를 더 좋아한다.

베트남 전 국민이 선호하는 베트남식 돼지갈비 덮밥 '껌승(Cơm

돼지갈비 덮밥 껌승(Cơm sườn)

sườn)'을 먹어 보지 않았다면 베트남을 논하지 말자. 점심이나 저녁 무렵 길을 가다 껌승 식당에서 돼지갈비를 굽는 하얀 연기와 냄새를 온몸에 뒤집어쓰면, 잠시 그 맛있는 냄새에 혼이 빠질 때도 있다.

더운 나라일수록 돼지고기가 소고기보다 훨씬 맛있다는 말이 있는데, 사실이다. 가격도 싸고 맛있다. 베트남의 돼지고기 특히 돼지갈비 맛은 정말 일품이다.

16) 한 손으로 술 따르고 맞담배까지

우리나라에서는 술자리에서 윗사람과 아랫사람이 갖춰야 하는 격식이 좀 많다. 스스로 자신의 잔에 술을 따르지 않고 다른 사람이 따라 주어야 하며, 술잔을 받은 사람은 당연히 술을 마신 후 상대방에게 술을 따라 주어야 한다. 또한 어른 앞에서는 술잔을 한 손으로 받으면 안 되고, 고개를 돌려서 마셔야 하는 등 다양한 격식이 있다.

하지만 베트남 사람들의 술자리 격식은 거의 없는 것과 마찬가지다. 마치 서양 사람들과 술을 마시는 것 같은 느낌이다. 술잔도 한 손으로 받고, 술도 한 손으로 따르며, 특히 담배는 나이의 많고 적음에 상관없이 자유롭게 피운다. 그야말로 술자리에서는 남녀노소 즐거운 마음으로 부담 없이 마음껏 마시면 된다.

술이 남아 있어도 더 부어 주는 베트남 사람들의 첨잔 문화는 처음 마주하는 외국인들의 마음을 열고, 아무리 다른 문화를 가진 외국인들이라도 무장해제시켜 그냥 '못, 하이, 바'를 신나게 외치며 마음껏 술자리를 즐길 수 있게 해 준다.

만일 베트남 친구들, 또는 베트남 직원들과 회식을 한다면 이렇게 우리와는 다른 그들의 자유로운 술자리 문화와 흡연 문화를 꼭 염두에 두어야 괜한 오해가 생기는 일이 없을 것이다.

17) 어떤 음식도 다 포장된다고? 그런데 모양새는…

점심이나 저녁 식사 때 베트남 식당에서 손님 또는 친구와 약속한 날은 식당에 가기 전 과자 몇 개라도 먹고 가는 버릇이 생겼다. 이는 베트남 지인에게 배운 것인데, 고급 식당이든 서민들이 찾는 맛집이든 약속 장소로 잡는 식당은 보통 꽤 이름이 알려진 식당들이다. 그리고 이런 식당들은 식사 시간대에는 언제나 손님들로 가득하다.

예약자 이름을 말하며 줄 서 있는 사람들 사이로 들어갈 때 또는 미리 자리를 잡아 놓은 친구를 찾아 손을 흔들며 들어갈 때까지는 즐겁다. 그러나 그 후 자리에 앉아 주문을 받으러 오고, 주문한 음식을 가져오기까지는 너무나도 오랜 시간이 걸린다.

배는 점점 더 고프고, 뭐라 말 좀 하려고 해도 엠어이(Em oi, 나이 어린 식당 종업원을 부르는 말)들은 쳐다보지도 않는다. 맥주라도 먼저 한잔하려고 주문하면 컵도 없이 맥주병만 주고, 병따개와 컵을 달라고 하면 병따개 없이 컵만 주고 간다. 성질 급한 한국 남자는 바로 주머니에서 라이터를 꺼내 맥주병 주둥이를 잡고 '뻥' 소리를 내며 병을 따고, 맥주를 잔에 채워 마시는데, 그제야 병따개를 가져오는 식이다.

배고프면 짜증이 더 나는 법. 속이 부글부글 끓는데, 앞에 앉은 베트남 친구는 뭐가 그리 좋은지 싱글싱글 미소 띤 얼굴로 식당 곳곳을 둘러보고, 화장실 가서 손도 씻고, 계산대도 구경하며, 옆 테이블은 뭘 먹나, 뒤 테이블은 뭘 주문했나… 너무 여유롭다.

'엠어이 좀 불러봐'라고 말하려는데, 한마디 한다.

'소용없어. 여긴 베트남이잖아' 하면서 다음부터는 자기처럼 오기 전에 짜요(Chả giò, 북부 발음은 '짜조', 튀긴 스프링 롤)나 과자 몇 조각이라도 먹고 오란다.

조금 뒤 우리를 초대한 친구가 뒤늦게 왔는데 때마침 주문한 음식이 나왔다. 너무 배가 고팠던 탓에 많이 못 먹었고, 베트남 친구는 양이 적은 탓에 음식이 많이 남았다. 베트남 친구는 많이 못 먹은 나에게 다 싸가지고 가라며 종업원을 불러 포장해달라고 했다. 종업원이 남은 음식을 가져가 포장하기 위해 쟁반을 가져왔는데, 전골냄비도 가져간다. 엥? 저것도 싸 주나? 설마….

대부분의 음식은 일회용 스티로폼 용기에, 설마설마했던 전골 국물은 플라스틱 통에 담겨 있다. 모양새는 좀 그렇지만 국물까지 포장된다는 게 신기했다. 과식을 안 하는 베트남 사람들은 이처럼 남은 음식을 포장해 간다. 나중에 안 사실이지만, 베트남은 어떠한 음식점에서도 남은 음식을 싸달라고 하면 뭐든지 싸 준다. 물론 국물 음식도 말이다.

이렇게 음식을 포장해서 가지고 가는 것을 '망베(mang về, 싸 가지고 가다)'라고 하는데, 우리나라 사람들은 이 부분에 있어서 좀 어색해한다. 음식을 남기는 것은 죄니, 예의가 아니니, 하며 배부른 배 속에 욱여넣는다. 그리고 남은 음식을 싸달라고 하는 것은 체면이 깎이는 일이라고 여긴다. 그러나 우리와 다르게 남은 음식을 포장하는 건 베트남 사람들에게 있어서는 매우 자연스러운 일이다.

베트남의 음식 포장 문화는 매우 일반화되어 있다. 우리나라에 비해 포장재의 수준은 많이 떨어지지만, 모든 식당이 포장재를 갖추고 있다. 남은 음식을 싸 주기 위해 또는 음식을 사 가는 손님이나 배달을 위한 것이다. 쌀국수도 삶은 국수와 고명, 소스, 야채 그리고 뜨거운 육수를 각각 플라스틱 통이나 비닐봉지에 담아 준다.

모양새도 좀 그렇고 뜨거운 국물과 플라스틱, 비닐이 만나 환경호르몬이 나오는 게 아닌지 좀 꺼림칙하지만, 베트남 친구는 걱정도 사서한다는 듯 쳐다본다.

우리나라는 가급적 일회용품을 안 쓰는 분위기지만, 아직까지 베트남의 음식 포장재는 스티로폼 용기, 비닐봉지 그리고 플라스틱 용기 등 모두 일회용품이다. 그리고 비닐봉지를 묶을 때는 고무줄을 사용하는데, 재미있는 게 바로 이 고무줄이다. 베트남 사람들의 고무줄 사용은 예술이다. 음식이 담긴 비닐봉지나 국물이 들어 있는 비닐 주머니를 묶을 때 사용하는 이 고무줄은 비닐 주머니의 주둥이를 잡고 '휙, 휙' 돌리면 순식간에 비닐이 묶여 버린다. 국물은 절대 새지 않는다. 대부분의 한국 사람들은 이걸 다시 풀기 위해 끙끙대다 결국 손톱으로 고무줄을 잡아당겨 끊어 버리곤 하지만, 베트남 친구들은 한 순간에 고무줄을 다시 푼다. 그저 신기할 따름이다.

베트남에서 손님 많은 식당에 가게 되면, 주문한 음식이 늦게 나오는 점을 감안하고, 배부른데 억지로 먹지 말고, 모든 음식은 포장이 되므로 남은 음식은 포장해서 가져가면 된다.

18) 먹고 마신 술병과 캔, 접시는 모두 테이블 밑으로

베트남에서 와서 제일 흥미 있던 것 중 하나가 바로 길거리 의자들이다. 이 길거리 의자들은 우리의 대중목욕탕에 있는 의자처럼 엉덩이만 걸치는 의자와 등받이에 팔걸이까지 있는 제법 큰 의자다. 엉덩이만 걸치는 목욕탕 의자는 대부분 신또(sinh tố)나 커피 같은 것을 파는 작은 노점상들이 주로 사용한다. 그리고 등받이가 있는 제법 큰 의자는 식당에서 야외 테이블을 세팅할 때 많이 사용한다. 이 의자도 플라스틱이라 가볍고 적재하기도 편해 식당 앞 공간에 조립식 테이블과 함께 순식간에 세팅해서 운치 있는 야외 식사 공간으로 만든다. 한국 사람은 조금만 덩치가 커도 앉기에 좀 불편한 의자지만 체구가 그리 크지 않은 베트남 사람들은 전혀 불편함을 모른다.

노상의 목욕탕 의자

코로나 팬데믹으로 많은 식당이 문을 닫았지만 이제 일상으로 돌아와 하나둘씩 문을 열고 예전의 모습으로 돌아온 도심의 식당들은 더 시끌벅적하다. 베트남의 한낮 뜨거운 열기는 저녁때가 되면 순식간에 세팅된 야외 술자리에서 목이 터지라 외치는 '못, 하이, 바 웅'으로 바뀐다. 젊은 베트남을 말해 주듯 어딜 둘러봐도 파릇파릇한 젊음뿐이다.

이들이 마시는 술은 거의 99%가 맥주다. 잔에 큰 얼음덩어리를 넣어서 마시니 시원하지만, 얼음이 녹으면서 우리가 마시는 맥주보다는 밍밍한 맛이다. 맥주를 희석해서 마시는 거다. 간혹 보드카 같은 독주를 마시는 테이블도 있지만, 보드카도 역시 잔에 얼음을 넣고 사이다와 짠을 짜 넣은 후 섞어 희석해서 먹는다.

아무리 맥주를 희석해서 마신다고 해도 거의 5분에 한 번씩 '못, 하이, 바 웅~'을 외치는 이 젊은 청춘들이 마시는 맥주의 양은 대단하다. 빈 맥주병이나 빈 캔은 가차 없이 테이블 밑바닥에 던져진다. 음식 접시, 소스 종지, 전골냄비 등 모두 테이블 아래의 바닥으로 밀어 넣는다. 발에 걸리적거릴 만도 한데 절대 빈 병이나 그릇들을 건드리는 법이 없다.

조개껍질, 새우 껍질, 과일 껍질, 담배꽁초 그리고 다양한 요리들이 담겨 있던 빈 접시들… 손을 닦은 휴지나 코를 푼 휴지 등도 모두 테이블 아래 바닥으로 던진다.

이 야외 식당의 야외 테이블은 부담 없고 편하긴 하지만 그야말로 쓰레기 판이다. 가끔 식당 종업원인 '엠어이(Em oi)'가 쓰레기 더미를 헤치고 그릇들을 걷어 가기도 한다.

'가져가는 김에 빈 병이고 빈 캔이고 다 가져갈 것이지' 하고 발에 자꾸 걸리적거리던 빈 맥주 캔을 발로 '툭' 차니 옆 테이블 아래로 쏙 들어간다. 그 순간 옆에 앉아 시시덕거리던 베트남 친구가 깜짝 놀라

야외 테이블 밑의 빈 맥주 캔과 쓰레기

일어나더니 옆 테이블 사람들에게 웃으면서 미안하다고 목례를 하고 내가 찬 빈 맥주 캔을 옆 테이블 아래 쓰레기 더미에서 가져오는 게 아닌가?

뭘 잘못한 걸까? 도대체 왜? 베트남 친구는 주워온 캔을 우리 테이블 아래로 던지며 곧 계산해야 된다고 했다. 도대체 무슨 소리인가, 계산을 하다니….

그때 테이블 아래에서 엠어이가 쓰레기 더미를 치우며, 계산을 위해 빈 맥주병과 빈 맥주 캔, 음료수 병, 생수병 등을 하나하나 세고 있었다. 그것도 모르고 우리 일행이 마신 증거품 하나를 슬쩍 옆 테이블 밑으로 슛, 골인시켰으니….

계면쩍은 표정을 감추며 바로 질문을 던졌다.

"아니 근데, 주문할 때 적으면 더 쉬운 거 아닌가?"라고 하자 베트남 사람들은 일단 먹고 마시는 건 끝을 볼 때까지 마신다고 한다. 우리처럼 '맥주 몇 병 주세요'가 아니라 그냥 '맥주 주세요'라고 한다. 종업원들은 보통 손님의 인원 수를 보고 인원이 좀 많다 싶으면 맥주를 박스째 가져오고, 마신 만큼 계산하는 식이다.

이렇게 테이블 아래 빈 병이나 빈 캔의 계산이 손님 입장에선 편할지 모르지만, 식당 종업원, 즉 엠어이 입장에선 좀 힘들 것 같다. 하지만 야외 식당만 이런 것은 아니다. 대부분의 베트남 식당들은 일단 맥주나 음료수를 갖다 주고 이후 계산할 때 빈 병을 파악한다고 한다.

앞으로 베트남 식당들 특히 야외 식당의 테이블 밑의 빈 병과 빈 캔들은 잘 간수하시길… 그리고 혹시 생수나 음료수가 남았다고 해서 계산 전 미리 가방에 넣는 일이 없도록 주의하시길.

19) 베트남에서의 식사 매너

베트남은 어느 식당을 가도 테이블 세팅(그릇 세팅)이 똑같다. 그릇과 접시가 겹쳐서 놓여 있는 것이다. 식사 시 이 그릇과 접시는 보통 겹쳐진 상태 그대로 사용되는데, 그릇은 먹을 것을 담는 밥그릇이고 아래 겹쳐 놓여 있는 접시는 식사 중 뼈, 가시, 조개껍질 등과 같이 버릴 것이 있을 때 사용한다. 그릇에 요리가 있고 또 다른 요리를 덜어 먹으려 한다면, 그리고 이런 받침 접시가 여분이 있다면 이 접시에 다른 요리를 덜어 먹어도 된다. 이 받침 접시를 요리를 담아 먹는 접시로 사용해도 된다는 뜻이다.

베트남 요리는 각 요리가 각각 큰 접시에 담겨 나오므로 각자 자신의 그릇에 덜어 먹는다. 그리고 음식을 덜어 상대방에게 줄 때는 가족이나 친한 사람 외에는 다른 젓가락을 이용한다. 절대 본인이 먹던 젓가락으로 덜어 주지 않는다. 다른 젓가락이 없는 경우에는 본인 젓가락을 뒤집어 사용하기도 한다. 하지만 자신이 먹을 음식은 일반적으로 자기 젓가락을 그대로 사용해도 괜찮다.

베트남 친구들 중에는 종교가 불교인 경우가 많은데, 이들은 대부분 한 달에 두 번(음력 초하루와 음력 보름)은 육식을 금하고 채식을 한다. 만일 식사 약속을 잡거나 회식 날짜를 잡을 때는 이 날을 피하는 것을 반드시 염두에 두자. 그렇지 않으면 식사에 초대한 사람이나 모처럼 회식 자리에 온 직원들 대부분이 풀만 먹는 것을 볼 수 있다.

만약 깜박하거나 어쩔 수 없이 정한 날이 하필 그날이라면, 그들이 먹는 채식 요리에는 먹던 젓가락을 대면 안 된다. 고기 먹던 젓가락을 채식 요리에 대는 게 아니라고 한다. 그 채식 요리를 먹고 싶다면, 새 젓가락으로 덜어 먹거나, 별도로 음식을 주문해서 먹는 게 식사 매너다.

베트남 사람들은 그릇에 있는 밥을 먹을 때 그릇을 들어 입에 대고 젓가락으로 밥을 밀어 넣으면서 먹는다. 밥에 찰기가 없기 때문이다. 이상한 건 숟가락이 있어도 숟가락을 잘 사용하지 않는다는 점이다. 밥을 먹을 때 숟가락을 사용하면 그릇에 입을 대고 젓가락으로만 먹는 불편이 덜할 텐데도 말이다. 그들은 이상하게도 숟가락은 국물을 떠먹을 때만 사용한다. 그도 그럴 것이 그들의 숟가락 모양은 우리의 숟가락과는 다르게 국물을 떠먹는 용도로 생긴 게 대부분이다.

베트남 친구들에게 식사 초대를 받게 되면 그들이 주문한 식사의 마지막 메뉴는 대부분 국물이 있는 전골 요리다. 불교가 많은 국가라 그런지 이 국물 요리를 먹을 때도 별도의 그릇을 사용하지 않고 식사를 하던 그릇을 그대로 사용한다. 우리는 보통 라면이나 국수 같은 음식의 국물을 먹을 때 그릇에 입을 대고 국물을 마시곤 하는데, 그들은 절대로 그릇에 입을 대고 국물을 마시지 않는다.

앞서 말한 것처럼 국물은 반드시 숟가락으로 떠먹는다. 그릇에 입을 대고 국물을 마시면 식사 예절을 모르는 천한 행동이라고 생각하기 때문이라고 한다. 우리가 보기엔 밥그릇을 입에 대고 젓가락으로 연신 밥알을 입 속으로 밀어 넣는 게 더 그렇게 보이는 데도 말이다.

베트남 직원들과 처음 회식자리에서 쉴 새 없이 '못, 하이, 바'를 외치며 건배를 한 탓에 뭣 모르고 맥주를 계속 원샷해서 배가 터질 것 같은 경험이 있다.

우리나라에서는 보통 첫 잔만 건배를 한다. 건배를 제의하는 사람이 여럿이면 모를까 공식 행사에도 보통 건배는 한두 번이다. 하지만 베트남에서는 다르다.

베트남에서는 술잔을 들고 마실 때마다 몇 번이고 건배를 하는데 그게 예란다. 반대로 건배도 하지 않고 혼자 잔을 기울이는 것은 실례다. 마시기 전에 반드시 적어도 주변 사람들에게 가볍게 잔을 부딪힌 후 마시는 게 예의다. 이런 베트남의 건배 문화 탓에 베트남 친구들의 술자리에서는 쉴 새 없이 '못, 하이, 바'가 터져 나오는 것이다.

베트남 사람들은 건배 시 원샷을 잘 하지 않는다. 아무리 작은 양주잔이라도 반만 마시고 술을 따라 준 사람에게 술이 남아 있는 잔을 그대로 준다. 친한 사람, 좋아하는 사람 그리고 동료처럼 의(義)를 나눌 사람들끼리 우리처럼 원샷을 하는 게 아니라, 이렇게 한 잔의 술을 반씩 나눠 마신다. 이것이 베트남 사람들의 주도(酒道)이다.

한편 식사 후 상대방에게 땀(tăm, 이쑤시개)을 줄 때 한 개만 주는 것은 실례다. 한 번에 서너 개를 주거나 이쑤시개 통을 통째로 준다. 다만 부득이하게 한 개만 줘야 할 경우 직접 손에 건네지 않고 상대방 자리의 식탁 위에 놓아두는 것이 예의다.

베트남의 역사는 온통 전쟁의 역사다. 외세의 침입뿐만 아니라 수많은 내전이 있었다. 친족 간에도 왕권을 차지하기 위해 모략과 암살을 서슴지 않았다. 그릇에 입을 대고 국물을 마시는 경우, 시야가 가려 앞과 옆에서 무슨 일이 일어나면 즉각 대처하기가 힘들다. 이쑤시개에 독을 묻히면 그것은 순식간에 상대방을 죽일 수 있는 무기가 될 수 있으며, 술잔에 독을 넣어 권할 수도 있으니 한 잔의 술을 나눠 마시는 관례는 의심을 없애고 상대방의 마음을 편하게 하는 주도가 된 것이다.

이와 같이 베트남은 식사 문화 속에도 오랜 세월 수많은 전쟁을 겪은 그들만의 아픈 역사의 그림자가 녹아 있는 것이다.

7

베트남의 교통 문화

1) 직원이 지각한 게 고장 난 '혼다' 때문이라는데…

베트남에는 정말 오토바이가 많다. 한국에서 평생 볼 오토바이를 이곳에선 하루 만에 다 본다고 해도 과언이 아니다. 오래전 대우그룹의 유명 CF 광고 속에 등장하는 아오자이를 입고 자전거를 타는 활기찬 젊은 여성들의 모습은 눈 씻고 찾아봐도 없다. 자전거는 없고 온통 오토바이뿐이다.

인구 9천만 명이 넘는 베트남에 정식으로 등록된 오토바이만 4천만 대가 넘는다고 하니, 노인들과 청소년 이하 아이들을 제외하면 거의 전 국민이 오토바이 한 대씩을 가지고 있는 셈이다. 불과 몇 년 만에 베트남의 주요 교통수단인 자전거(xe đạp, 쎄답)가 오토바이(xe máy, 쎄마이)로 바뀌었는데, 그것은 바로 일본의 치밀한 마케팅 전략이 작용한 것으로 볼 수 있다.

베트남의 많은 교량과 고속도로를 ODA(공적개발원조) 자금으로 만들어 준 일본은 고속도로 공사 후 자전거보다 고속도로 관리에 편리할 것이라며, 베트남 공무원들에게 '혼다 오토바이' 50대를 무상으로 주고 떠났다고 한다. 그 이후 자전거보다 힘들지 않고 폼 나게 타고 다닐 수 있는 이 오토바이는 베트남 국민의 로망이 되었고, 우리가 아는 '지프차'와 '스카치 테이프'처럼 '혼다'는 베트남에서 오토바이의 대명사가 된 것이다.

호찌민은 조금 덜 하지만 하노이에서는 대부분의 사람들이 아직도 오토바이를 '쎄마이'라고 하지 않고 '혼다'라고 한다. 길거리의 거의 모든 오토바이 수리점 앞 나무판자에 적혀 있는 'Honda'라는 글씨와 지각한 직원이 얘기하는 '혼다 때문에'라는 말을 이제야 이해하게 되었다. 현재 베트남에서 혼다 오토바이의 시장점유율은 70%나 된다.

2) 찻길 옆 인도 턱의 경사, 인도가 인도가 아니다?

베트남의 주요 이동수단인 오토바이는 그야말로 차도의 주인공이다. 오토바이 위주로 교통시스템이 되어 있는 베트남에서는 뭐든지 자동차보다 오토바이가 항상 우선이다. 그래서 도심에서는 굼벵이처럼 느릿느릿한 자동차보다 오토바이로 이동하는 게 훨씬 빠르다. 만일 교통체증으로 차도가 막히면, 오토바이는 순식간에 인도로 올라가 막힌 차도를 지나쳐 사라진다. 차도에서 인도로 바로 올라와 식당 바로 문 앞에 오토바이를 주차하는 모습 또한 신기했는데, 이는 바로 오토바이가 올라올 수 있도록 인도의 턱이 모두 경사져 있기 때문이다.

도심에서 인도로 걸어 다니는 사람들 중 베트남 사람은 단 한 사람도 없다. 모두 외국 관광객들이다. 베트남은 우리나라와는 다르게 차도에서 턱이 경사진 인도로 오토바이가 쉽게 왔다 갔다 하므로 인도를 다닐 때도 항상 오토바이에 부딪히지 않도록 조심해야 하며 오토바이

오토바이가 인도로 쉽게 진입할 수 있게 만든 경사진 인도의 턱

날치기 또한 주의해야 한다. 베트남의 인도는 교통체증 시에는 '비상
도로'로 변하고 상가 앞 인도 또한 '주차공간'으로 변한다. 정부에서는
인도의 오토바이 주차단속을 곧 시행한다고 하지만 베트남에서 인도

를 마음 놓고 걸어 다닐 수 있는 날이 언제 올지 아직은 모른다.

3) 오토바이에서 밥도 먹고, 잠도 잔다고?

우리나라 사람들은 오토바이를 일반적으로 중국집 배달 또는 퀵서비스를 통해 접했을 것이고, 한 번도 오토바이를 타 보지 못한 사람들도 꽤 있을 거라 생각된다. 하지만 베트남 사람들에게 오토바이는 뗄 수 없는 존재이고 삶의 일부분이다.

베트남은 대도시를 제외하고는 시내버스 노선 자체가 거의 없고, 어딘가로 이동하기 위해서는 무조건 오토바이가 있어야 가능할 정도로 대중교통 시스템이 열악하다. 대도시의 시내버스도 우리가 생각하는 시내버스가 아니다. 노선도 많지 않고, 배차 간격 또한 길다. 노선에 따라 다르지만 시내 중심을 기준으로 오후 6~7시 정도면 막차가 끊기는 노선도 있다.

베트남 사람들은 멀미 때문에 대부분 버스나 택시 타는 것을 꺼려한다. 그래서 시내버스의 입구에는 승객 중 멀미가 심해 구토 증상이 있는 사람들이 사용할 수 있도록 비닐봉지 한 묶음이 항상 걸려 있다.

베트남에 오토바이가 줄지 않고 점점 많아지는 이유는 이러한 열악한 대중교통 시스템과 국민 소득 증가 그리고 대중교통을 이용하기 힘든 베트남 사람들의 타고난 체질도 한몫하고 있다.

베트남 사람들은 오토바이에 4명 혹은 아이들을 포함해서 6명까지 한꺼번에 타기도 하고, 마치 '묘기 대행진'을 보는 것처럼 오토바이에 짐을 한가득 신고 다니기도 한다.

오토바이 택시라 불리는 일명 '쎄옴' 기사들은 오토바이 위에서 아주 편안하게 낮잠을 자기도 하고, 등굣길이나 하굣길 오토바이 뒷자리에 탄 어린 학생들은 달리는 오토바이에서 책을 보거나 도시락을 먹기도 한다.

술자리 끝에 술에 취해 몸을 가누지 못하는 친구를 오토바이에 태우고 갈 때는 두 명이 앞뒤로 앉고, 술 취한 친구를 그 사이에 앉히는 - 마치, 샌드위치와 같은 - 방식으로 태우고 간다. 그리고 이와 같은 방식으로 환자를 이송하기도 한다. 사람뿐만 아니라 베트남의 개들도 오토바이 위에서 놀랄 정도로 균형을 잘 잡고 편안하게 오토바이를 탄다.

배 속에서부터 오토바이를 탔던 대부분의 베트남 사람들은 멀미 나는 버스나 택시보다 오토바이 타는 걸 더 좋아한다고 하는데, 오토바이 운전을 우습게 보고 그들처럼 따라 하는 것은 매우 위험한 일이다. 오버 승차도, 술 취한 친구의 샌드위치식 이송 방법도 우리는 절대로 그들처럼 할 수 없음을 명심해야 한다.

4) 베트남 여자들은 왜 대부분 종아리에 검은 흉터가 있는가?

베트남에 시장 조사차 온 한국 분이 떠나기 전날 정말 궁금하다면서 물어본 내용이다. 오토바이의 나라라서 그렇다고 했더니 더 의아해한다.

우리나라 사람들은 오토바이 화상, 즉 오토바이의 뜨거워진 머플러(배기통)에 피부가 닿아 생긴 화상에 대해 잘 모른다. 머플러의 위치가 거의 성인 종아리 위치이기 때문에 오토바이 화상은 99%가 종아리에 생기게 된다.

베트남의 남자들은 대부분 더워도 긴 바지를 입고 다니는 반면, 여자들은 종아리가 노출되는 치마나 짧은 반바지를 입기 때문에 여자들이 오토바이 화상을 더 많이 입는다.

　현재 거리를 활보하는 오토바이들은 대부분 최신 모델이어서 모두 플라스틱 재질의 화상 방지용 머플러 커버가 있지만, 구형 오토바이는 아예 머플러 커버가 없다. 어떤 모델은 커버는 있지만 머플러와 같은 금속 재질이라 뜨겁기는 마찬가지다.

　오토바이의 천국 베트남은 몇 년 전만 해도 이렇게 커버가 없거나 금속 재질의 커버로 된 오토바이가 대부분이었다. 지금처럼 엄청난 수의 오토바이가 뜨겁게 달궈진 머플러를 하나씩 달고 거리를 활보하고 다녔기 때문에 베트남 사람들, 특히 대부분의 여자들이 종아리에 동그란 오토바이 화상을 입게 된 것이다.

　오토바이 화상은 운전자가 입는 경우도 있지만, 뒷자리에 타는 사람이 오토바이에 타거나 내릴 때도 화상을 입게 된다. 그리고 방금 주차한 오토바이 옆을 지나치다가 아직 식지 않은 뜨거운 머플러에 무심코 종아리 부분이 닿아 화상을 입는 경우도 있다.

　오토바이 화상은 심한 경우 3도 화상까지 입을 수 있다고 하는데, 반사작용이 느린 노인이나 어린아이들의 경우가 그렇다고 한다. 혹시 구형 모델로 운행을 하는 오토바이 택시 쎄옴을 이용하거나, 오토바이가 주차된 곳을 지나칠 때는 오토바이 화상을 입지 않도록 주의해야 한다.

5) 고속도로인데 고속으로 가지 않는 운전기사

　몇 년 전, 지도상으로는 거리가 얼마 안 되어 보이는 호찌민시 근교의 골프장을 가는데 후배가 출발 시간을 좀 일찍 잡고 서두르라 해서 골프장에 사람이 많이 붐비는 것이라 생각했다. 하지만 그건 다름 아닌 고속도로 때문이었다. 운전기사는 곧 고속도로가 나온다고 1시간 전에 말했다. 그런데 가도가도 고속도로가 나오지 않았고 고속도로가 아니라 하더라도 앞에 차가 하나도 없는데 속도를 내지 않는 게 궁금해서 물었다.

그런데 현재 가는 길이 고속도로라고 했다. 차는 시속 40km에서 50km 사이로 아주 천천히 달렸다. 바깥 차선의 오토바이들이 차보다 훨씬 더 빨리 달리고 있었다. 고속도로가 맞는지 재차 물었더니 맞다고 한다. 보이는 속도 제한 표지판을 보니 고속도로 제한속도가 시속 50km다.

우리나라와 베트남의 고속도로는 다르다. 차선으로 구분되어 있지만 자동차와 오토바이가 함께 이용할 수 있다. 하지만 최근 베트남에도 고속으로 달릴 수 있는 도로가 생기고 있다. 오토바이는 없고 오직 자동차만 다닐 수 있는 도로, 즉 서울의 강변로와 같은 '자동차 전용 도로'이다. 이 자동차 전용 도로가 베트남 곳곳에 새로 생기고 있는 것이다. 보통 시속 100km인데, 요즘은 시속 120km인 곳도 생겼다. 이 자동차 전용 도로가 우리나라의 고속도로라고 보면 된다.

6) 중앙선 넘어 역주행에 불법 유턴, '마이웨이'

베트남은 그야말로 오토바이의 나라라고 할 수 있는데, 생각보다 많은 교통사고가 발생한다. 하루 평균 교통사고로 22명 정도가 사망하고, 대부분의 사고는 늦은 시간 음주 운전으로 일어난다. 대부분의 베트남 사람들은 대낮에도 역주행이나 중앙선 침범, 차선 위반, 신호 위반 등을 아무렇지도 않게 한다. 그리고 대단한 교통 위반이라고 생각하지 않는다. 왜냐하면 그들은 얼마 전까지만 해도 자전거를 타던 사람들이었고, 신호등이나 차선이 없는 신작로를 자전거로 마음대로 다녔던 습관이 아직 남아 있기 때문이다. 신작로에서 자전거가 역주행한다고 뭐라고 하는 사람은 없었던 것이다. 그러니 베트남에서는 신호등과 차선을 무시하고 언제 어디에서 튀어나올지 모르는 오토바이가 있다고 생각하고 스스로 방어운전을 해야 한다. 그리고 무엇보다 과속하지 않고 천천히 운전하는 습관을 가져야 한다.

7) 신발 벗고 타는 버스, 슬리핑 버스 타는 방법

우리나라 국토는 베트남에 비교할 수 없을 정도로 작다. 게다가 고속도로가 워낙 잘 뚫려 있어 버스를 타도 어디든지 4~5시간 안에 도착한다. 그래서 우리나라엔 슬리핑 버스가 없다. 베트남에서는 도시나 국경을 넘어 이동할 때 대부분 슬리핑 버스를 이용한다. 베트남 슬리핑 버스의 경우 1층과 2층의 복층 구조로 되어 있으며, 좌석은 독립된 1인 베드 형태이다.

특이한 것은 이 슬리핑 버스를 탈 때는 신발을 벗고 탄다는 것이다. 버스에 오르면서 신발을 벗고 털어서 나눠 준 비닐봉지에 신발을 넣어 자리에 보관하는 것이다.

베트남은 고속도로 망이 좋지 않아 200~300km 정도의 비교적 짧은 거리도 6~8시간 동안 운행하는 경우가 있으며, 이 때문에 대부분의 장거리 버스는 슬리핑 버스다. 슬리핑 버스를 타기 전 자신의 발상태를 확인하고 구두나 운동화보다는 집에서 나올 때부터 베트남 사람들처럼 슬리퍼를 신는 것도 발 냄새가 나지 않게 하는 좋은 방법이다.

슬리핑 버스의 내부

　그 외 슬리핑 버스를 탈 때 염두에 두어야 할 점은 다음과 같다. 간혹 에어컨을 너무 세게 작동하는 버스가 있다. 자리에 있는 얇은 담요 한 장으로는 부족하므로 춥다고 느낄 경우 바로 입을 수 있도록 두툼한 긴 팔 점퍼 하나를 준비하는 게 좋다. 코로나19 때문에 당연히 준비해야 하겠지만 마스크도 두세 장 준비해서 입과 코를 막고 있는 게 좋다. 또한 대부분의 버스에는 모기가 많으니 바르는 모기약을 미리 준비해서 버스의 좌석에 앉자마자 살이 노출된 부위는 모두 모기약을 바르는 게 상책이다. 마지막으로 슬리핑 버스는 2층보다는 1층이, 뒤쪽 자리보다는 앞쪽 자리가 흔들림이 적으니 버스표 구입 시 될 수 있으면 앞쪽에 있는 1층 자리를 택하는 것이 편하고 잠을 자기에도 좋다.

8) 혼잡스런 도로, 이상한 신호 체계… 그런데 사고는 안 나네?

처음 베트남에 왔을 때는 거리에 신호등이 없는 줄 알았다. 우리나라와 비교해서 신호등이 너무나 심플했고, 높이 설치되어 있지도 않았으며, 교차로인데도 불구하고 눈에 잘 안 띄는 한쪽 구석에 설치되어 있어서 신호등이 잘 보이지 않았기 때문이다. 그리고 도무지 이해할 수 없는 것은 바로 교차로에서 직진과 좌회전 신호를 양방향에 동시에 준다는 것이다. 그러니 당연히 교차로에서는 직진하는 자동차 또는 오토바이가 반대편에서 좌회전하는 자동차 또는 오토바이와 엉키게 되어 흐름이 원활하지 않은 것이다.

그런데 이 '직좌 신호'가 차와 오토바이를 뒤엉키게 조장하는 데도 사고는 없다. 그리고 사실인지 아닌지 확인할 수 없지만, 오토바이를 몰고 다니는 수많은 베트남 사람들이 모두 운전면허증을 가지고 있는 것이 아니라고 한다. 무면허 운전이 많다는 것인데 그래도 사고가 없으니 신기할 따름이다.

오랜 기간 동안 베트남 사람들의 주요 이동 수단은 자전거였다. 2000년대 초반에만 해도 오토바이와 자전거가 반반씩 도로를 점령했다고 한다. 그 후 점차 자전거가 사라지면서 지금처럼 오토바이 천국으로 변한 것이다.

대략 20년 전만 해도 도로의 차선이나 신호등이 도심의 큰 번화가 도로 몇 군데 빼고는 하나도 없었다는 것이다. 차선 없는 신작로에서 자전거와 오토바이가 중앙선이고 뭐고 할 것 없이 자유롭게 다녔다. 중앙선 침범, 불법유턴, 역주행… 이런 용어조차도 모르고 다닌 것이다. 지금처럼 도로에 아스팔트를 깔고, 차선을 그리고, 신호등을 설치한 것은 불과 몇 년 전이다. 가고 오는 차를 모두 막고 불법유턴을 하는 자동차, 도로를 가로질러 달려오는 오토바이의 역주행은 그냥 애

교로 봐 주는 상황이니, 올바른 교통법규가 몸에 밴 우리에게는 그야 말로 순간순간이 아찔하고 무질서하며 혼란스럽게 보인다.

직진과 좌회전 신호를 양방향으로 동시에 주는 신호가 사고도 없고, 베트남의 도로 상황에 가장 최적의 신호임을 우리는 이해할 수 없다. 아무리 복잡한 출퇴근 시간이라도, 무질서하고 혼잡함에도 불구하고, 심지어 면허가 없는 이들이 있더라도 그들이 별 큰 사고 없이 도로를 다니는 이유 또한 우리는 알지 못한다.

베트남 친구가 그 답을 알려 주었다. 정답은 바로 '천천히'와 '양보'라고 한다. 이 두 가지는 면허가 있거나 없거나에 상관없이 베트남 사람들의 몸에 밴 습관으로 가장 중요한 베트남의 교통 법칙이란다.

그렇다. '천천히'와 '양보' 이 두 단어는 운전과 관련하여 우리의 머릿속에는 없는 단어다. 한국에서 우리들은 누구나 빨리 가려고 하고, 어쩌다 양보하는 경우는 구급차나 소방차의 요란한 소리가 들릴 때가 전부라고 할까. 그러니 당연히 베트남의 교통 법칙을 이해할 수 없는 것이다.

또 하나 우리와 다른 베트남 사람들의 운전 습관을 친구가 알려 주었다. 그것은 신호등의 신호를 잘 안 지킨다는 것이다. 그들은 신호보다 사람을, 오토바이를 그리고 자동차를 먼저 보고, 그것이 우선이라고 생각한다. 우리처럼 파란 불이면 무조건 가도 된다는 일반적인 고정 관념이 아니다. 파란 불이어도 앞에 사람이 있으면 가지 않는다. 반대로 빨간 불이 켜져 있어도 아무도 없으면 그냥 갈 수 있다고 생각한다. 생각해 보니, 오래 전 미국이나 캐나다 그리고 유럽에 출장을 갔을 때 렌터카 직원에게 같은 말을 들은 적이 있다.

'First person, then second traffic light.' 신호보다 사람이 먼저다. 맞다. 그게 옳은 것 같다. 오래전 방송에서 개그맨 이경규 씨가 아

도로를 가득 메운 퇴근길 오토바이

무도 없는 새벽에 교통 신호를 지켜 멈추는 차를 찾는 프로그램이 생각났다. 우리는 왜 그랬을까?

베트남은 우리의 '빨리빨리'와 좀처럼 양보하지 않는 교통 문화와는 상반되는 두 단어 '천천히'와 '양보'라는 것이 교통 법칙이고 교통 문화란다.

앞에서 천천히 달리는 자동차나 오토바이를 보고 도대체 왜 늦게 가냐며, 속으로라도 욕한 적이 있는지 생각해 보자.

베트남에 잠시라도 거주하게 된다면, 그들의 교통 개념을 그리고 '천천히'와 '양보'를 그들과 함께 생각해 보면 좋을 것 같다. 베트남에서 우리가 배울 게 한두 가지가 아니다.

9) 굵은 쇠사슬로 묶어 놓은 오토바이, 바퀴만 남았다

어느 날 자기 별명이 '신발끈'인 걸 아직도 모르는 짠돌이 후배가 한국에 다녀오면서 사왔다고 자랑하면서 보여준 게 바로 '오토바이 전용 특수 주차 체인'이다. 녹슬지 않았을 뿐이지 그냥 흔히 볼 수 있는 쇠사슬인데 오토바이 전용이니 뭐니 하며 허풍을 치면서, 다음 날 최신 모델로 장만할 오토바이에 그 쇠사슬 체인을 가지고 다닐 거라고 한다.

그걸 왜 한국까지 가서 구입했는지, 그리고 도대체 왜 그걸 무겁게 가지고 다니는지 의아해하는 표정으로 쳐다보니, '언제 어디서나 알리바바(도둑, 소매치기)를 조심해야지요. 그리고 주차비도 좀 아끼고…'라고 한다. '알리바바', '조심'이란 말만 듣고 고개를 끄덕였지만, 뒷말은 말을 흐리는 바람에 뭔 소리인지 듣지 못했다.

일주일 후, 짠돌이 후배, 즉 '신발끈'과 함께 사는 친구가 그 답과 함께 신발끈의 근황을 알려줬다. 얼마 되지도 않는 주차비가 아까워 한국에 가서 체인을 사온 후 시내에서 몇 번 쓰고 좋아하더니 호찌민 근교에 볼일을 보러 갔다가 새로 구입한 오토바이를 통째로 알리바바 당했다고 한다.

'전봇대에 쇠사슬로 칭칭 묶어 놓았다는데, 30분 만에 돌아와 보니 묶어 놓은 앞바퀴 하나만 남아 있더랍니다.' 녀석은 며칠 동안 말도 않고, 밥도 잘 안 먹더니, 아침에 출근하면서 그 쇠사슬을 아파트 쓰레기 투입구에 던져 버렸는데, 버리면서 냄새 나는 투입구에 대고 이상한 괴성을 지르며 영어로 욕을 했다고 한다.

며칠 전 저녁 무렵, 주택가 골목에 체인으로 묶어 둔 오토바이를 좁은 집 안으로 힘들게 옮기는 한 베트남 엄마와 아들을 도와 준 적이 있다. 굳이 왜? 그냥 놔둬도 괜찮을 것 같은데… 그걸 누가 가져갈까? 하지만 그들은 그 수고가 당연한 거라고 한다. 체인 아니라 체인 할아버지로 묶어 놓아도 오토바이는 도둑맞을 수 있다.

베트남은 그야말로 오토바이 천국이다. 주요 이동수단이 오토바이고, 차선과 교통 신호 체계 또한 자동차보다 오토바이 우선이다. 어디나 Door to Door가 가능한 오토바이 이용자를 위해 서비스 업종 특히 식당이나 커피숍은 고객 접근성, 즉 오토바이의 접근성을 고려해서 가게 자리를 구한다.

가게 앞 도로가 일방통행로(접근성 보통)인지, 양방향 통행로(접근성 좋음)인지, 가게 앞에 오토바이 주차 공간이 있는지 없는지, 주차 공간이 없다면 가게 근처에 사설 주차장 또는 주차장으로 임대할 공간이 있는지 없는지 등. 고객들이 보다 쉽게 오토바이를 이용해 가게로 올 수 있는지와 편리한 주차 여부가 매출과 직결되기 때문이다.

지금은 많이 없어졌다고 하지만 예전에는 가게 앞에 주차된 손님들의 오토바이를 만능열쇠로 순식간에 시동을 걸어 훔쳐갔다고 한다. 그래서 서비스 업종들은 대부분 가게 앞에 오토바이 주차 관리원이

건물 앞 오토바이 주차 공간

있다.

주차 관리원은 오토바이에서 내리는 손님에게 번호표를 주고 오토바이를 관리한다. 그들의 주 업무는 오토바이의 도난 방지. 이러한 가게의 오토바이 주차비는 무료지만 모든 사람들이 5천 동(250원)에서 1만 동(500원) 정도를 주차비 대신 주차 관리원에게 팁으로 준다.

베트남에 이제 곧 지하철이 생긴다. 그리고 인도 위 가게 앞에 주차한 오토바이를 단속하고, 오토바이 주차는 공용주차장을 이용해야 한다고 한다. 그리고 공용주차장의 주차요금은 주차시간을 감안한 병산제로 바뀔 예정이어서 주차비는 예전보다 좀 더 오르게 될 것이다.

'괜찮겠지…', '이렇게 하면 된다니까', '참 답답하네…', '에이 설마…' 모든 것이 다 그런 건 아니지만 베트남에 살면서 가장 위험한 사고방식은 바로 '우리나라 사고방식'이다. 그리고 가장 현명한 사고방식은 '우리도 그들처럼'이다. 묻지 말고 따지지도 말고 그냥, 그들이 하는 걸 보고 따라 하면 된다.

10) 베트남의 렌터카

베트남은 산유국이다. 원유 정제 기술이 없어서 원유를 수출하고 정제된 기름을 다시 수입한다. 최근 우리나라 기업이 베트남에 원유 정제 시설을 완공하여 일정량의 원유를 정제하고 있다. 여하튼 산유국인 베트남의 기름값은 우리나라보다 매우 저렴한 편이다.

혹시 베트남 장기 출장 계획이라도 있다면, 싼 기름값 때문에 미주 또는 유럽의 나라에서처럼 렌터카를 이용해 직접 운전을 하겠다는 생각은 아예 꿈도 꾸지 않는 게 좋다. 수많은 오토바이와 뒤섞인 베트남의 교통 흐름을 이해하기 쉽지 않을 뿐만 아니라 외국인이 운전하는 자동차다 싶으면 공안이 이유 없이 차를 세워 트집을 잡아 돈을 뜯거나, 멀쩡한 오토바이가 그냥 와서 부딪히고 길바닥에 드러 눕는 수법으로 역시 돈을 뜯어내기 때문이다. 이때 공안을 불러도 소용이 없는게 십중팔구 공안 역시 현지인들의 말만 들을 것이기 때문이다.

베트남에서 렌터카를 이용하려면 차량뿐만 아니라 베트남 운전기사까지 한 세트로 렌트해서 이용해야 하는데, 베트남 운전기사의 경우 하루 8시간에 한해 이용할 수 있고 8시간이 초과되면 시간당 초과 비용을 추가로 지불해야 한다. 출장 중 이동 거리가 그리 멀지 않다면 택시나 그랩(Grab) 택시를 이용하는 게 그나마 비용을 절감하는 것이다.

11) 베트남의 택시

베트남 택시비가 한국 택시비에 비해 저렴한 편이라고 생각할지 모르지만, 실상 베트남의 택시비는 일반적인 베트남 물가 대비 상당히 높은 편이다. 택시를 주로 이용하는 승객이 대부분 관광객이거나 외국인 또는 어느 정도 여유가 있는 중산층 이상의 베트남 사람들이기 때문이다. 대부분의 베트남 사람들은 특별한 경우를 제외하고 보통 본인의 오토바이를 이용하거나 택시보다 훨씬 저렴한 쌔옴(오토바이 택시)을 이용한다.

인터넷을 통해 검색하면 베트남에는 다양한 택시 요금 사기 수법이 있고, 그것을 경험한 수많은 사람들이 주의를 주고 또 주어도 택시 요금 사기를 당하는 사람들이 있는데, 딱 한 가지만 명심하면 될 것이 비나선(VINASUN) 또는 마일린(MAILINH) 택시만 이용하라는 것이다. 그나마 이 두 택시는 안전하다고 할 수 있는데 신용카드 결제도 되고, 자칫 물건을 두고 내린 경우 택시 번호를 모르더라도 이용 시간과 운행구간만 알려주면 콜센터에서 승차했던 택시를 수배하여 두고 내린 물건을 찾아 준다. 그 외의 택시들은 외국 승객들을 대상으로 수단과 방법을 가리지 않고 돈을 뜯어가는 불법 택시라고 생각하면 된다.

그러나 베트남의 택시를 자주 이용하면서 느끼는 가장 불편한 부분은 거스름돈에 대한 부분인데 이에 대한 방법은 세 가지다.

첫째, 스스로 잔돈을 항상 준비해 다닌다.

둘째, 거스름돈을 줄 때까지 택시에서 내리지 않는다.

셋째, 거스름돈을 기분 좋게 팁으로 생각하고 내린다.

최근에는 그랩(Grab) 택시가 많이 생겨 일반 택시보다 좀 더 저렴한 가격으로 편하게 이용할 수 있는데, 비 오는 날이나 러시아워에는 일반 택시도, 그랩도 이용하기가 쉽지 않다. 그리고 이때는 그랩 택시 요금도 할증이 많아 일반 택시와 별반 차이가 없을 정도로 비싸다.

12) 진정한 '배달의 민족'은 베트남

언젠가 베트남 지인이 투덜거리며 집 밖으로 나가지 않는 아내 흉을 본 적이 있는데, 내용은 이렇다. 그의 아내는 고정으로 부르는 쎄옴 기사가 몇 명 있는데 낮에 부르는 기사와 밤에 부르는 기사가 따로 있으며 대부분 심부름을 하는 쎄옴 기사라고 한다. 아내는 그들에게 모든 집안일을 다 시키는데 대표적인 게 시장보기다. 예를 들어 시장에 가서 파 한 뿌리, 계란 다섯 개, 돼지고기 무슨 부위로 300g, 무슨 부위로 500g, 소고기 무슨 부위로 200g, 무슨 재질로 된 빗자루 한 개 등 이런 식이고, 밤에는 주로 야식 심부름이란다. 그 외에도 우리나라의 동사무소 같은 곳에 가서 등본을 몇 통 떼어 와라, 어느 식당에 가서 무슨 음식을 사 와라 또는 낮에 산 옷이 맘에 안 드니 가서 무슨 옷으로 바꿔 와라 등.

쎄옴 기사는 이러한 다양한 심부름에 돈이 들어가는 것은 우선 본인 돈을 먼저 쓰고 거기에 쎄옴비를 보태 돈을 청구하는데, 부인은 매번 수고비로 2만 동(1,000원)에서 5만 동(2,500원)을 더 준다고 한다. 우리 상식으로는 베트남에 이런 시스템, 즉 이런 쎄옴 기사가 있다는 게 신기할 따름인데, 더 놀라운 것은 대부분 베트남 가정에는 이렇게 심부름을 하는 쎄옴 기사가 한 두 명씩은 다 있다는 것이다.

우리나라에서의 배달문화는 자장면 배달부터 시작해서 퀵서비스 그리고 현재는 음식배달을 좀 더 진화시켜 인기몰이를 하고 있는 음식 주문 서비스 '배달의 민족'까지 다양하게 발전되어 왔다. 이들은 오토바이의 빠른 기동력을 바탕으로 고객에게 다양한 서비스를 제공하고 있다.

그렇다면 베트남은 어떤가. 베트남을 방문한 사람들은 '하루 만에 평생 볼 오토바이를 다 본 것 같다', '오토바이의 천국이다'라고 말한다. 주요 이동수단이던 자전거에서 오토바이로 바뀐 지 얼마 안 됐지만 오토바이, 즉 쎄마이는 이제 베트남의 대표 교통수단이 되었다.

신호등과 차선 등 도로 교통 체계가 모두 오토바이 위주로 되어 있고, 이 오토바이는 도심 내에서는 자동차보다 훨씬 빠르게 이동할 수 있다. 게다가 최근 구글 맵(Google Maps)은 이러한 베트남 상황을 감안해서인지 오토바이 전용 내비게이션까지 선보였다.

베트남의 정식 오토바이는 4천만 대 정도로, 비등록 운행 오토바이까지 합치면 거의 우리나라 인구수에 육박하지 않을까 생각된다. 이미 오토바이라는 인프라가 갖춰진 베트남에서는 그랩이 일찌감치 진출하여 자리 잡았고, 최근에는 음식 배달 서비스까지 제공하고 있다. 이 외에도 맛집 소개 사이트인 푸디(Foody.vn)가 푸디 딜리버리(Foody Delivery)로 음식 배달 서비스를 제공하기 시작했고, 이미 세계 10여 개 나라에서 배달 서비스를 하고 있는 네덜란드의 대표적인 배달 서비스 기업 테이크어웨이(Takeaway.com)도 비엣남엠엠(VietnamMM.com)이라는 이름으로 베트남에 진출해 역시 음식 배달 중개 서비스를 하고 있다.

우리나라의 배민은 2018년 이 비엣남엠엠을 인수하며 베트남 시장에 성공적으로 진출했다. 오토바이라는 기본 인프라가 갖춰진 베트남은 그야말로 다국적 배달 서비스 기업들의 각축장이다.

다양한 브랜드의 배달 서비스와는 다르지만 베트남에는 이미 오래전부터 오토바이 배달 서비스가 있었다. 그것은 바로 앞에서도 언급한 쎄옴(Xe ôm)이다. 쎄옴은 단순 택시 기능만 있는 게 아니다. 우리나라에도 심부름 서비스가 있지만, 서로 믿음을 바탕으로 하는 다양한 개인 심부름에 이렇게 본인 돈을 먼저 쓰기도 하는 저렴한 심부름 서비스와 배달 서비스는 세계 어느 나라에도 없을 것이라 생각된다.

진정한 '배달의 민족'은 베트남이 아닐까 싶다.

13) 시끄럽게 클랙슨을 왜 자꾸 누르는 거야?

베트남 시내에서 택시를 타고 가다 보면 우리나라와는 다르게 클랙슨 소리를 자주 듣게 된다. 처음에는 워낙 오토바이가 많으니까 오토바이와의 접촉사고를 피하기 위해 그런가 보다 했는데 아니었다. 차들만 있고 오토바이가 없는 도로에서도 빵빵거린다. 오토바이도 마찬가지다. 왜 그런가 했는데 최근 베트남의 도로교통법 해석본을 우연히 보게 되면서 그 의문이 풀렸다.

다음은 베트남의 도로교통법 제14조 '추월'의 1항에 있는 내용이다.

"추월하기 전 차량은 빛(상향등)이나 경적으로 신호를 주어야 한다. 도심 및 인구가 많은 지역에서는 22시부터 05시까지, 빛 신호만이 이러한 목적으로 사용될 수 있다."

베트남 도로교통법에 의하면 추월 시 특히 낮에는 무조건 경적을 울리게 되어 있다. 베트남의 자동차와 오토바이는 운전자들에게 길을 비켜달라고 할 때도, 지나가니 옆으로 오지 말라는 신호를 보낼 때도, 다른 차들을 추월할 때도, 추월하고자 할 때도 모두 그렇게 빵빵거리며 클랙슨을 울렸던 것이다.

처음 베트남에 오면 엄청난 수의 오토바이와 차들이 서로 엉켜 가는 것에 놀라게 되는데, 온 도시가 무슨 난리가 난 듯한 인상을 받았던 이유는 바로 여기저기서 들리는 경적 소리 때문인 것이다. 우리나라는 클랙슨을 자주 울리면 벌금이나 면허정지가 될 수 있지만, 베트남에서는 추월 시 반드시 울려야 하는 것이다. 조용한 우리나라의 차도와는 다르게 분주한 새벽시장 같은 베트남에서는 절대 졸음운전 하는 일이 없을 것 같다.

14) 오토바이의 지그재그 운전, 도로의 그것 때문

택시나 오토바이를 타고 베트남 시내를 다니다 보면 앞서 가던 오토바이가 갑자기 아무것도 없는 차도에서 무언가를 피하듯 지그재그로 운전하는 것을 한번쯤은 보게 된다. 한국의 폭주족들이 오토바이를 좌우로 심하게 흔들면서 곡예 운전하는 그런 정도는 아니지만 똑바로 가다가 갑자기 핸들을 돌리는 건 비슷하다. 계속 뒤를 따라가다 보면, 똑바로 가다가 또 갑자기 지그재그다. 왜 그런지는 퇴근길에 엄청난 비가 쏟아지는 바람에 겨우 약속 장소에 도착해서 만난 베트남 지인에게 들었다. 맨홀 뚜껑 때문이란다.

지금은 많이 나아졌지만 예전엔 오토바이가 맨홀 뚜껑 위를 지나가다 많은 사고가 있었다고 한다. 자전거는 가벼워서 괜찮은데 오토바이는 무겁기 때문에 간혹 맨홀 뚜껑이 밑으로 빠져 움푹 꺼지거나, 뚜껑 한쪽이 어긋나 튀어 오르면서 큰 사고로 이어진 것이다. 자전거나 오토바이의 문제가 아니라 맨홀 뚜껑 설치 자체가 엉성하고 잘못된 탓이다. 그래서 요즘도 오토바이가 차도를 가다가 맨홀 뚜껑이 보이면, 핸들을 꺾어 피해 간다는 것이다.

전방에 맨홀 뚜껑이 있다면 옆에서 나란히 가던 오토바이 또는 앞서 가던 오토바이가 갑자기 핸들을 꺾을 수도 있다는 것을 항상 염두에 두고, 속도를 줄이거나 멀찌감치 피해 가는 방어운전이 필요하다. 베트남 지인이 헤어지면서 다시 한번 당부하는 말이 '특히 비 오는 날은 반드시 맨홀 뚜껑을 피해서 다녀야 한다'였다. 빗물 때문에 대부분 철판으로 된 맨홀 뚜껑은 상당히 미끄러워 오토바이가 그 위를 지나칠 때 미끄러져 넘어질 수도 있고, 평소 약했던 맨홀 뚜껑 시설이 빗물 때문에 더 약해져 움푹 꺼지거나 한쪽이 어긋나 튀어 오를 확률이 평소보다 훨씬 높아지기 때문이란다.

베트남은 우리나라와는 달리 차도 곳곳에 많은 맨홀 뚜껑이 있다. 그동안 아무런 위험 의식도 없이 그냥 지나쳐 다녔었는데, 늘 위로 지나쳤던 멀쩡했던 맨홀 뚜껑도 어쩌다가 잘못될 수 있으니 비가 오는 날이든 쨍쨍 맑은 날이든 앞으로는 베트남 사람들이 하는 대로 무조건 맨홀 뚜껑을 피해 다니는 게 정답인 것 같다.

8

베트남의 스페셜 데이

1) 한 달 잔치… 그게 뭐야?

베트남 사람들은 아기가 태어나고 한 달이 되면 '한 달 잔치'를 한다. 우리의 백일잔치와 같다. 우리나라에서는 아기가 백일을 살면 잔치를 했는데 베트남은 한 달만 살면 산 것이라고 잔치를 했다고 하니, 베트남의 아기가 생존율이 더 높았던 것 같다. 하긴 우리나라보다 날씨가 따뜻하고 먹을 것이 풍부한 곳이니 그럴 만도 하다.

태어난 지 1년이 되는 날은 우리와 같이 동네가 떠들썩하게 돌잔치를 한다. 과거에는 아기가 태어나 한 달이 되기 전 사망하는 확률이 40%를 넘었고, 1년을 넘기지 못하고 사망하는 경우도 많아 이 같은 잔치가 생겼다고 한다.

얼마 전 태어난 조카의 '한 달 잔치' 때문에 휴가를 신청하는 베트남 직원에게 '한 달 잔치라니, 그게 무슨 말이죠? 이상한 핑계를 대며 휴가를 신청하네요'라며 직원에게 더 이상 의심의 눈길을 보내지 않기를 바란다.

2) 밸런타인데이, 화이트데이, 모두 남자가 여자에게 선물해야 한다

베트남에는 남자가 여자에게 선물하는 날이 참 많다. 국제 여성의 날(3월 8일), 베트남 여성의 날(10월 20일) 그리고 밸런타인데이(2월 14일)와 화이트데이(3월 14일)에도 모두 남자가 여자에게 선물을 해야 하는 날이다. 이런 날에는 모든 베트남 여성들이 좋아하는 꽃은 필수로 선물해야 하는데, 베트남 사람들은 밸런타인데이나 화이트데이에 초콜릿과 사탕이 아닌 꽃과 반지, 옷 등을 선물로 주고받는다.

우리가 밸런타인데이 그 본연의 의미를 벗어나 한 일본 기업의 마케팅 상술에 의한 것임을 알면서도 초콜릿과 사탕을 주고받는 것과는 확연히 다르다.

"너희들이 몰라서 하는 말인데, 밸런타인데이는 남자가 여자한테 선물하는 날이 아니고, 여자가 남자한테 초콜릿 선물하는 날이야, 알겠니?"라고 더 이상 말하지 말고, 우리 모두 회사 내 베트남 여직원들 아니면 거래처 직원 중에 여성분이 있다면, 꽃 한 송이 선물하는 센스를 발휘해 보기 바란다. 매출이 오르든지 사무실 분위기가 달라지든지 뭔가 확실히 달라질 것이다.

3) 베트남 결혼식에는 주례가 없다

베트남의 결혼식은 주로 오후 늦게 아니면 저녁에 하는 경우가 많다. 뜨거운 낮을 피하는 것도 있지만, 결혼식 당일 신부 집에서 1차 혼례를 올리고 다시 예식장에서 하객들을 모시고 식을 올리기 때문이다. 청첩장을 받으면 내용물은 버려도 되지만, 봉투를 절대 버려서는 안 된다고 하는데, 그것은 바로 자기 이름이 쓰여 있는 그 봉투에 그대로 축의금을 넣어야 하기 때문이다. 직원 결혼식에 참석할 때 나름 예의를 갖춘다며 회사의 로고가 인쇄된 회사 봉투에 따로 축의금을 넣어 주었는데, 나중에 이 사실을 알고는 결혼한 직원에게 미안했던 적이 있다.

도심 한가운데 있는 베트남의 결혼식장은 외형상으로 한국의 여느 결혼식장과 다를 바 없다. 매우 화려하고, 깔끔하다. 한국의 결혼식장은 대부분 예식장과 피로연(식사)장이 따로 있지만, 베트남의 결혼식장은 예식장이 곧 피로연장이다. 예식장 입구에서 신랑이나 신랑 측 부모, 신부나 신부 측 부모가 손님들을 맞이하며 인사하고 신랑과 신부 측에는 각각 축의금 봉투를 넣는 함이 따로 준비되어 있다. 한쪽에 모델 같은 신랑 신부의 웨딩 사진들이 전시된 것도 우리나라와 비슷하다.

결혼식이 시작되면 신랑 신부의 부모가 함께 등장해서 무대에 올라 인사하고, 이어서 신랑 신부가 함께 등장한다. 이때 사회자의 멘트나 BGM(배경음악)이 매우 독특한데, 마치 킥복싱 선수가 등장할 때의 멘트나 음악처럼 웅장하고 장엄하며 때론 신나는 음악이다. 이렇게 등장한 양가 부모와 신랑 신부가 무대에 나란히 서서 하객들에게 함께 인사를 하고 나면 결혼식은 끝난다.

이후에 간혹 가수나 무용수 또는 댄스팀이 나오기도 하고 신랑 신부가 함께 샴페인을 터트려 러브 샷을 하는 정도의 이벤트가 있는 경우도 있다. 결혼식 전체가 마치 뮤지컬 공연 끝에 등장인물들이 하나둘씩 나와 인사하는 것과 비슷해서 한 편의 짧은 공연을 보는 느낌도 난다.

이어서 하객들이 식사할 때 신랑 신부 그리고 양가 부모는 테이블마다 돌아다니며 인사하고 인증 숏을 찍는데 이것도 우리나라와 비슷하다.

우리의 결혼식과 다른 점이 있다면 신부가 신부 아버지의 손을 잡고 입장해서 신랑에게 '인수인계' 하는 듯한 장면이 없고, 신랑 신부가 함께 등장한다는 것이다. 그리고 주례가 없다는 게 가장 큰 차이라 할 수 있다. 주례가 없으니 주례사도 없고 당연히 주례가 시키는 신랑 신부의 맹세도 없다. 심플하고 재미있게 공식행사가 끝나는 것이다. 결혼식 사회는 신랑 친구가 아닌 예식장 직원이 보며, 가족사진과 친구들과의 사진 촬영이 없다는 점 또한 다르다. 신부 집에서 1차 혼례를 올린 뒤 지인들을 모시고 결혼을 알리고 인사를 하는 개념이라 우리의 결혼식 분위기와는 사뭇 다르지만, 우리 결혼식의 구성이나 방식에서 문제가 있어 보이는, 그래서 개선했으면 하는 과정들을 어쩌면 이렇게 싹 빼고 알차게 하는지 너무 신기했다.

신랑 신부가 함께 등장하는 베트남의 결혼식은 참 멋지다. 그리고 주례가 없으니 번거롭고 부담 주는 주례 섭외나 주례사도 없다. 가족이나 친구들의 사진 촬영이 없으니 촬영 시 어디 측 인원이 많다느니 적다느니, 그래서 가짜 가족, 가짜 친구를 동원한다고 하는 남모를 결혼식의 비밀이 전혀 필요 없는, 진짜 결혼식에 필요한 부분만 모아 놓은 멋진 결혼식이라는 생각이 든다.

참고로 베트남에서 신랑 신부의 혼인 맹세는 판사 앞에서 혼인증명서에 각각 서명하면서 한다.

그리고 이혼 시 현재는 남편과 부인의 재산권이 5:5로 동등하지만 몇 년 전까지만 해도 이혼하면 모든 재산이 여성의 것이었다고 하는데, 지금도 베트남의 이혼 판결은 대부분 여자들에게 유리하다고 한다.

현존하는 베트남 최고의 법전인 『국조형률(國朝刑律)』의 기록에 의하면 15세기 후반에 여성의 재산권과 이혼권을 인정한 내용이 나온다고 한다. 이 기록은 전 세계 여성사(女性史)를 조사해 봐야 정확할 것이라고는 하지만 아마 세계 최초로 여성의 재산권과 이혼권을 인정한 나라가 바로 베트남이 아닌가 싶다. 그리고 현재 베트남 여성의 사회 진출 비율은 노르웨이에 이어 세계에서 두 번째로 높다.

그들은 가난하지만 행복하고, 부지런하고, 당당하다. 마치 신랑 신부가 멋진 음악과 함께 힘차게 등장하는 것처럼 말이다. 그들의 심플한 결혼식은 지나친 결혼 격식에 얽매여 있는 우리가 다시 한번 생각해 봐야 하는 좋은 본보기다.

4) 모임에 온 사람들, 가만히 보니 다들 따로 노네?

한국에서는 식사나 술자리 모임이 그룹 중심으로 이루어진다. 즉 서로 함께 아는 사람들끼리 모임을 갖는다. 같은 그룹의 멤버들끼리 모이는 것이다. 예를 들어 특별한 일이 있어 친구들과 함께 저녁을 먹게 되면 고등학교 친구들과 따로 모이고, 친한 직장 동료들과 따로 모이는 식으로 모임이 그룹별로 이루어진다.

베트남에서는 다르다. 베트남 사람들은 어떤 모임이든 모두 개인을 중심으로 모인다. 멤버들끼리 모이는 게 아니라 그냥 '나'를 중심으로 모인다. 그래서 생일에 사람들을 초대할 때, 그들이 서로 알건 모르건 내가 친한 사람들을 모두 초대한다. 그래서 초대받은 사람들은 서로 모르는 사람들과 함께 모여 어울린다. 이는 불특정 다수의 사람들과 어울리는 베트남의 파티 문화와도 일맥상통한다. 서양의 파티 문화 그대로다.

2000년대에 들어서면서 우리나라에는 IT 벤처 회사들이 곳곳에 생겨났고, 한때 우리 사회에서도 이런 어색한 모임들이 자주 있었다. 우리가 그렇듯 베트남 친구들도 아는 사람들끼리 더 잘 어울리지만, 처음 만난 이들과 너무나 자연스럽게 이야기를 나누고 연락처를 주고받기도 한다. 베트남에서 이런 모임에 초대받으면 멀뚱멀뚱 혼자 술을 마시지 말고 모임에 온 사람들과 자연스럽게 대화를 나누며 대인 관계를 넓히는 기회를 만들어 보는 것도 좋을 것 같다.

참고로 베트남 친구들의 생일 파티는 초대한 사람만 참석하는데, 이때 초대받은 사람들은 보통 선물이나 일정 금액을 넣은 봉투를 준비한다. 그리고 이날은 생일인 사람이 식사와 술, 노래방 혹은 나이트클럽 등 생일 파티의 처음부터 끝까지 모든 비용을 책임진다. 일 년에 한 번뿐인 생일을 좀 더 재미있고 멋지게 보내려는 욕심에 빚을 져서라도 최대한 화려하게 생일 파티를 하려는 친구들이 종종 있다.

이렇게 빚을 져서라도 화려하게 하는 경우는 대부분 남부 호찌민 친구들의 경우이고 북부 하노이 친구들은 이와 달리 대부분 매우 검소하게 보낸다고 한다. 하노이 사람은 1,000원을 벌면 100원만 쓰고 900원을 저축하는데, 호찌민 사람은 1,000원을 벌면 1,100원을 쓴다는 얘기가 괜히 나온 이야기는 아닌 것 같다.

5) '여성의 날'이 왜 일 년에 두 번씩이나…

우리나라 사람들에겐 아직 낯선 '여성의 날'이 베트남에는 봄, 가을로 두 번 있다. 좀 더 정확히 말하면 매년 3월 8일은 '세계 여성의 날', 매년 10월 20일은 '베트남 여성의 날'이다. 엄밀히 따지면, 3월 8일 '세계 여성의 날'은 베트남만의 여성의 날이 아닌데도 베트남 사람들은 '베트남은 여성의 날이 두 번 있다'고 말한다.

대부분의 한국 여성들은 베트남에 와서 '여성의 날'에 대해 알고

'이런 좋은 게 있네? 그런데 왜 우리나라엔 없는 거야?'라고 한다. 사실 우리나라도 '세계 여성의 날' 행사가 있긴 하지만 일부 여성 단체에서만 행사를 하고 베트남처럼 아직 대중화되지 못한 탓이다.

베트남에서 여성의 날이 되면, 온 도시 그리고 온 거리가 꽃으로 장식되고, 기존의 꽃 가게는 물론 갑자기 길가에 생긴 좌판 꽃 판매상까지 모든 도로를 꽃으로 가득 채우며 거리의 색깔을 바꾸어 놓는다. 또한 베트남 여자들은 여기저기에서 오는 축하 문자 메시지와 축하 전화, 축하 꽃다발은 물론이고 선물까지 받는다. 어쩌면 생일보다 더 행복한 날이 여성의 날일 것이다. 베트남에는 이런 여성의 날이 봄, 가을로 일 년에 두 번씩 있다.

도대체 베트남 사람들은 여성을 얼마나 소중히 여기고 존경하기에 우리나라 사람들은 잘 모르는 여성의 날을 일 년에 두 번씩이나 기념하면서 이렇게 큰 잔치를 하는 것인가?

베트남에서 지낸 지 얼마 안 되었지만, 시간이 갈수록 점점 더 우리나라 여성들과 비교되는 것이 베트남 여성들이다. 이사를 자주 다녔던 베트남 생활 초창기 때, 베트남 이삿짐센터에 큰 실례를 범한 일이 있었다. 이삿짐을 옮기는 직원으로 두 명을 요청했는데, 아저씨와 아주머니가 왔기에 화를 내며 그 길로 돌려보내고 취소했던 일이다. 그때는 베트남 여성들에 대해 잘 모를 때였는데, 아직도 미안한 마음이 가시질 않는다.

베트남 여성들은 못 하는 일이 없다. 망치도 들고, 철사도 구부리며, 삽질도 하고, 남자도 버거운 무거운 짐도 마다치 않고 나르고… 한편으로는 꽃꽂이도 하고, 분재도 하고 또한 화장품이 없어도 자신을 가꾸고 다듬을 줄 안다. 우리나라와 다르게 거의 모든 직종, 직책에 여성들이 있다. 탄광촌의 광부, 막노동판이나 이삿짐센터의 인부 중에도 여성 근로자가 있다.

우리나라에서는 아이들의 행실이 바르지 못하면 '호로자식', 즉 아비 없는 자식이라며 아이들 교육에 대한 책임이 아버지에게 있음을 강조한다. 하지만 베트남은 다르다. '꼰 흐 따이 매, 짜우 흐 따이 바(Con hu tại mẹ, Cháu hu tại bà)', 즉 '어머니 때문에 자식이 잘못되고, 할머니 때문에 손자가 잘못된다'고 한다. 올바른 자녀교육의 책임도 여성에게 있다는 말이다.

그리고 놀라운 사실 하나는 베트남 여성의 덕목 첫 번째가 '적이 쳐들어오면 나가 싸운다(Giặc đến nhà đàn bà cũng đánh)'고 한다. 실제로 젊은 여성들에게 전쟁이 나면 어떻게 할 거냐고 물으면 바로 답한다. "나가서 싸워야지요"라고.

하지만 젊은 남자들에게 물으면, "뭐… 군인들이 싸우겠죠…"이다. 베트남은 남성보다 여성들의 기가 세다고 하는 말이 맞는 것 같다. 베트남 역사에 여성 영웅들이 많은 것은 여성 영웅의 이름으로 된 여러 개의 도로명으로도 알 수 있다.

도대체 베트남 여성의 역할은 어디까지인 것인가? 여성의 날을 일년에 두 번씩이나 큰 행사로 치르고, 밸런타인데이도 여성을 위한 날이라고 해도 그런 줄 알며 여자들의 말을 따르는 베트남 남자들을 보면, 지금 천진난만하게 웃고 있는 베트남 여성들의 겉모습과는 다른 우리가 잘 모르는 베트남 여성들의 진짜 모습이 따로 있는 것이다.

'세계 여성의 날'은 1908년 열악한 작업장에서 화재로 불타 숨진 여성들을 기리며 미국 여성 노동자들이 궐기한 3월 8일을 기념하는 날로 1911년부터 세계 곳곳에서 행사가 시작되었고, 1975년부터는 UN에 의하여 공식 지정되었다. 여성 노동자들이 노예 같은 취급을 받자, 남녀평등을 외치며 피나는 투쟁의 결과로 이날이 만들어졌지만, 베트남 여성의 날은 남녀평등을 위한 남성들과의 투쟁의 역사가 아닌, 조국을 구하기 위한 적군과의 투쟁의 역사로 생겼다.

베트남은 중국에 1,000년, 프랑스에 실질적으로 200년 가까이 식민 지배를 받았다. 특히 프랑스 식민통치 기간에는 많은 여성들이 일어나 여성단체를 조직하여 대항했다. 남자들과 함께 총을 들고 싸웠고, 폭발물을 설치하고, 아군을 위해 없던 길을 만들고, 다리를 놓았다고 한다. 그녀들은 감옥에서도 끝까지 저항했고 장렬하게 최후를 맞았다.

모든 어머니들은 아들과 남편에게 전쟁에 나가 싸우라고 했고, 낮에는 생업, 밤에는 아군들의 식량을 나르며, 부모와 자식을 돌보면서 베트남을 지켜냈다고 한다. 그리고 또 다시 일본에 4년, 미국에 15년….

남편과 아들 혹은 아버지와 오빠들이 수많은 전쟁으로 죽어갈 때, 불구의 몸으로 돌아왔을 때도 베트남 여성들은 그저 하늘을 쳐다보며 묵묵히 논을 매고 밭을 갈았던, 때로는 스스로 총을 들고 죽창을 들었던 이 땅을 지킨 수호자들이었다. 이러한 베트남 여성들의 희생으로 오늘의 베트남이 있게 된 것이다.

베트남 공산당은 현 여성연맹의 전신인 '반제국 베트남 여성회'의 창립일(1930년 10월 20일)을 여성의 업적을 기리는 날로 정하고, 매년 10월 20일을 '베트남 여성의 날'로 지정했다.

15세기 후반, 여성의 재산권과 이혼권을 세계 최초로 인정한 나라가 베트남인 사실 하나만 보더라도 베트남 역사에서 여성의 위치가 어떠했는지 짐작할 수 있다. 베트남에서 여성의 날이 두 번이 아니라 네 번이라 해도 될 듯한 이유가 있는 것이다. 베트남 2,000여 년 역사의 주인공은 바로 베트남 여성들이다.

6) 신나는 밴드 연주에 쇼쇼쇼, 여기 장례식장 맞나요?

베트남 사람들에게 장례식은 매우 중요한 행사이다. 그들의 장례식은 우리의 장례 문화와 정말 독특하게 다른 점이 있다. 그것은 바로 장례식장에서 신나는 음악을 연주한다는 것인데 그 정도가 너무 지나치다. 마치 나이트클럽이나 카바레 같은 분위기에 다양한 서커스 쇼와 불 쇼를 하는 경우도 있다.

원래 베트남의 장례식 음악은 조용하고 경건했다고 하는데, 요즘은 그런 구슬프고 애절한 음악으로 분위기를 가라앉게 하기보다 밝고 신나는 음악과 공연으로 고인을 기리며, 손님들을 즐겁게 한다고 한다. 그들은 이렇게 장례식이라도 화려하게 하지 않는다면 마지막까지 불효한다고 생각해서 주변 사람들에게 민폐를 끼칠 정도로 장례식을 최대한 시끄럽고 화려하게 치른다고 한다.

만일 베트남의 장례식장에 가게 되면 이런 분위기에 고무되어 춤바람 댄스로 분위기를 잡으려는 생각은 절대 하지 마시길. 본인은 싫지만 최근 이러한 장례 문화가 유행이라 어쩔 수 없이 하는 베트남 사람들이 있다고 하니 말이다. 최근 베트남의 북부지방에서는 예전의 조용하고 경건한 분위기의 장례 문화가 다시 늘어나고 있다고 하니, 이런 시끄러운 베트남 장례 문화는 머지않아 없어지지 않을까 생각된다.

7) 한여름의 크리스마스, 베트남은 공휴일이 아니다

베트남에 처음 온 그해 첫 크리스마스를 보내면서, '이렇게 반바지, 반팔 티 사이로 크리스마스가 지나가네'라며, 여름 속 크리스마스를 신기해했다.

호찌민 시내 광장의 화려한 연말 장식

　사실 크리스마스와 연관된 대부분의 단어들은 겨울의 상징이다. 모든 의상, 소품 그리고 이미지조차 겨울이다. 그래서 일 년 내내 여름인 베트남 특히 호찌민에서의 크리스마스는 낯설고 어색했지만 베트남 사람들은 마냥 즐겁고 재미있어 보였다. 코로나 팬데믹으로 지금은 덜 하지만, 몇 해 전까지만 해도 호찌민의 크리스마스는 제법 재미있고 독특했다.

　월남전 당시 미군이 주둔했던 남부 호찌민은 미군의 영향을 받아서인지 썰렁한 분위기의 하노이와는 다르게 빌딩마다 화려하게 장식된 크리스마스 조형물들이 설치되어 사람들의 시선을 사로잡는다. 모두 그 앞에서 사진을 찍느라 정신이 없다. 대부분의 조형물들은 겨울, 눈, 얼음 이미지이고, 그 앞에서 사진을 찍는 사람들은 반바지, 반팔 티셔츠 그리고 맨발에 슬리퍼를 신고 폼을 잡는다.

　한국은 12월이 되면서부터 곳곳에서 캐럴이 들려오고 크리스마스 분위기와 함께 연말연시의 분위기로 접어든다. 그리고 시끌벅적하다.

하지만 이곳 베트남은 크리스마스에 조용할 뿐 아니라 다들 열심히 '정상 근무'한다. 베트남의 크리스마스는 휴일이 아니기 때문이다.

우리나라는 미국의 영향으로 1949년 크리스마스가 공휴일로 지정되었다. 크리스마스를 공휴일로 지정하고 있는 나라는 대부분 기독교나 가톨릭이 국교인 나라들로 남북아메리카와 유럽 그리고 호주 정도가 있다. 아시아에서는 우리나라와 국교가 가톨릭인 필리핀만이 크리스마스를 공휴일로 지정하고 있고, 대만은 12월 25일을 휴일로 지정하고 있지만 크리스마스라서가 아니라 대만의 헌법을 만든 날이기 때문이라고 한다.

베트남의 종교는 다양하다. 불교, 가톨릭, 까오다이교, 이슬람교, 토속 종교, 기독교 등 여러 종교가 널리 퍼져 있다. 현재 베트남은 국교는 없지만 인구의 70% 이상이 불교이거나 불교적 관습의 영향을 강하게 받고 있다. 그래서인지 아니면 사회주의 국가여서인지 크리스마스가 공휴일이 아니고 그냥 평일이다. 참고로 우리나라의 대표 명절인 추석도 베트남은 공휴일이 아니다.

한국의 겨울은 너무 추워서 싫지만, 크리스마스 캐럴이 울리고 알록달록 반짝거리는 조명으로 장식한 12월의 크리스마스 거리는 가끔 그리워진다.

8) 가난하지만 매일 꽃을 사는 사람들

베트남의 출근길에는 오토바이를 타고 가는 수많은 사람들 중에 의외로 꽃을 사 가지고 가는 사람들을 종종 볼 수 있다. 새벽같이 문을 연 동네 꽃집에서 그리고 길모퉁이에서 자전거 뒤에 꽃을 한 가득 싣고 파는 꽃장수에게도 꽃을 산다. 좀 더 싸고 싱싱하고 아름답고 예쁜 꽃이 많다고 소문난 꽃집 앞에는 마치 무슨 날인 것처럼 매일 아침마다 꽃을 사려는 사람들로 분주하다.

우리는 보통 생일이나 졸업식 같은 특별한 날에만 꽃을 사는데 베트남 사람들은 우리와 다른 것 같다. 베트남 사람들은 왜 매일매일 꽃을 사는 것일까?

그 이유는 대부분 그들의 종교와 관계가 있다. 베트남은 인구의 70%가 불교 또는 그와 관련된 종교를 가지고 있다. 베트남의 거의 모든 사무실이나 식당, 상점 그리고 작은 구멍가게에는 제단이 있다. 그들은 그곳에 향을 피우고 조상님께 매일 예를 갖춘 뒤 하루를 시작한다. 이 제단에 있는 꽃이 시들면 바로 싱싱한 꽃으로 바꾸는 것이다.

어느 식당은 테이블마다 작은 꽃병이 있어 매일 싱싱한 꽃을 꽂아 놓는다. 우리나라의 특급 호텔 식당에나 있을 법한 테이블 생화 디스플레이를 베트남 시내의 작은 식당에서도 볼 수 있다.

제단에는 항상 싱싱한 꽃이 있다.

도심 속에 있는 베트남의 절

또한 그들은 음력 초하루(1일)와 보름(15일), 즉 한 달에 두 번씩, 일 년에 24번 이상 제사를 지낸다. 제사라고 해서 우리 식의 제사가 아니라 간단하게 과일이나 빵(가끔 초코파이) 그리고 꽃을 올리고 향을 피운다. 어떤 이들은 가까운 절을 찾기도 하고 어떤 이들은 음식을 절제하기도 하는데, 특히 이날만은 육류 섭취를 금한다. 그래서 시내 곳곳에 있는, 우리가 흔히 말하는 베지테리언(vegetarian) 식당에서 콩으로 만든 가짜 고기가 들어 있는 퍼(pho) 또는 후 띠우(Hu Tieu)를 먹는다. 이 퍼와 후 띠우의 맛은 일반적인 것과 거의 비슷한데, 국물 맛이 조금 더 깔끔하고 담백하다.

꽃 가격은 종류에 따라 다르지만 이들이 일반적으로 구매하는 노란색 소국(小菊)의 경우, 활짝 핀 꽃 한 다발은 1만 5천 동(750원)이고, 아직 다 피지 않은 꽃 한 다발은 3만 동(1,500원) 정도이다. 물론 우리나라의 꽃값보다 훨씬 저렴하지만, 그래도 베트남의 국민 소득에 비하면 절대 싼 편이 아니다. 하지만 그것은 그들에게 절대 사치가 아니다.

매일 꽃을 사서 사무실, 가게, 상점, 식당 등 일터와 집을 장식하는 베트남 사람들은 확실히 우리와 다른 가치관을 가지고 있는 게 분명하다.

아무리 종교적인 이유라 해도 누군가를 위해 거의 매일 꽃 한 다발, 꽃 한 송이를 살 수 있는 낭만과 여유가 부럽다. 일 년에 꽃 한 송이 살까 말까 하는 우리가 과연 그들을 보고 가난하다고 말할 수 있을까?

9

베트남의
위생과 화장실 문화

Vietnam

1) 베트남에는 분리수거가 없다

베트남은 아직 쓰레기 분리수거를 하지 않는다. 한국 특히 서울의 아파트 단지에 살았던 분들은 모두 경험한 일이겠지만, 쓰레기 분리수거 날은 전쟁이다.

1993년 폐쇄된 난지도 매립지를 대체하여 수도권 매립지(당시 김포 매립지)를 사용하게 된 서울시는 정부와 함께 쓰레기양을 줄이는 방법을 고민했고 결국 1995년부터 전국적으로 쓰레기 종량제가 시작되었다. 특히 서울시는 해가 갈수록 쓰레기 종량제와 함께 철저한 쓰레기 분리수거로 수도권 매립지 사용기한인 2016년까지 최대한 쓰레기양을 줄이는 정책을 진행한 탓에 한참 정책의 진행이 물이 오른 2010년대 초반 서울에 거주했던 분들은 쓰레기 분리수거의 고단함을 누구보다 잘 알 것이다.

이곳 베트남은 그런 일이 없다. 모두 그냥 버린다. 요구르트 병에서 힘들게 은박 껍데기를 떼어내지 않아도 된다. 그래서 베트남 거주 초기 음식물이고 뭐고 아무 생각 없이 그냥 버렸는데, 어느 날 힘들게 쓰레기를 치우는 청소부들을 보고 나서는 조금 달라졌다. 아무리 쓰레기 분리수거가 없더라도 다칠 만한 물건은 따로 싸서 버리고, 음식물도 물기를 제거한 후 다른 쓰레기와 섞이지 않도록 별도의 비닐에 묶어 버리기 시작했다. 최근에는 음식물 쓰레기통이 등장해서 음식물 쓰레기는 거기에 버리면 된다. 그래도 워낙 까다로운 한국보다는 훨씬 편하다.

그런데 우연히 쓰레기를 버리는 옆집 베트남 아주머니를 보니 그 아주머니는 나보다 더 깔끔하게 종이, 플라스틱, 유리 등을 분리해서 버리고 있었다. 한국 쓰레기 분리수거 노이로제에 걸려 그간 못 푼 스트레스를 풀 듯이 그냥 버린 것 같아 괜히 미안한 마음이 들기도 하고 한국 사람인 걸 알고 있으니 창피하기도 했다.

호찌민시는 2030년까지 생활 쓰레기 100%를 소각 및 재활용할 수 있는 특수시설을 건설할 계획이라고 한다. 또한 기존의 쓰레기 매립지들은 서울 난지도 쓰레기 매립장처럼 생태관광공원, 소각장 그리고 열병합발전소로 리노베이션 할 계획이라며 투자할 기업을 찾고 있다고 한다. 베트남이 우리의 과거를 똑같이 밟는 것 같지만 과거의 우리보다는 국가 정책의 방향을 결정하고 계획하는 부분은 여러모로 빠른 것 같다. 단지 진행이 느린 것일 뿐.

모든 게 빠르게 변하는 것 같은 베트남이지만 베트남 사람들의 오래된 습성은 좀처럼 변하지 않는다. 그리고 아직 여러 부문에서 선진국의 투자가 필요하기 때문에 과연 호찌민시의 계획대로 될지는 미지수다.

이제 곧 베트남도 분리수거를 시행한다고 한다. 분리수거만이 그린 국토를 유지하면서 쓰레기양을 대폭 줄일 수 있는 가장 좋은 방법이기 때문이다. 대한민국은 전 세계 쓰레기 분리수거율 1위 국가다. 다들 잘 아실 테니, 베트남 사람들에게 쓰레기 분리수거의 정석(定石)을 보여주기 바란다.

2) 밤에 청소하는 이유

베트남의 모든 식당이나 상점들은 밤에 청소를 한다. 단 한 번도 아침에 청소하는 것을 본 적이 없다. 늦은 시간까지 문을 연 식당에서 식당 종업원이 식사 중인 손님은 아랑곳하지 않고 연신 비질을 하는 황당한 광경을 볼 수도 있다. 이것은 곧 식당 문을 닫아야 하니 시간이 날 때마다 식당 곳곳을 청소하고 있는 것이다.

야외에 의자와 테이블을 세팅했던 식당들도 지저분한 쓰레기들을 치우고 깨끗하게 물청소까지 끝내고 문을 닫는다. 재래시장의 각 점포들도 마찬가지다. 저녁 무렵 점포 문을 닫기 전 내·외부를 깨끗이 청소하고 문을 닫는다.

이렇게 저녁이나 밤에 청소를 하는 것은 식당이나 점포뿐만이 아니고 일반 가정에서도 마찬가지다. 우리의 설날에 해당하는 베트남 최대 명절인 뗏에도 아침이 아니라 전날 저녁에 집안 청소를 한다.

베트남 사람들이 이렇게 아침에 청소하지 않고 저녁이나 밤에 청소하는 이유는 그들만의 미신과 관련이 있는데, 그것은 바로 아침에 비질을 하면 그날의 행운과 재물 복이 모두 같이 쓸려 나간다고 생각하기 때문이다. '아침이 좋으면 하루가 좋다'고 생각해서 하루 운세와 관련된 나쁜 행동을 철저하게 배제하는 데서 비롯된 습관이 바로 밤 청소인 것이다. 그래서 우리나라와는 달리 베트남에서는 새벽이나 아침보다는 늦은 시간에 길거리를 청소하는 청소부들을 자주 볼 수 있다. 특히 연말 불꽃놀이 — 불꽃놀이는 코로나 팬데믹으로 인해 최근 2년간 시행하지 않고 있다 ― 를 하는 12월 31일에는 밤에 청소하는 수백 명의 청소부들을 만나볼 수 있다. 매년 12월 31일 호찌민 시내 중심가로 향하는 모든 도로의 차량과 오토바이의 운행을 통제하고 진행하는 이 행사는 새해를 알리는 카운트다운과 함께 시작하는 멋진 불꽃놀이 쇼를 보기 위해 많은 사람들이 도심 중앙에 있는 광장으로 운집한다.

광장 주변 도로까지 발 디딜 틈이 없을 정도로 사람들로 가득하고 불꽃놀이가 끝나면 그 많은 사람들이 모였던 곳은 온통 쓰레기 천지로 변한다. 하지만 곳곳에 대기하고 있던 수백 명의 청소부가 일제히 청소를 시작해서 쓰레기장으로 변했던 도심은 새벽 2시, 늦어도 3시 전에는 다시 원래의 모습으로 돌아온다.

마치 군사작전을 벌이듯 두세 시간 만에 그 많은 쓰레기를 치우는 베트남 청소부들의 모습에서 밤에 청소하는 나라, 그리고 깨끗한 아침을 준비하는 나라 베트남에 대한 묘한 매력을 새삼 느낄 수 있다.

3) 베트남 감기는 한국 감기와 다르다

베트남은 따뜻해서 좋다. 햇살이 너무 밝고 화사한 베트남. 하노이가 아니라 일 년 내내 여름인 호찌민이 그렇다는 얘기다.

그런데 베트남 생활 초기에는 사시사철 여름인 이곳 호찌민에서 일 년에 한두 번씩은 꼭 감기에 걸렸다. 술 마시고 에어컨을 켠 채 잠든 경우에는 100% 감기에 걸렸다. 그래서 초창기 몇 년 동안은 한국에 다녀올 때마다 감기약을 이것저것 잔뜩 사왔지만 거의 그대로 남아 있다. 감기에 걸릴 때마다 한국에서 사온 감기약은 아무리 먹어도 나아질 기미가 안 보이고 감기 증세는 더 심해졌기 때문이다. 결국 베트남 직원이 사다 준 베트남 감기약을 먹고 씻은 듯 나았다. 이 베트남 감기약은 양도 많고 엄청 독하다. 약이 너무 독해서 그냥 쓰러져 잠들어 버리고 깨어나면 낫는다.

언젠가 한 번은 비를 흠뻑 맞은 적이 있는데, 그때는 그 독한 베트남 감기약을 먹어도 낫질 않았다. 알고 지내던 베트남 안짜이(Ahn Trai, 형)가 소식을 듣고 집으로 이상한 약초를 한 다발 가지고 와서 속옷을 삶으려고 산 큰 냄비에 약초를 잔뜩 넣고 끓인 다음, 그 냄비를 통째로 가져오더니 담요를 뒤집어쓰고 땀을 빼라고 했다. 일종의 사우나다. 약초 냄새도 사우나의 그것과 비슷하다. 어찌나 땀을 많이 흘렸던지 바닥이 땀으로 흥건했다. 두어 번 더 하고 나선 정말 씻은 듯 나았다.

위생 상태가 그리 좋지 않은 베트남의 생활환경과 공기를 뒤덮은 매연 그리고 후덥지근한 날씨가 감기 바이러스의 '파워'를 더 증가시킨 것일까? 그렇게 베트남의 독감은 냄비 사우나 한 번으로 씻은 듯 사라졌다. 그리고 한국 감기약으로는 베트남 감기를 이겨낼 수 없다는 결론을 내리고 한국에서 구입할 리스트에서 감기약을 지워버렸다.

그해 가을 무렵, 한국 유명 제약회사의 베트남 법인장 경력을 가지고 있고, 현재는 베트남 의료시장에 다양한 백신을 공급하는 회사의 대표를 만났다. 마침 곧 독감 백신을 베트남 시장에 공급한다고 해서 물어보았다.

"베트남 감기는 한국 감기와 다른가요? 감기 바이러스가 한국과는 다르다고 하던데…."

한국과 베트남의 감기 바이러스가 다르다는 건 있을 수 없는 일이라고 했다. 다만, 환자의 상태가 다를 뿐이라는 것이다. 그리고 베트남의 감기약은 너무 독해서 위장 장애를 일으킬 수 있고, 스스로 바이러스를 이겨내는 항체의 생성을 막을 수도 있으니 가급적 복용하지 말라고 했다. 그리고 선진국일수록 감기약이 없다는 말을 했다.

스위스 출장 시에 매일매일 어찌나 눈이 많이 내리는지 신기해서, 그야말로 눈 만난 강아지처럼 돌아다니다 호되게 감기에 걸려 몇 군데 약국을 돌아다니며 감기약을 구하려고 했지만, 약국마다 모두 비타민 C를 감기약이라고 준 게 생각났다.

그럼 어쩌란 말인가? 베트남에서 감기에 걸리면 그냥 며칠 끙끙 앓는 수밖에 없단 말인가?

지난번 집에서 약초 사우나를 만들어 준 안짜이가 본인은 감기에 걸린 적이 한 번도 없다며 감기에 안 걸리는 방법이라고 알려 준 내용은 다음과 같다.

베트남에는 위생이 안 좋은 곳들이 많다. 한 동네를 걷다 보면 5미터마다 다른 악취(오물 냄새)가 나는 곳도 있다. 그래서 외부에 나갈 때는 마스크를 쓰는 게 좋다고 한다. 특히 비 오는 날은 땅에서 튄 빗물이 입 안으로 들어가지 않도록 비가 올 때도 마스크를 쓰는 게 좋은데, 땅에서 튄 빗물에 감기 바이러스가 있을 수 있기 때문이다. 생각해 보니 베트남 친구들은 외출 시 웬만하면 다들 마스크를 쓴다. 햇빛 때문인 줄만 알았는데 또 다른 이유가 있었던 거다. 비가 오는 날에도 외부에 나갈 때는 반드시 마스크를 쓰는 게 좋다고 하니, 비가 오든 안 오든 외부에서는 항상 마스크를 착용하는 습관을 가져야 한다. 요즘은 코로나 때문에 무조건 마스크를 써야 하는 상황이고 아무리 접종을 완료했다고 해도 워낙 변종이 심한 놈이니 밖을 나설 때는 항상 마스크를 써야 할 것이다.

그리고 마지막으로 한 마디 덧붙이자면, '감기 바이러스뿐만 아니라 모든 바이러스는 언제나 우리 주위에 있다. 건강하면 몸이 바이러스를 이기지만, 몸 상태가 안 좋으면 바이러스가 몸을 이긴다.'

운동과 함께 건강관리에 신경 쓰는 것이 제일 좋은 방법이라며, 안

짜이는 만날 때마다 손으로 기(氣)를 전달해 준다고, 눈을 감고 얼굴이 벌건 게 아니라 까맣게 되도록 힘을 쓰는 이상한 기 운동 얘기를 다시 하기 시작했다.

여하튼 어떤 운동을 하더라도 안 하는 것보다는 백 번 낫다. 베트남에서 건강을 유지하려면 덥다고만 하지 말고 항상 운동하는 습관을 갖도록 해야 한다.

4) 바퀴벌레를 죽이면 안 되는 이유

베트남에서는 일반 주택뿐만 아니라, 아파트에서도 한국보다 훨씬 많은 벌레를 볼 수 있다. 가장 많은 것이 개미, 그다음이 도마뱀, 바퀴벌레 등이다. 주변에 녹지가 많고 습지가 많은 곳이라면 몰라도 모기는 의외로 없다. 개미는 설탕 같은 당분을 주의하면 되고, 도마뱀은 모기나 파리 같은 해충을 잡아먹고 사니 집 안에 있는 게 도움이 된다.

그런데 아직까지 알 수 없는 것이 바로 바퀴벌레다. 베트남 사람들은 바퀴벌레를 안 죽이는데, 베트남 사람들은 바퀴벌레뿐 아니라 벌레를 죽이는 것 자체를 싫어하는 것 같다. 종교적인 이유 때문에 그런 것인가? 어쨌든 그들은 마치 우리가 예전에 돈벌레(그리마)를 죽이지 않은 것처럼, 바퀴벌레를 안 죽인다. 집에 재물을 가져다준다고 생각하기 때문이라는데, 익충이 아닌 해충인 바퀴벌레를 안 죽이는 이유를 도대체 모르겠다.

우리가 돈벌레를 안 죽이는 이유는 돈을 가져다 주는 벌레이기 이전에 익충이라서다. 보기에는 징그럽지만 이 돈벌레는 특히 여름철 집에 있는 모기, 파리, 바퀴벌레를 모두 잡아먹고 그 해충들의 알까지도 먹어 치우는 익충이다. 하지만 바퀴벌레는 도대체 왜 안 죽이는 것일까?

우리나라와 다르게 베트남의 바퀴벌레는 엄청나게 크다. 원래 토종 바퀴벌레는 아주 작은 크기였다는데, 월남전 때 미 군함을 타고 온 외래종 바퀴벌레들이 번식하면서 크기가 지금처럼 커졌다고 한다. 저녁 무렵 길을 걷다 보면, 길가의 하수구나 허름한 주택의 하수구 근처를 왔다 갔다 하는 큼지막한 바퀴벌레들을 어렵지 않게 볼 수 있다. 심지어는 예쁜 천으로 덮인 로컬 식당의 테이블 위에서도 바퀴벌레를 만날 수 있다. 기겁을 하고 식당 종업원에게 이야기하면 아무렇지도 않은 듯 손으로 툭 쳐서 바닥으로 떨어뜨린다. 그리고는 도망가게 놔둔다. 절대 죽이지 않는다. 베트남 어디서나 볼 수 있는 커다란 바퀴벌레. 위생 개념이 없는 걸까? 베트남에서는 도대체 왜 바퀴벌레를 죽이면 안 되는 것인가?

참고로 베트남에는 집에 개미가 정말 많다. 깜빡하고 열어 놓은 설탕 봉지나 설탕 그릇에 개미가 가득하다면 어떻게 할 것인가? 그냥 설탕을 모두 버릴 것인가? 아니다. 설탕 봉지나 그릇을 다른 곳으로 이동해서 바닥에 놔두면 개미들은 모두 봉지나 그릇에서 빠져나간다. 그렇게 몇 번 장소를 달리해서 바닥에 두면 그 많은 개미들이 모두 없어진 걸 확인할 수 있다. 그리고 개미들이 식탁 위로 올라오지 못하게 하는 방법은 칠판 글씨를 쓰는 하얀 백묵(분필)을 구해 식탁의 다리에 동그랗게 선을 그어 놓으면 개미는 그 선을 지나쳐서 식탁 위로 절대 못 올라온다. 개미의 이동과 접근을 차단하기 위해 집안에 백묵 하나는 준비해 놓는 게 좋다.

5) 이 더운 날 날고기를 그냥 길에서 판다고?

어느 나라든 그 나라의 재래시장은 주요 관광 코스 중 하나다. 그만큼 볼거리가 많고 이국적인 재미가 있기 때문이다. 베트남에 와서 처음 재래시장에 갔던 어느 일요일 아침을 잊을 수 없다. 지금은 그러려니 하지만 처음엔 너무 충격적이었다.

첫 번째 충격적인 것은 시장 입구 좌판에서 파는 살아 있는 개구리였다. 어린 시절 개구리를 많이 잡아 본 경험이 있는데도 깜짝 놀란 이유는 개구리가 엄청 컸기 때문이다. 뒷다리가 묶인 채 쟁반에 놓여 있는 커다란 개구리들이 눈을 껌뻑거리면서 앉아 있는데, 어린 시절 보았던 개구리보다 족히 4~5배 정도는 더 큰 것 같았다.

생선가게에서 생선을 고른 손님에게 생선 머리와 내장을 발라내듯 개구리를 사는 손님에게 이 살아 있는 개구리를 잡는 모습은 가히 경악할 만하다. 개구리의 몸통을 잡고 긴 가위로 살아 있는 개구리의 머리를 싹둑 자른다. 그리고 개구리의 껍질을 벗겨 내장을 발라낸다. 심장이 약한 사람이나 여성들은 기절할지도 모른다.

두 번째로 기막히게 놀란 것은 날고기 판매 좌판이었다. 어떤 좌판은 소고기, 어떤 좌판은 돼지고기 그리고 닭고기만 판매하는 좌판도

술안주로 많이 먹는 개구리 튀김

있다. 소와 돼지가 잘게 토막난 채 그대로 좌판에 놓여 있는 것 같았다. 소고기와 돼지고기는 부위별로 큼직하게 잘려 있고, 닭고기는 통째로 털이 벗겨져 머리까지 달려 있었다. 그리고 그 옆에는 닭 내장과 닭발이 잔뜩 쌓여 있었다.

날고기 좌판에는 웬 파리가 그리 많은지, 도마와 저울 그리고 고기 위에 파리들이 잔뜩 앉아 있었다. 가끔 좌판 주인이 손으로 파리를 쫓아 보지만 이내 다시 날아와서 앉는다. 어떤 좌판 주인은 파리가 앉든 말든 신경도 안 쓰고 계속 웃으며 전화 통화 중이다.

더운 날씨에 당연히 냉장고에 있어야 할 날고기를 좌판에 놓고 팔고 있는 것과 그 위에 앉은 파리 떼가 너무 충격적이었다. 그리고 그 고기를 아무렇지도 않게 사는 베트남 사람들이 신기해 보였다.

'좌판 위생이 개판이네'라고 생각하며 '위생 개념'이 아니라 '위생'이란 단어도 모르는 것이 아닌가 싶었다. 그리고 이 재래시장이 서민들 시장이라서 그런가 보다 했다.

어느 날 베트남 지인의 집에서 공구를 빌리기 위해 아침 일찍 6시쯤 집을 나서 그가 사는 동네로 들어서는데, 중산층 이상이 사는 그의 고급 아파트 입구 골목에서 시장에서 본 것 같이 좌판에 날고기를 판매하고 있는 게 보였다. 나중에 그 친구에게 물어보니, 그 날고기 좌판이 일주일에 두세

시장에서 파는 개구리

번 정도 오는데 오자마자 1시간 만에 다 팔린다고 한다. 막 잡은 돼지나 소를 부위별로 대충 잘라서 가져오는데, 엄청 맛이 좋다고 한다. 내가 사는 동네에도 아침 일찍 좌판에 날고기를 파는 곳이 있을 거라며, 싱싱한 날고기를 사려면 아침 일찍 사라고 했다.

'서민이든 아니든 다들 좌판 날고기를 사먹는구나….' 하지만 아침 일찍이고 뭐고 절대 좌판 날고기를 사 먹는 일은 없을 거라고 혼자 생각하면서 집에 오는데, 한 베트남 상인이 다리 위 찻길 옆에서 바닥에 비닐을 깔고 물고기를 팔고 있는 게 보였다. 물고기는 살아 있다는 듯 가끔 팔딱팔딱 뛰고 있고, 사람들이 하나둘 오토바이를 타고 가다 한두 마리씩 사 가지고 간다.

집 근처 쌀국수 집에서 아침으로 쌀국수 한 그릇을 먹는데, 마침 큰 육수 통에 큼지막한 고깃덩어리를 넣고 삶는 걸 보았다. 생각해 보니 사실 우리가 날고기를 그냥 먹지는 않는다. 파리가 앉아 있던 것은 뜨거운 물이나 불에 조리하면 다 해결되는 단순한 위생 개념이고 당일 몇 시간 전 잡은 소고기와 돼지고기는 아무리 더운 날씨라도 바로 사서 조리한다면, 길게는 몇 달 간 냉동, 냉장 보관된 것보다 훨씬 싱싱해 맛도 좋을 것이다. 도살장이나 도륙 후 가공되는 것은 본 적이 없고, 파리 한 마리 없이 늘 깨끗한 냉장 시설 안에 있는 고기만을 보고 구입했던 습관으로 베트남의 날고기 좌판을 너무 얄팍한 우리의 위생 개념으로만 판단한 것은 아닌가 싶어 반성했다. 어디나 사람 사는 이치는 같고, 사는 게 다 거기서 거기인데 어쩌면 우리는 하나만 알고 둘은 모르는 '헛똑똑이'일 수도 있다.

몇 년 전 피부과 의사인 친구 녀석이 자주 씻으면 피부에 더 안 좋다고 하면서 한 말이 생각난다. "아기들은 뭐든 입에 물고 빨고 하면서 나쁜 세균들을 이겨내는 거야. 그리고 너 그거 아냐?" "노숙자는 아토피가 없어."

6) 매연 찹쌀밥과 먼지 떡?

베트남은 현재 온 나라가 공사현장이다. '10년이면 강산이 변한다'는 말은 적어도 현재 베트남에서는 원시 시대의 말처럼 들린다. 베트남의 경제수도인 호찌민시는 3개월마다 모습이 바뀐다. 전에 없던 오피스 빌딩이 생겨나고, 대규모 신규 아파트 단지가 들어서서 도시의 모습을 획획 바꿔놓는다. 도심이고 외곽이고 할 것 없이 온통 공사판이다. 늦은 밤 도로에는 무슨 전시 작전이라도 하는 듯 대형 덤프트럭이 줄지어 이동한다.

베트남은 하루가 다르게 변하고 발전하고 있지만 그에 따른 여러 부작용도 있다. 그중 하나가 바로 대기오염이다. 공사 현장 먼지와 오토바이 배기통에서 뿜어져 나오는 매연으로 뒤덮인 도심은 좀 과장되게 표현하면 마치 화생방 훈련소의 가스실 같다고 해야 하나?

마스크와 선글라스에 두꺼운 외투를 두른, 자신이 봐도 자신을 알아볼 수 없을 정도로 얼굴과 온몸을 칭칭 감고 오토바이를 운전하는 사람들을 보면 영락없이 화생방 훈련소가 연상된다.

퇴근길, 도로는 온통 오토바이와 자동차로 꽉 막힌 상황인데 한쪽에서 쏘이 샤우링(xôi sầu riêng, 두리안 찹쌀밥)를 파는 이들이 보였다. 한 친구는 열심히 쏘이를 만들고 한 친구는 길가에 멈춰 있는 오토바이를 탄 사람들에게 쏘이 담은 봉지를 말없이 흔들기만 한다. 그들도 매연 냄새가 지독한지 마스크를 쓴 상태로 장사하고 있었다. '방금 만든 따뜻한 쏘이에요. 맛있는 쏘이 샤우링 사세요'라고 하는 것 같다.

몇 미터를 더 가면, 떡을 파는 아주머니가 있다. 커다란 소쿠리에 다양한 종류의 떡(bánh)을 담아 판다. 물론 바닥에 놓여 있는 소쿠리의 떡은 투명 비닐로 덮여 있지만, 팔 때마다 비닐 커버를 열고 닫으니 매연이나 먼지가 소쿠리 안으로 들어갈 수밖에 없다. 아주머니 역시 먼지와 매연 때문에 마스크를 쓰고 있다.

언젠가 직원들이 간식으로 쏘이 샤우링이나 떡을 사와서 먹어본 적이 있다. 여러 가지 재료와 고물을 섞어 만든 쏘이는 마치 찹쌀 주먹밥과 같다. 여기에 과일의 여왕 샤우링(두리안)을 넣어 만든 찹쌀 주먹밥이 쏘이 샤우링이다. 이것을 먹으려면 샤우링, 즉 냄새 심한 두리안을 '먹을 줄 아는' 정도가 아니라 '아주 좋아해야' 한다. 그래야 제맛을 느낄 수 있다. 그리고 코코넛 소스를 부어 먹는 다양하고 쫄깃한 떡은 그야말로 맛이 일품이다.

이처럼 먼지와 매연이 가득한 환경에서 쏘이와 떡을 파는 사람들이 있다는 게 신기하기도 하지만 그것을 사는 사람들이 있다는 게 더 놀랍다.

'이렇게 먼지와 매연이 가득한 상황에서는 아닌데….'

운전하던 베트남 친구가 필자의 생각을 눈치 채고, 한마디 한다. 그들은 비가 오나, 바람이 부나, 덥거나, 춥거나 저 자리를 뺏기지 않으려고 매일 같은 시간에 나온다고 한다. 그리고 먼지와 매연은 파는 사람이나 사는 사람에게 전혀 문제가 되지 않는다. 배고프면 뭐든지 먹는다고…, 그리고 담배 피우는 것보다는 먼지와 매연이 덜 해로울 것 같다고 하며 웃는다. 아직 담배를 못 끊은 나를 놀리는 거다.

도심에서 일하는 베트남 젊은이들은 대부분 시골에서 돈을 벌기 위해 상경한 사람들이다. 작은 쪽방에서 서너 명씩 몸을 웅크리고 칼잠을 자며 식사는 이런 길거리 음식으로 해결한다. 한 푼이라도 아껴 시골에 있는 부모님의 생활비와 동생들의 학비를 보내는 천사 같은 생활 전사(戰士)들이다.

우리도 먹을거리가 부족했던 시절이 있었다. 산과 들에 먹을 만한 열매는 모조리 먹고, 들에 핀 꽃도 먹고, 메뚜기와 개구리도 잡아먹었다. 학교 앞 가판대에서 파는 게 아무리 비위생적인 불량 식품이라

해도 그저 침 삼키며 쳐다본 기억이 우리에게도 있다. 우리가 그들의 위생에 대해 논하기 전에 그들을 도울 수 있는 길을 찾아보는 게 어떨까?

지금 그들에게 위생은 사치일지도 모른다.

7) 젓가락을 넣어놓는다?

베트남에는 우리가 아는 쌀국수 외에 면의 형태와 조리 방식 그리고 고물과 양념에 따라 수많은 국수 종류가 있다. 그리고 각 지방마다 그 지방 특유의 재료를 가미해 또 다른 맛을 내는 것까지 포함하면 베트남의 국수 종류는 아마 수십 가지는 될 듯하다.

슈퍼마켓에서 파는 라면도 정말 다양하다. 베트남 라면은 우리처럼 냄비에 끓여먹는 게 아니라 그릇에 라면과 스프를 넣고 컵라면처럼 뜨거운 물을 부어 먹는다. 그리고 베트남 사람들의 식사량을 감안해 만들었는지 우리나라의 라면보다 양이 훨씬 적다. 그래서 보통 두 개를 먹어야 양이 찰 정도다.

이곳 베트남에 살다 보니 하루에 한 번씩은 밥 대신 이런 국수 종류를 먹게 되는데 우리나라와 중국, 일본과 같이 세계에서 유일하게 젓가락을 사용하는 나라 중 하나인 베트남은 우리가 흔히 쓰는 쇠젓가락이 아닌 나무젓가락을 대부분 사용한다.

나무젓가락이 미끄러운 면을 잘 잡아주고, 뜨거운 볶음 요리나 튀긴 음식을 먹을 때도 쇠젓가락보다 훨씬 편하기 때문이다. 그래서 베트남은 어느 식당을 가도 나무젓가락이 있다. 아마 우리가 베트남을 처음 찾아도 왠지 친근한 느낌을 받는 이유 중 하나가 바로 이 나무젓가락 때문일지도 모른다.

베트남의 나무젓가락은 식당마다 품질이 조금씩 다르다. 일반 식당들은 대부분 단단한 코코넛 나무로 만든 나무젓가락 또는 플라스틱 젓가락을 쓴다. 그리고 일반 식당에서 음식을 포장할 경우에는 일회용 대나무 젓가락을 넣어 주는데, 이 대나무 젓가락은 바늘보다 더 가느다란 대나무 가시가 붙어 있으니 사용 전 반드시 살피는 게 좋다.

고급 식당일수록 고급 젓가락을 쓰는데 나무 또는 플라스틱 재질의 젓가락 윗부분에 멋진 문양이나 금장식을 넣은 것도 있다.

그런데 어느 날 갑자기 궁금해진 게 바로 젓가락을 씻고 소독하는 방법이다. 우리나라는 삶는 문화가 있어 아기 옷이나 젖병 그리고 수저 등을 소독할 때는 펄펄 끓는 물로 소독한다. 요즘 식당들은 식기세척기, 자외선 소독기나 살균 건조기 등으로 씻고 소독하는 시스템이 갖춰져 있기도 하다.

그렇다면 베트남의 식당들은 어떤가? 특히 오래된 나무젓가락은 잘 헹궈도 더러운 설거지물을 머금고 있어 위생이 꽤나 의심스럽다. 베트남 직원에게 물어보니 소독은 모르고 그냥 씻는단다. 베트남 지인에게 물어도 대답은 마찬가지였다.

어느 날 통역 직원과 늦은 점심을 먹고 직원들이 알려준 우리만의 지름길인 식당 뒷길을 통해 옆 블록에 있는 은행에 가는데, 방금 점심을 먹은 식당의 주방 직원과 바로 옆 고급 식당의 주방 직원이 서로 주방 쪽 문을 열어 놓고 담배를 피우며 시시덕거리고 있는 게 보였다.

그동안 내가 싫어하는 향채는 넣지 말라고 몇 번 팁을 주었던, 그리고 좀 전에도 늦은 점심을 시키면서 팁을 챙겨 준 단골 식당 주방 직원이 나를 알아보고 인사를 해서, 알아듣든 못 알아듣든 '어린 녀석이 담배 많이 피면 뼈 삭는다'라고 한마디 하고 가는데, 열려 있는 주방 쪽 문으로 주방 바닥에 놓인 큰 소쿠리에 젓가락이 가득 담겨 있는 게 보였다.

천연 자외선 젓가락 소독

발길을 멈추고 통역 직원을 통해 저걸 어디로 가져가려고 하냐고 물으니, '물 빠지면 널려고 하는 거예요'라고 한다. 널려고 한다고? 젓가락을 널다니 이게 무슨 소리란 말인가? 평소 한국어 발음이 좋지 못한 통역 직원에게 다시 물어보는데, 옆의 고급 식당 주방 쪽 문에서 주방 아주머니가 역시 젓가락이 가득 담긴 큰 소쿠리를 들고 나와서 작은 계단을 타고 일층 옥상 공간에 소쿠리를 두고 내려온다. 통역 직원이 '저거예요. 저렇게 햇빛에 말리는 거예요. 그럼 빨리 말라요'라고 한다.

꽁초가 된 담배를 휙 던지고 주방으로 들어간 어린 녀석도 물이 뚝뚝 떨어지는 젓가락이 가득 담긴 소쿠리를 들고 나오더니 방금 전 아주머니가 둔 소쿠리 바로 옆에 소쿠리를 놓고 내려온다. 고급 식당 젓가락과는 달리, 오래 되고 낡은 나무젓가락이 아직 물을 흠뻑 머금고 있어 원래의 나무 색이 아니라 모두 거무스름해 보인다. 햇빛을 손바닥으로 가리고 다시 소쿠리를 올려다보니, 고급이건 아니건 두 식당의 젓가락들은 대부분 음식 집는 쪽이 하늘을 향하도록 꺼꾸로 꽂혀 있었다.

아하! 그거구나. 햇빛으로 하는 '천연 자외선 소독.'

'베트남 사람들은 왜 옷을 삶지 않을까'라는 궁금증도 그날 젓가락과 함께 풀렸다. 더운 날씨인데도 음식들이 생각보다 쉽게 상하지 않는 것은 음식이 상하는 걸 이 천연 자외선이 막아 준다는 것도 알았다.

아주 오래전부터 베트남 사람들은 '천연 자외선 소독'을 했다. 늘 몸에 밴 그들의 행동에는 뜨거운 나라에서 살아온 그들 선조의 숨은 지혜가 담겨 있는 것이다. 어쨌든 날씨 좋고, 먹을 것 많고, 햇빛 좋은 축복받은 땅이 바로 베트남이다.

며칠 후 베트남 생활 20년이나 되는 친한 선배와 시내의 유명 쌀국수 집에서 점심을 먹는데, 수저통에서 젓가락을 뽑아 자리에 놔 주면서 선배에게 '천연 자외선 소독'에 대해 이야기해 주었다. 선배는 웃으면서 '이 짠(Chanh)으로 소독하는 게 최고야' 하며 쌀국수에 짜고 남은 짠으로 젓가락을 쓱쓱 문지른다. 자외선 소독을 해도 먼지도 많고 이렇게 수저통에 꽂아 놓으면 파리도 앉았을 것이니, 먹기 전에 한 번 더 소독하는 게 최고라며, 내 젓가락도 짠으로 문질러 주었다.

베트남에 있는 어떤 식당을 가도 쉽게 얻을 수 있는 짠은 비타민 C 함유량이 많아 항산화제, 항독 작용을 하므로 모든 균을 사라지게 한다. 특히 콜레라균과 대장균을 없애주고 악취도 제거해 준다고 한다.

베트남의 주방세제 광고에도 짠이 나오는 것으로 보아 짠 성분이 항균과 악취 제거에 효과가 있는 건 그들에게 상식인 것 같다.

베트남 사람들은 대부분 생선회는 즐겨 먹지 않지만 생굴은 자주 먹는 편이다. 이 생굴을 먹을 때 간장이나 소금에 와사비를 섞고 거기에 짠을 흠뻑 짜서 생굴을 짠물에 듬뿍 적셔 먹는다. 그래야 별탈이 안 난다고….

오래전 이 땅을 먼저 밟은 그 선배 또한 베트남 친구에게 배웠다며 더운 나라 베트남에서는 적어도 먹는 음식에 관해서는 베트남 사람들의 지혜를 반드시 배워야 한다고 했다. 앞으로 얼마나 더 많은 걸 배우게 될지 궁금하다.

8) 변기 옆에 달린 호스의 정체는?

베트남에 처음 온 한국 사람들이 가끔 베트남 화장실과 관련해서 물어보는 게 있다. "변기 옆에 작은 호스가 걸려 있던데, 꼭지가 휘어진 게 손잡이를 누르니 물이 나오는데, 그거 화장실 물청소하는 거 맞죠?"라는 내용이다.

물론 변기 옆 호스로 화장실 물청소를 해도 된다. 하지만 정확히 물청소 도구는 아니다. 쉽게 말하면, '수동식 비데'이다. 볼일을 보고 휘어진 부분을 이용해 정조준한 후 손잡이를 누르면 된다. 수압이 높은 것도 있어 처음부터 손잡이를 너무 세게 누르면 물이 너무 튀거나 아파서 당황할 수도 있다.

그리고 휴지는 반드시 휴지통에 버려야 한다. 대부분의 베트남 양변기는 배수 구멍이 작다. 아무리 물에 잘 풀어지는 휴지라도 주의해야 한다. 습관처럼 아무 생각 없이 휴지를 변기에 버렸다가는 변기가 막혀 X물이 거침없이 넘치는 광경을 볼 수도 있다.

대부분의 일반 화장실, 다시 말해 우리가 간혹 외부에서 이용하는 식당이나 카페의 화장실에는 전형적인 베트남 휴지가 있다. 이 전형적인 베트남 휴지는 우리가 생각하는 그런 수준이 아닌, 우리나라의 화장실 휴지와 다르게 폭이 상당히 좁고, 쫀쫀하고, 튼튼하지 않은 질이 떨어지는 휴지다. 자칫 방심하거나 특정 손가락에 힘을 주어 뒤처리를 하다가는 손가락 테러(?)를 당할 수도 있다. 베트남 사람들이 아무 불편 없이 이런 휴지를 사용하는 것은 바로 이 수동식 비데를 이용해 물로 먼저 닦고, 휴지로는 물기만 제거하기 때문이다.

우리나라 비데는 관장(쾌변) 기능이 있는 것도 있다. 이를 습관처럼 사용한 사람들이 이 수동식 비데의 수압을 이용해서 관장을 하려 한다면 절대 금물이다! 베트남의 수돗물은 절대 그냥 먹을 수 없는 깨끗하지 않은 물이다. 나쁜 세균들이 득실거릴 수도 있다. 따라서 관장은 수압으로 세균을 대장 속으로 밀어 넣는 거나 마찬가지다. 이상한 음식을 먹은 것도 아닌데, 장에 탈이 나거나 어떤 경우엔 급성 치질이 생길 수도 있다고 하니 절대 관장할 생각은 하지 않는 게 좋다.

참고로 베트남의 대형마트나 슈퍼에서 파는 화장실용 휴지는 크게 두 가지 형태로 포장되어 있는데, 두루마리 휴지를 비닐로 두 개씩 또는 한 개씩 각각 개별 포장해서 열 개 묶음으로 다시 포장된 게 있고, 개별 포장 없이 열 개 묶음 하나로만 포장된 것이 있다.

처음엔 도대체 두루마리 휴지를 왜 개별로 포장해 놓았는지 궁금했는데, 그것은 베트남 주택의 좁은 화장실 구조 때문이다. 대부분의 베트남 주택 화장실은 생각보다 무척 공간이 협소하며 샤워실을 겸하고 있다. 그래서 샤워를 할 때 그 좁은 화장실은 사방으로 물이 튀긴다. 화장실에 보관하고 있는 두루마리 휴지들이 비닐로 개별 포장이 되어

비닐로 두 개씩 포장된 두루마리 화장지

있지 않으면 모두 젖게 되는 것이다. 이렇게 개별 포장되어 있는 휴지는 그렇지 않은 휴지에 비해 질이 떨어지고 가격이 저렴한 게 대부분이다. 그야말로 서민용 화장실 휴지란 얘기다. 그리고 서민들이 사는 동네의 구멍가게에서는 개별 포장된 휴지를 묶음이 아니라 한 개나 두 개씩도 판매한다.

9) 돈 받는 사람이 없는 유료화장실

"베트남은 공중화장실이 모두 유료화장실이라고 하던데, 왜 돈 받는 사람이 없나요?" 볼일도 보고 잔돈도 좀 바꾸려고 했는데 그냥 나왔다고 하면서 투덜거리는 한국 사람들이 간혹 있다.

우리나라와는 다르게 베트남의 공중화장실은 유료화장실이 많다.

입구에 돈 받는 사람이 있는 화장실이 간혹 있지만 대부분의 화장실에는 돈 받는 사람이 없다. 대신 화장실 입구 쪽에 돈이 잔뜩 들어 있는 통(대부분 투명 아크릴 통)이 있는데, 그 통 안에 돈을 넣는다.

금액은 정해져 있지 않다. 그냥 본인이 알아서 돈을 넣으면 된다. 통을 들여다보면 대부분 1천 동(50원), 2천 동(100원), 5천 동(250원), 가끔 1만 동(500원)짜리 어쩌다가 2만 동(1,000원)짜리 파란색 지폐도 보인다.

공중화장실의 경우 휴지는 화장실의 각 칸막이 안에 있는 경우도 있지만 거의 드물고, 각 칸막이 외부 공간에 공동으로 사용할 수 있는 휴지통을 설치해 놓은 곳이 많다. 그런데 이곳에 휴지가 다 떨어져 빈 통이거나 아예 이런 통이 설치되어 있지 않은 곳도 있다.

돈 받는 사람이 있는 공중화장실에서는 돈 받는 사람이 두루마리 휴지를 몇 번 접어 잘라서 쌓아 놓는데 돈을 내면서 쌓아 놓은 휴지를 몇 개 집어갈 수도 있고, 별도로 판매하는 휴대용 휴지를 구매할 수도 있다.

우리 상식으로 '유료인데 당연히 휴지는 있겠지'라고 생각했다가 황당한 경험을 할 수 있으므로 휴지는 항상 준비해 가는 게 좋다. 그리고 양변기가 있는 화장실은 뚜껑은 물론 엉덩이 받침이 없는 곳이 대부분이므로 이용 시 참고하기 바란다.

2018년 11월, 베트남 환경부 산하에 '베트남 화장실협회(Vietnam Toilet Association, VTA)'가 발족되었다. 그리고 앞으로 공중화장실의 시설을 개선하고 더 많은 화장실을 만들어 무료로 개방한다고 한다. 그런데 그런 날이 언제 올지는 아직 모른다.

10

베트남의
행정과 비즈니스 문화

1) 식당 주인이 하루 세 번 바뀐다고?

우리나라 같으면 말도 안 되는 소리다. 하지만 베트남에는 있다. 이 식당은 아침, 점심, 저녁으로 각각 사장이 다르다. 당연히 메뉴도 다르다. 아침 장사하는 사장은 쌀국수를 팔고, 점심 장사하는 사장은 껌(밥)을, 저녁 장사하는 사장은 볶음 국수를 판다. 세 가지 음식 모두 너무 맛있는 집이다.

공동으로 식당 자리를 구해서 조리 장비는 공동으로 쓰고, 각자 준비한 음식 재료가 소진되면 그날 장사는 끝이다. 조금만 늦게 가면 다 팔렸다고 한다. 그날 판매할 양 만큼만 재료를 준비해서 조리 후 판매가 완료되면 다음 장사할 사장에게 자리를 넘겨준다. 간혹 베트남에 아침저녁으로 메뉴가 다르고 주인 얼굴이 달라지는 곳이 있다면, 그 식당도 사장이 두 명 이상인 것이다. 베트남 사람들은 우리가 절대 상상할 수도 없는 일들을 잘도 한다. 우리나라 사람들은 왜 이렇게 하지 못할까?

2) 대부분 동업, 이윤은 정확히 N분의 1

베트남에 온 지 얼마 안 되었을 때, 연매출도 높고 인력 규모도 베트남에서 가장 크다는 마케팅 프로모션 회사를 방문한 적이 있다.

커다란 회의실에서 미팅을 하는데 회의 중 10분마다 한 명씩 불쑥불쑥 들어와 인사하고, 명함을 주고 나가는 희한한 회의 분위기가 계속되었다. 잠시 브레이크 타임을 갖자고 한 후, 받은 명함들을 살펴보니 타이틀이 모두 사장이다. 이상해서 통역을 통해 미팅을 진행한 사장에게 물어보니 다들 친구들이고 동업자이며 이 회사의 대주주들이라고 한다. 각자 영업을 하기 위해 타이틀을 모두 사장으로 했다고 한다. 그리고 외근 중이라 인사를 못 나눈 또 다른 사장이 4명 정도 더 있어서 총 9명의 사장이 있다는 것이다.

그 당시는 참 재미있고 신기한 회사라고 생각했는데 지나고 보니 베트남의 회사들은 대부분 동업이고, 동업자들 대부분이 사장 타이틀로 활동하고 있다는 걸 알았다. 그리고 사장이 비록 한 사람이라 해도 최소한 두세 명의 동업자, 즉 파트너가 반드시 있다. 이러한 동업은 회사는 물론 식당이나 카페, 슈퍼마켓 등 거의 모든 업종에서 이루어진다. 그리고 이렇게 동업을 하는 사람들은 투자한 회사 또는 식당이 한두 개가 아니라 많게는 열 개도 넘는다고 한다. 동업을 하는 회사나 식당 등의 모든 동업자들은 서로의 동업자에게 정확하게 N분의 1로 이윤을 나누며, 동업을 통해 많은 부를 축적해서 성공한 베트남 사람들은 동업자들과 또 다른 사업을 도모한다.

'동업은 절대로 하지 마라'라는 말을 귀에 못이 박히도록 들었던 우리의 상식으로는 그들을 절대 이해하지 못한다. 그들은 어떻게 이런 '아름다운 동업 문화'를 가지게 되었을까? 동업이라는 것은 양심적이고 상대방에 대한 배려와 양보 그리고 합리적인 사고를 가지고 있지 않으면 불가능한 일이라고 한다. 그나마 선진국이라 불리는 몇몇 나라 사람들만 가능한 것이라 생각했는데, 베트남 사람들은 어떻게 이런 동업 문화를 가지게 되었을까?

'아니, 저렇게 장사를 해서 뭐가 남을까, 한 달에 200만 동(10만 원)이나 남으려나?' 하니, 옆에 있는 베트남 친구가 200만 동 남는 식당을 열 개 가지고 있으면 2,000만 동(100만 원)이라며, 얼마 남지 않을 것 같은 식당들이 문을 닫지 않고 계속 장사를 하는 이유에 대해 말해 주었다.

'베트남 사람들은 한 달에 단 1만 동(5백 원)만 남아도 장사를 계속한다'는 말이 있다. 마이너스(적자)만 아니면 계속 사업을 진행한다는 것인데, 그들 특유의 끈질긴 인내심과 긍정적인 마인드 그리고 참여한 동업자들 대부분이 그 식당 외에 투자한 다른 곳에서 나오는 수입만으로도 각자 생활하는 데 크게 어려움이 없기 때문이란다.

그들은 철저히 분산 투자를 한다. 하나의 식당이 망해도 그 식당의 사장과 동업자들은 크게 망하지 않는다. 그 식당은 그들이 투자한 여러 개의 사업 중 하나일 뿐이기 때문이다. 그들은 자금이 많아도 절대로 하나의 사업에 올인하지 않는다. 장기적인 안목으로 자금을 분산시켜 투자하고 여러 명이 함께 파이를 키우면 그만큼 이윤도 많아진다는 사실을 당연한 상식으로 알고 있다.

우리보다 훨씬 선진적이고 합리적인 사고방식을 가진 베트남 사람들이 신기할 뿐인데, 이러한 합리적인 사고방식은 중국 상인들의 영향과 프랑스 식민지 시절 유럽식 교육의 영향일 것으로 추측된다. 알면 알수록 대단한 나라가 바로 베트남이다.

3) 베트남은 주로 낮술… 접대도 낮술로

가끔 베트남 식당에서 지인들과 점심을 하게 되는데, 그때마다 보는 건 베트남 사람들이 모여 있는 테이블에는 어김없이 술병들이 있고, 그들 모두 얼굴이 빨개져 있다는 것이다.

다들 낮술을 한 것이다. 이름난 고급 베트남 식당이나 특급 호텔 식당에서는 갈 때마다 어렵지 않게 그들의 낮술 풍경을 볼 수 있다. 그런데 낮술은 간단한 반주(飯酒) 정도가 아니라 그야말로 코가 삐뚤어지게 마신다.

테이블 위에 놓여 있는 낮설지 않은 술병에 담긴 술은 40도가 훨씬 넘는 독주다. 그 술병은 몇 달 전 베트남 남부 지방의 한 성장과 공무원들, 우리로 치면 도지사와 도청 공무원들과의 저녁 식사 자리에 있던 술병과 같은 것인데, 멋모르고 마셨다가 목구멍이 타는 듯한 쓰린 기억이 있기 때문에 독주인 걸 안다. 대여섯 명이 앉은 테이블에 그런 술병이 서너 개 있다는 것만 봐도 단순 반주가 아님을 알 수 있다.

우리가 흔히 생각하는 낮술 풍경은 초상집의 일부 손님들이나 밤샘 작업으로 큰 프로젝트를 끝낸 직장인들 그리고 오전에 마감한 석간신문 편집부 직원들 정도가 떠오르는데, 모두 일반적이지 않은 풍경이다.

이제 우리나라 직장인들 사이에서는 '퇴근 후 술 한 잔 문화'도 점점 사라지고 있고, 회식 때도 맥주 한 잔 정도를 겸한 단순 식사로 끝나는 경우가 많다고 한다. 그리고 일본처럼 점점 혼술(혼자 술 마시는)족만 늘어간다고 하니 낮술 풍경은 더욱 찾아보기 힘들다.

그런 탓에 베트남 사람들의 낮술 풍경이 신기하게 보였다. 그들의 직업과 낮술 이유가 궁금하던 차에 어느 날 점심을 같이 하게 된 베트남 지인을 통해 알게 된 사실은 이러하다.

식당에서 낮술을 한 이들은 회사의 간부나 고위 공무원일 가능성이 많고, 접대 자리일 가능성이 99%라고 한다. 낮술을 하는 이유는 다들 퇴근 시간에 맞춰 반드시 집에 들어가야 하기 때문이란다. 재미있는 건 늦은 시간에 집에 들어가는 베트남 사람은 부인이 없거나 아니면 부인에게 쫓겨날 각오를 한 사람이라고 한다.

베트남에는 우리의 룸살롱에 해당하는 일명 가라오케라는 곳이 있다. 이곳은 한국 사람이 운영하는 한국 가라오케와 베트남 사람이 운영하는 로컬 가라오케로 나뉘는데, 저녁 6시쯤 문을 여는 한국 가라오케와 달리 로컬 가라오케는 보통 오전 11시에 문을 연다. 몇몇 이름난 로컬 가라오케에는 모델 같은 미인들이 수두룩하고 빈 방이 없을 정도로 낮에 손님이 꽉 차는 경우가 많다고 한다.

이러한 가라오케 역시 대부분 접대를 하거나 접대를 받기 위해 대낮에 찾는 것이고, 그들은 그곳에서 음주가무(飮酒歌舞)와 그 외의 것까지 모두 오후 5시 전에 끝내고 평소 퇴근 시간에 맞춰 다들 집으로 간다고 한다.

처음 이 얘기를 들었을 때는 웃으면서 낮술은 완전 범죄 - 집에 들어가기 전 접대를 끝내는 것 - 를 위한 것인가 보다 했다. 그리고 역시 베트남 부인이 무섭긴 무섭구나 했는데, 그 후 또 다른 베트남 친구를 통해 알게 된 낮술에 대한 이야기를 듣고 이게 바로 '낮술의 진실'일 것이라고 생각했다. 그리고 베트남 사람들을 다시 보게 되었다. '낮술의 진실'은 다음과 같다.

'접대하든 접대받든 그 또한 철저하게 근무 시간, 즉 낮에 한다'라고 하며, 이유는 '부인은 물론 가족들과 함께하는 시간을 절대로 빼앗지 않는 개인의 사적인 시간을 철저히 존중하기 때문'이라고 한다.

두 명의 베트남 친구가 말한 사실은 같은 맥락이지만 큰 차이가 있다. 그 동안 지켜본 베트남 사람들의 습성상 그들이 완전 범죄나 부인이 무서워서 그런 건 아닌 것 같다. 베트남 사람들은 적어도 접대와 관련해서는 철저히 개인의 사적인 시간을 지키기 때문에 낮술을 하는 것 같다.

결론적으로 낮술, 즉 접대 문화에 있어서도 가족과의 시간을 철저히 지켜주는 것이다. 낮술로 벌게진 얼굴이 때론 한심해 보였지만 그 속에는 사생활을 존중하고 가족을 생각하는 그들만의 보이지 않는 룰이 있었던 것이다.

복도에서 웃는 얼굴로 인사하던 홍보팀 차장이 거래처 접대로 밤늦게까지 술을 먹다 사고로 목숨을 잃어 회사가 한때 시끄러웠던 옛 기억이 떠올랐다. 어쩌면 우리와 이렇게 다를까? 우리가 그들 앞에서 너무 초라해지는 것 같다.

4) 어떠한 소개에도 소개비는 무조건!

베트남에서는 대부분 부동산 중개소를 통해 집과 사무실을 구한다. 우리나라와는 달리 부동산 중개 수수료는 집주인 또는 건물 주인이 부담한다. 부동산 매매 시에는 매도인이, 임대 시에는 임대인만 중개 수수료를 지불하는 것이다. 보통 부동산을 매도할 때는 매도 금액의 1~3%, 임대할 때는 계약 기간이 1년 이상이면 1개월분의 월세가 중개 수수료이고 임대를 1년 더 연장하게 되면 0.5개월분의 월세가 중개 수수료가 된다. 매수인이나 임차인은 중개 수수료를 지급하지 않아도 되는 게 우리나라와 크게 다른 점이다.

베트남에서는 이제 외국인도 부동산을 구입할 수 있고 우리도 매도인 또는 임대인이 될 수 있기 때문에 알아두는 것이 좋다.

이처럼 우리나라와 다른 베트남의 부동산 중개 수수료 지불 원칙은 매매나 임대로 인해 수익이 발생하는 측, 바로 매도인 또는 임대인이 부담하는 것이다. 우리나라처럼 쌍방이 모두 중개 수수료를 내는 것보다는 매우 합리적이다. 만일 부동산 중개소를 통하지 않고 직접 집주인 또는 건물 주인과 연락이 되어 계약을 하는 경우 부동산 중개 수수료에 대한 부담이 없으므로 가격을 좀 더 깎아볼 필요가 있고, 베트남어 계약서 외에 반드시 영어로 된 계약서를 추가로 요구하여 계약서 조항을 모두 꼼꼼히 체크해야 한다.

베트남에서는 부동산 중개로 인한 중개 수수료가 당연한 것처럼, 모든 소개에는 '소개비'를 지불해야 한다. 예를 들어 회사 직원 채용 시 지인의 소개로 회사에 취직이 된 경우 취직이 된 당사자는 지인에게 소개비로 한 달치 월급에 해당하는 소개비를 준다고 한다. 또한 지인의 소개로 물건을 납품하게 되었을 때, 지인의 소개로 고객을 만나거나 지인의 소개로 대출 또는 투자를 받았을 때도 마찬가지다.

심지어 지인을 통해 정부 고위층 인사를 만나거나 관공서의 담당 부서장 등을 만나게 될 경우에도 일종의 소개비가 오고 간다고 한다. 그리고 이러한 모든 소개비의 지불 원칙 역시 그 소개로 인해 수익이 발생하는 측이 지불한다.

이와 같은 베트남의 '소개비 문화'에 익숙하지 않은 우리들은 간혹 당황스러운 상황에 처할 수 있다. 그들의 소개비 문화를 흉내 내면서 같은 한국 사람들끼리 서로 얼굴 붉히는 일을 만드는 이들이 있기 때문이다. 베트남 사람들 중에는 간혹 호의로 소개한 것이라며 소개비를 거절하기도 하고, 소개비를 받더라도 그 소개가 잘못되면 다시 돌려주는 것을 상식으로 알고 있다. 하지만 베트남 사람들의 소개비 문화를 흉내 내는 몇몇 한국 사람들의 주머니에 한 번 들어간 돈이 다시 나오기란 하늘의 별 따기처럼 어렵기 때문이다.

'정보가 곧 돈이 되는 세상'이지만, 이국땅에서 좀 더 넉넉하고 여유가 있다면, 베풀며 사는 것도 큰 행복일 텐데, 다들 넉넉지 못하고 여유가 없는 듯하다. 낯선 땅에서 만난 반가운 인연이 때로는 이국 생활을 더 각박하게 만드는 것 같아 안타까울 때가 있다.

5) 호아홍, 뇌물이 아닌 '수고비'

'장미꽃'를 뜻하는 호아홍(Hoa hồng)이라는 말에는 다른 의미가 하나 더 있다. 그것은 바로 은어로 '뇌물'이란 뜻이다. 베트남 사람들은 이 호아홍(뇌물)이란 말을 나쁜 것이 아니라 일반적으로 수고비, 답례비 같은 개념으로 생각한다. '우리 일 때문에 그 사람이 고생했으니 감사의 표시로 주는 것이고, 그게 베트남의 정(情) 문화'라며, 정말 초코파이 봉지 터지는 소리를 한다.

그렇다면 언제부터 베트남에 이런 호아홍 문화가 생겼을까? 그리 오래된 문화는 아니다. 배급 경제 시대에는 없던 문화라고 하니, 문호가 개방되고 시장경제로 전환하는 과정에서 새로 생긴 것이다. 세계로 문호가 개방되어 새로운 시대를 맞이하게 된 베트남은 사람들을 불러 모아야 하는 상품 발표회, 새로운 규칙을 논의하는 세미나, 학술대회, 기념식 등 새로운 문화가 등장했고, 그때마다 사람들을 모아야 했다. 하지만 먹고 사는 것이 힘든 사람들을 불러 모으는 일은 쉽지가 않았고 그래서 교통비를 주거나 점심 식사를 대접하거나 아니면 식사 값을 돈 봉투에 담아 주기 시작했다. 그리고 이것이 '호아홍'으로 변질되어 이제는 보편화된 것이다.

원래 베트남 사람들은 잔정이 많아 선물을 주고받으며 정감을 교류한다. 우리나라 사람들처럼 남의 집을 방문할 때는 꼭 먹을 것이나 선물을 사 가는 문화가 대표적이다. 이런 문화로 인하여 공적인 일을 진행할 때도 정감 차원에서 교통비 봉투를 주기 시작했고, 또한 도시의 치솟는 물가에 비해 공무원들의 월급이 턱없이 낮다는 것을 알고 공무원들과 이러한 돈 봉투를 주고받는 게 당연한 것으로 정착되었다고 한다. 서로의 마음을 나누는 공감 차원에서 작은 성의의 돈 봉투를 주고받는다는 것이다.

아직도 베트남에서는 우리나라의 동사무소 같은 곳에서 작은 서류 하나를 발급받을 때도 담당자에게 발급 요청 서류와 함께 살짝 돈을 건네준다. 이렇게 베트남에서의 호아홍, 즉 뇌물, 돈 봉투 문화는 다양해졌고 더욱 많아졌다. 그리고 더 큰 문제는 베트남 사람들 모두 호아홍을 우리가 생각하는 부정적이고 나쁜 의미로 생각하지 않는다는 것이다. 이제는 관례가 되어 돈 봉투를 주지 않으면 어떠한 일도 진행하지 못하는 상황인데도 말이다. 베트남 정부도 다양한 방법으로 부패를 척결하기 위해 노력하고 있지만, 아직도 공공분야에서 발주하는 사업이나 인허가 발급이 필요한 영역에서는 크든 작든 호아홍이 거래되는 경우가 대부분이다.

6) 재미있는 베트남의 주민등록증

베트남 사람들의 쯩민(chứng minh), 즉 주민등록증은 그 모양이 우리나라 1970~1980년대에 사용했던 주민등록증과 매우 흡사하다. 그런데 우리와 다르게 특이한 것이 있다. 우리나라의 경우 생년월일과 주민등록번호 그리고 사진과 지문 정도가 주민등록증에 기재되어 있는 반면, 베트남의 주민등록증은 신체적 특징, 민족, 종교 등도 기재되어 있다. 신체적 특징이란 예를 들어 왼쪽 귀 밑에 검은 점이 있음, 오른쪽 팔에 칼에 베인 상처가 있음, 이런 식이다. 또한 공산당원이 되기 위해서는 불교 또는 무교여야 한다고 해서, 종교가 기독교나 가톨릭인데도 종교 란에 무교라고 기재하는 경우도 있다고 한다.

베트남에서 식당이나 카페 그리고 가라오케 같은 업종의 사업을 고려할 경우 베트남 여자 종업원 면접 시 주의사항은 바로 위조 주민등록증 소지자들이 있다는 것을 염두에 두어야 한다는 점이다.

주로 시골에서 돈을 벌기 위해 상경한 미성년의 베트남 여성들이 취직을 위해 주민등록증을 위조해서 가지고 다닌다. 외모가 너무 어려 보인다 싶으면 반드시 우리나라 주민등록등본과 같은 서류를 추가로 요청해서 확인해야 한다. 특히 가라오케는 미성년자 여성 접대부 고용이 베트남 법으로 금지된 곳이다. 여성 접대부를 다수 고용해야 하는 가라오케는 공안이 자주 단속하는 곳이기도 하니 좀 더 세심한 주의가 필요하다.

진짜와 구별하기 힘든 이런 가짜 주민등록증을 만들어 주는 사람이 전문 위조꾼인지 아니면 현지 공안인지 모르지만 돈만 주면 실제 나이보다 많게 생년월일을 변경해서 주민등록증을 만들어 준다고 한다.

하지만 거꾸로 주민등록증에 생년월일이 잘못 기재되어 실제 나이가 더 많은 경우도 있다. 이 또한 대부분 시골에서 상경한 베트남 사람들인데, 예전의 우리와 같이 부모가 출생신고를 늦게 했기 때문이다.

7) 베트남의 속 터지는 행정 서비스

베트남은 모든 게 느리다. 특히 행정 지원 서비스는 더 느리다. 아니 '서비스'라는 말조차 어울리지 않는다.

베트남 거주 초창기에 베트남 직원에게 자주 했던 얘기가 바로 "베트남은 도대체 왜 이렇게 법이 자주 바뀌는가?"이다. 필요한 서류를 발급받기 위해 준비한 서류들이 계속 변경되기도 하고, 다른 서류가 추가되기도 한다. 또한 그때마다 비용이 추가로 들어가는 경우도 있는데, 비용이 문제가 아니라 발급받아야 하는 서류의 날짜가 자꾸 지연되는 게 여간 짜증스러운 게 아니었다. 그렇게 지연될 때마다 베트남 직원은 '베트남 법이 바뀌었기 때문'이라는 납득할 수 없는 말을 하였고, 그때마다 왜 그렇게 법이 자주 바뀌는지 되물었던 것이다.

몇 년이 흘러 어느 정도 베트남 초짜 티를 벗은 후 직접 서류를 발급받으러 다녀 보니, 예전에 '베트남 법이 바뀌었기 때문'이라고 한 베트남 직원의 말이 그제야 이해됐다.

한국에서는 행정 복지 센터나 각 구청의 행정 지원 서비스에 대해 잘 느끼지 못하고 지내지만, 베트남에서 생활하다 보면 우리나라의 행정 지원 서비스가 얼마나 빠르고, 간편하며, 정확한지 알 수 있다.

베트남 관공서에서는 간단한 서류 한 장을 발급받기 위해서 참으로 많은 인내심을 가져야 한다. 우선 제일 먼저 고려해야 할 것이 충분한 시간이다. 아무리 간단하다고 생각되는 서류 발급도 충분한 기간을 가지고 미리미리 준비해야 한다. 그리고 우리 상식으로는 납득할 수 없는 이상한 비용이 들어갈 때도 있음을 염두에 두어야 한다.

예를 들어 우리가 행정 복지 센터에서 주민등록등본을 뗀다고 가정하면, 우선 신청서를 작성하고 신분증을 보여주고 소정의 수수료를 지불하면 바로 발급된다. 반면, 베트남에서는 신분증을 앞뒤로 복사해서 동사무소 담당자에게 제출하면서 주민등록등본 발급을 원한다고 말하면, 빠르면 다음 날 아니면 2~3일 후에 방문해서 발급된 등본을 찾는다.

그러나 이 등본을 가지고 상급 기관인 구청에 가면 등본에 있는 기재사항 중 무엇 무엇이 잘못되어 있으니 동사무소에 가서 다시 발급받아 오라고 한다. 동사무소에 가서 그 이야기를 하고 다시 발급해 달라고 하면, 빠르면 다음 날 아니면 2~3일 뒤에 오라고 한다. 약속한 날 동사무소에 가면 동장이 외출 중이어서 아직 서명을 못 받았으니 내일 다시 오라고 한다. 그다음 날 다시 가면 동장이 빙부상을 당해 일주일 뒤에나 발급되니 그때 다시 오라고 한다.

이런 과정에서 당연히 호아홍, 뒷돈이 들어간다. 호아홍을 많이 주면 좀 더 빠르게 끝난다. 심지어 위의 예와 같이 동사무소 직원의 실수로 잘못 작성된 서류를 다시 발급해 달라고 할 때도 호아홍이 들어간다. 담당자는 절대 미안하다는 소리를 안 한다. 이 상황에서 화를 내면 안 되는 게 이 담당자가 삐치면 손해를 보는 건 민원인 본인이기 때문이다. 그러니 웃으면서 호아홍을 또 주는 것이다.

베트남의 행정 시스템이 아직 전산화되지 않은 게 가장 큰 문제지만, 각 기관의 발급 서류에 직인과 함께 기관장의 서명이 들어가기 때문에 기관장이 부재중이면 최종 발급이 안 된다는 것 또한 문제다. 그리고 워낙 급변하는 나라인지라 빠르게 변하는 행정 처리 시스템을 하급 부처 또는 각 지방의 성에서 따라가지 못한다는 문제도 있다.

예를 들어 서류의 양식이 바뀌거나, 기재사항이 추가되거나 아니면 별도의 서류가 추가되거나 하는 변경 사항에 대해 하급 부처나 각 성 공무원들이 인지하지 못하고 예전에 늘 하던 방식대로 한다. 이렇게 발급된 서류가 상급 기관으로부터 퇴짜 맞는 경우가 종종 발생하는 것이다.

이처럼 복잡하고 울화통 터지는 베트남의 행정 지원 시스템으로 인해 베트남에는 일종의 '서류 발급 대행사'들이 있다. 이들에게 적지 않은 수수료를 지불하고 서류 발급을 맡기면 그나마 좀 편한데 이 대행사들도 약속한 날짜를 못 지키는 경우가 허다하고 그들도 변경 사항을 미처 파악하지 못하고 '법이 바뀌었다'고 하면서 중간에 추가 서류를 요구하는 경우가 있는 것이다.

정해진 기한까지 서류가 필요한 우리는 속수무책으로 이들에게 끌려갈 수밖에 없다. 날짜가 얼마 남지 않았을 경우 수수료 외에 '급행료'를 추가로 요구하기도 한다.

한국에서의 빠른 행정 지원 서비스에 익숙해져 있는 우리는 베트남 관공서뿐만 아니라 하노이의 한국 대사관이나 호찌민 총영사관의 더딘 행정 지원 서비스에 대해서도 불만을 토로하곤 하는데, 이는 최근 들어 갑자기 부쩍 늘어난 우리 교민들에 대한 행정 지원 인력 충원이 원활하게 이루어지지 않고 있는 것이 가장 큰 이유다. 이러한 점을 감안해서 하노이의 한국 대사관이나 호찌민의 총영사관에서 서류 발급 등 행정적인 문제를 처리하려면 이 역시 충분한 시간 여유를 가지고 미리미리 준비해야 한다.

베트남 정부는 차츰 행정 시스템을 전산화하고 있다. 2021년 7월부터 호적부(Sổ hộ khẩu), 즉 가족관계증명서를 전산화한다고 밝혔다. 기존 종이 호적부를 2023년까지 폐지하고 거주지 관리를 위한 주민 정보를 온라인 데이터베이스로 대체한다는 것이다. 이는 베트남의 커다란 행정 개혁이라고 할 수 있다.

베트남에서 호적부는 거주지 해당 관할서의 집주인에게만 발급되며 같은 주소에 머무는 가족의 정보를 기록하고 있는 서류로 학교 입학, 회사의 입사 지원이나 혼인 신고 등 각종 행정 절차에 있어서 꼭 필요한 서류다. 따라서 베트남 사람들 특히 돈을 벌기 위해 상경해 도시에 거주하는 이들은 다양한 서류 발급이나 행정 업무를 위해 현 거주지(도시)와 다른 호적부에 적힌 거주지(시골) 주소의 관할서로 가서 행정 업무를 봐야 하는 어려움이 있었다. 그리고 호적부가 종이 문서로만 발급되어 보관하기 어렵고, 분실 시 재발급에도 어려움을 겪는 등 행정적 낭비도 많았던 것이다.

여러 가지 문제점을 안고 있는 호적부를 베트남 정부가 전산화한다는 것은 주요 행정 개혁 대상 1호로 호적부부터 전산화함으로써 국민들의 편의를 돕고 본격적인 전자정부로의 방향 전환을 의미한다. 그러나 2021년 7월이 훌쩍 지났는데도 아직까지 바뀌지 않았고, 언제 바뀔지 아무도 모른다. 베트남에서도 우리나라와 같이 신속하고 정확한 행정 서비스를 받을 날이 하루빨리 오길 기대해 본다.

11

베트남
젊은이들의 문화

1) 베트남의 학제와 국립대학교 시스템

베트남은 우리나라와 다르게 초등학교 5년(1학년부터 5학년), 중학교 4년(6학년부터 9학년), 고등학교 3년(10학년부터 12학년)의 학제로 되어 있다. 여성의 사회 진출이 보편화되어 있기 때문에 생후 3개월부터 3세까지의 유아를 위한 유아원(탁아소)과 3세부터 6세까지 다닐 수 있는 유치원이 지역마다 매우 잘 갖춰져 있다. 현재 베트남은 초등학교부터 중학교까지 의무(무상)교육이다. 베트남의 학교는 매년 9월에 새 학기가 시작되며 이듬해 6월 전에 학기가 끝나고 6월부터 8월까지는 약 3개월간 학기 말 여름방학이다.

베트남 사람들은 우리나라와 같이 교육열이 매우 높은데, 베트남 물가 대비 매우 비싼 비용임에도 불구하고 아이들을 유치원이나 초등학교 때부터 방과 후 수업이나 과외는 물론이고 외국어 학원을 비롯해 다양한 학원에 보내는 부모들이 많다. 이러한 사교육비는 매년 증가하고 있는데, 2018년 기준 베트남의 사교육비는 베트남 국내총생산(2,413억 달러) 대비 5.8%나 된다.

베트남의 전체 대학교 수는 2018년 기준 총 454개이다. 그중 4년제 대학교는 235개(국립대학교 170개, 사립대학교 65개)이고, 전문대학(2~3년제)은 총 219개(국립대학 189개, 사립대학 30개)로 아직 정부 산하의 국립대가 사립대보다 많다.

국립대학교 중 가장 이름이 알려진 대학교는 하노이 국립대학교와 호찌민 국립대학교이다. 국립대학교에는 분야별 단과대학이 있는데 예를 들어 호찌민 국립대학교의 경우에는 공대, 자연과학대, 인문사회대, 국제대, 정보기술대, 경제·법률대 등이 있다. 이 단과대학들은 별도로 독립되어 있고 대학 건물도 각각 다른 위치에 자리 잡고 있다. 그중 공대와 자연과학대, 인문사회대 등이 규모와 인지도 면에서 명문대학으로 평가되고 있다.

베트남의 국립대학교 중에는 정부 부처별, 각 성별 또는 각 시별로 특수한 목적을 지닌 대학교가 있는데 베트남 교통부 산하의 호찌민 교통대학교, 하노이 건축대학교, 호찌민시 은행대학교, 호찌민시 건축대학교 등이 대표적이다.

베트남의 대학 진학률은 23.4%로 매우 낮다. 도시와 농촌의 격차가 커서 도시는 44%, 농촌은 13% 정도라고 한다. 고졸자와 대졸자의 임금 수준이 크게 차이나지 않는 것도 그렇고 대부분의 베트남 사람들이 굳이 비싼 등록금을 내고 대학을 가느니 기술을 익혀 생활 전선에 뛰어들어 돈을 버는 게 더 낫다고 생각하기 때문이다. 우리나라도 1980년대 초까지만 해도 대학 진학률이 30% 정도밖에 안 되었고, 바로 취업해 돈을 버는 게 더 낫다고 생각했으니 예전의 우리 상황과 같은 것이다.

학생들이 선호하는 학과도 우리와 비슷해서 법대와 의대를 가장 선호한다. 특이한 것은 베트남 각 대학의 의과대학생들은 졸업하면 별도의 시험이나 혹독한 전공의 수련 과정 없이 바로 의사가 될 수 있다는 것이다. 사회주의 체제에서 의사는 지식 노동자의 한 부류일 뿐이라는 사고와 최근까지 전쟁으로 수많은 사상자가 있었던 탓에 많은 의사들이 필요한 환경으로 인한 결과가 아닌가 생각된다.

2021년부터 한국어가 베트남의 제1외국어에 포함되었다. 초등학교 3학년부터 선택과목으로 가르치는 베트남의 기존 제1외국어는 영어, 중국어, 일본어, 프랑스어, 러시아어인데, 2021년부터 한국어와 독일어가 추가된 것이다. 아직 베트남의 초등학교 대부분은 제1외국어로 영어를 선택하지만 머지않아 한국어를 선택하여 가르치는 학교들도 하나둘 생겨날 것이다.

2) 베트남 젊은이들도 군대 가나요?

베트남도 우리나라처럼 징병제를 실시하고, 18세에서 25세까지 신체 건강한 중학교 졸업 이상의 학력자에 한해 병역의 의무가 있다. 군복무 기간은 24개월이다. 열사의 자녀(국가유공자 자녀), 제1급 부상병의 자녀, 고엽제 후유증 환자의 자녀 등은 병역 면제 대상이다. 그리고 가정 형편이 어려워 식구를 부양해야 하는 사람은 잠시 유보되어 일시적으로 군대에 가지 않아도 된다. 이 경우 병역의무 연령 기한은 27세까지 연장된다. 공부를 해야 하는 대학생의 경우는 입대가 면제되지만 대학교에서 일정 기간 군사 수업과 훈련을 반드시 받아야 한다.

베트남 여성은 직업군인으로서 현역으로 입대할 수 있지만 병역의 의무는 없다. 그러나 베트남의 모든 대학교에서는 남녀 구분 없이 군사 수업이 있는데, 보통 대학교 1학년 여름방학 기간 중 한 달 동안은 매일 군사 수업을 받아야 한다. 이때 여학생들은 군사 이론과 군사 교육부터 총 쏘는 법, 상처 치료와 지혈 방법 같은 기본적인 구급 방법까지 배우게 된다.

최근에는 군 입대 대상 젊은이들이 너무 많아서인지 몰라도 대상자 중에는 담당 공안에게 적지 않은 금액을 뒷돈으로 주고 면제 받는 경우도 있다고 한다.

3) 베트남 여자들의 남자에 대한 집착

베트남은 많은 전쟁을 겪었다. 전쟁이 많으면 남자가 귀해지니 남자에 대한 여자들의 집착이 강할 수밖에 없는 것이다.

베트남에서 현재 나이 든 노인은 찾아보기 힘들다. 전쟁의 결과인지 몰라도 2021년 현재 베트남 국민 평균연령은 31세로 그야말로 '젊은 베트남'이 만들어졌다. 전쟁 시에는 항상 집안의 가장 역할을 여성이 맡았고, 이러한 이유로 현재 가정 경제를 위한 여성의 사회 참여율은 매우 높은 편이다.

베트남은 유교의 영향으로 남아 선호 사상이 강한데 아들의 학업을 위해 딸들이 희생당하는 경우도 종종 있고, 이를 당연하게 여겼다고 한다. 여성이 결혼하면 남편에게 매우 순종적이어야 했는데, 밥상을 차려 주는 것은 당연하고 시녀처럼 발까지 씻겨 주는 경우도 많았다고 한다.

그러나 최근 여성들의 교육 수준이 높아지면서 전통적인 가치관과 충돌하는 경우가 빈번하고 그래서인지 최근 베트남에서의 이혼율이 급격히 상승하고 있다. 베트남의 이혼 사유는 거의 대부분 남편의 외도와 관련이 있다. 아직까지 대부분의 여성들이 가정 경제를 책임지는 베트남에서는 남편의 무능력, 즉 남편이 특별한 직업 없이 하루 종일 집에서 노는 것이 이혼 사유가 되지 않을 뿐 아니라 오히려 일부 여성들은 이를 더 좋아하기도 하는데 이유는 남편이 돈 번다고 나가서 바람피우지는 않을까 걱정하지 않아도 되기 때문이라고 한다.

남편이 돈을 못 벌면 아내가 벌면 된다. 하지만 서로 사랑하기로 한 약속을 어기면 관계는 끝이 난다. 이는 '돈을 못 버는 남편'이 이혼 사유가 되는 우리나라와 크게 다른 점이다.

베트남 여성은 남편이 바람을 피우면 남편의 성기를 절단한다는 얘기가 있다. 최근에는 바람을 피운 남편의 성기를 절단했던 여성이 성기를 봉합 수술한 후 남편이 또다시 바람을 피우자 다시 한번 성기를 절단했다는 뉴스가 나오기도 했다. 돈보다 진실한 사랑을 원하는 베트남 여성들이 멋있기도 하지만, 한편으론 〈미저리〉(Misery, 1990년 미국의 공포, 스릴러 영화)처럼 무섭기도 하다.

4) 뺨 때리는 게 애정 표현?

베트남 여자들은 애인이나 남편에게 좀 특이한 방법으로 애정 표현을 한다. 가장 흔한 것이 꼬집는 것이고, 그 다음이 입으로 물거나 뺨을 때리는 것이다. 다른 건 모르지만 뺨을 맞는 사람의 입장에서는 참으로 기분 나쁜 일인데 처음엔 영문도 모르고 맞고, 다음엔 순식간에 맞고, 어이없이 맞고, 아마 그렇게 세게 때릴 의도는 없었겠지만 어느 날은 별이 보일 정도로 세게 맞다 보면 눈이 돌아간다고 한다.

애인이고 뭐고 없이 입에서 자동으로 욕이 나오고 자기도 모르게 손을 번쩍 들어 맞받아치려고 할 때, 여자는 놀라서 눈을 휘둥그레 뜨고 쳐다본다고 한다. 이 순간 애인의 눈이 휘둥그레지든 말든 뺨을 맞받아치면, 둘 사이는 완전히 끝나버린다. 때리지 않더라도 욕설과 치켜든 손동작만으로도 아마 한 달 정도는 토라진 애인을 달래기 위해 고생해야 할 거란다.

이처럼 따귀를 때리는 것은 베트남 여성이 상대를 너무 좋아해서라고 하는데, 절대 화를 내거나 맞장구치며 때려서는 안 된다. 그 외에도 뺨, 팔, 손가락 등 어디든 꼬집고 깨무는데 이 모든 행동이 남자에게 하는 흔한 애정 표현이고 '자기 남자'임을 표시하는 행위라고 한다.

다른 애정 표현 방법도 많은데 도대체 왜 그러는지 물어 보면 대답은 둘 중 하나다. '그냥' 아니면 '한 순간의 아픔도 참아줄 수 있는 사람이 진정한 자기의 남자라고 느끼기 때문'이라고 한다. 참으로 희한한 사랑 확인법이다. 모든 베트남 여성들이 다 그런 건 아니지만 다수의 여성들이 그렇다고 하니 베트남 여자 친구가 있거나, 앞으로 만날 예정인 사람들은 꼭 염두에 두기 바란다.

5) 여자끼리 손잡지 말고, 팔짱도 끼지 말라고?

베트남을 찾는 우리나라 관광객 중 간혹 여자들끼리 팔짱을 끼거나 손을 잡고 걷는 걸 종종 본다. 우리에게는 아무렇지도 않은 일이지만 베트남 사람들은 매우 이상한 눈빛으로 쳐다보곤 한다. 만일 그들이 여자들끼리 자연스럽게 손을 잡고 걷는 모습을 흔히 볼 수 있는 우리나라의 여자 대학교 앞이나 서울 시내 번화가를 본다면, 우리나라 여자들에 대해 심각하고 이상한 오해를 하거나 문화적 충격을 받을 수도 있다.

베트남에서는, 특히 여자들끼리는 서로 일정한 물리적, 정신적 거리감이 있는 것을 당연하게 여긴다. 남녀 커플이라면 모르지만 여자들끼리 손을 잡거나 팔짱을 끼는 경우는 거의 없다. 친밀감의 표시라 해도 갑자기 이러한 스킨십을 시도한다면 상대에게 우리가 알 수 없는 스트레스나 긴장감을 줄 수 있으므로 주의해야 한다.

베트남도 태국처럼 게이나 레즈비언, 트랜스젠더들이 많다. 시내 식당에서 종업원으로 일하는 젊은이들 중에도 이런 케이스를 어렵지 않게 볼 수 있다. 날씬한 몸에 하이힐을 신고 긴 머리카락을 휘날리며 테이블에 앉은 우리에게 메뉴판을 건네며 '뭘 드시겠어요?(Muốn ăn gi?)'라고 말하는데, 굵은 남자 목소리에 깜짝 놀라 다시 한번 얼굴을 쳐다보면 바로 윙크하며 웃는다.

그들은 모두 게이다. 이들의 목표는 돈을 모아 태국으로 가서 수술 하는 것이라고 한다. 그들의 복장은 코스프레가 아니다. 그러므로 보고 너무 놀라거나 장난스럽게 놀리지 않도록 주의해야 한다.

현재 베트남의 유명 가수이자 연예인인 흥장(Huong Gian)은 남성에서 여성으로 성을 바꾼 대표적인 케이스다. 흥장은 2018년 태국 파타 야에서 열린 '2018 미스 인터내셔널 퀸(2018 Miss International Queen)'에서 1위를 차지했으며, 뛰어난 가창력과 묘한 중성적 목소리로 부르는 노래마다 대 히트를 쳤으며 현재 다양한 방송 프로그램에 출연하고 있는 베트남 최고의 인기 연예인 중 한 사람이다.

참고로 베트남은 지난 2015년 동성 결혼 금지 조항을 법에서 삭제 했지만, 동성 결혼의 합법화는 아직 이루어지지 않고 있다. 그럼에도 불구하고 2015년 이후 많은 동성 부부가 탄생하고 있으며, 최근 베트 남의 TV에서는 동성(여성과 여성) 신혼부부가 직접 출연해 동성 결혼 에 대해 토론하는 프로그램이 방영되기도 했다.

또한 최근 베트남 LGBT(레즈비언 Lesbian, 게이 Gay, 양성애자 Bisexual, 트랜스젠더 Transgender 등 성소수자) 회원들의 오프라인 활동은 더욱 더 활발해지고 있다. 이러한 베트남의 사회적 분위기로 봐선 머지않아 동성 결혼의 합법화가 이루어질 것 같기도 하다.

여자끼리 손도 잡지 않는 베트남, 그러나 성소수자들을 대하는 사회분위기는 베트남이 우리보다 선진국 같다. 그리고 우리나라와는 달리 법부터 바꾸는 베트남. 이런 것도 베트남의 여성 파워가 작용하는 것일까?

6) 베트남 여성들은 화장을 안 한다?

베트남에 관광 온 한국의 아주머니들 그리고 어학연수를 온 여학생들이 한결같이 하는 말은 "베트남 여자들은 왜 화장을 안 해요?"이다.

집 앞 슈퍼마켓에 잠깐 나가는 게 아니라면, 우리나라 여성들은 대부분 화장을 하지 않고 외출하는 일은 거의 없다. 외출한다는 것은 '다른 사람들 앞에 나선다'는 의미로 외출의 목적이 단순히 누군가와의 만남을 위해 또는 볼일을 보기 위한 것이라도 자신을 수많은 사람들에게 '드러낸다'라고 생각하기 때문에 '밖에 나갈 때는 깔끔히 옷을 입고 반드시 화장을 한 상태'여야 한다는 게 대부분의 한국 여성들이 알고 있는 상식이고, 암묵적인 약속이다.

이러한 우리나라 여성들과는 다르게 베트남 여성들은 도심 곳곳에 화장품 가게가 많은 데도 불구하고 왜 화장하지 않는지 의아하다는 것이다. 이것은 더운 베트남의 날씨와 주요 교통수단인 오토바이와 관련이 있는 것 같다.

출근길 오토바이 행렬을 보면 모든 여성들이 긴 소매의 외투와 앞치마 같은 방진 또는 방풍 치마를 두르고 헬멧, 선글라스, 마스크 또는 얼굴 전체를 가리는 두건을 쓰고 운전한다. 누가 누군지 전혀 알아볼 수 없다. 모두 뜨거운 햇빛과 자외선 그리고 매연과 먼지를 막기 위함이다. 더위를 잘 견디는 체질이라 해도 얼굴에 땀이 안 날 수 없다. 게다가 비가 오면 판초 우의를 머리부터 뒤집어쓰고 오토바이를 타고 다닌다. 우의가 비를 막아준다고 해도 달리는 오토바이에서 얼굴에 빗방울이 하나도 안 떨어질 수는 없는 것이다.

이런 상황인데 화장하고 출근이나 등교를 한들 무슨 소용이 있겠는가. 아마 그들이 얼굴에 바르는 것이 있다면, 그것은 아마 썬블럭(자외선 차단제) 하나일 것이다. 간혹 화장하는 경우가 있다면 직장인은 퇴근 무렵, 여학생들은 집에 갔다 저녁 무렵 다시 나올 때다. 어떤 날은 화장뿐만 아니라 의상 자체가 달라지는데 그런 날은 친한 사람들과의 단순한 저녁 모임이 아니라 생일파티, 돌잔치 또는 결혼식장에 가는 날이다.

베트남은 낮에는 워낙 덥고 햇볕이 뜨거워 대부분의 모임이나 잔치, 심지어 결혼식까지도 저녁에 하는 경우가 많다. 이때 여성들은 정말 변신을 거듭한다. 절대 알아볼 수 없게 화장이 아니라 분장 수준으로 메이크업을 하고, 집에서 가까운 미용실에 들러 헤어스타일까지 바꾸고 가는 경우도 있다. 때로는 굽 높은 구두에 과감하게 몸매가 드러나는 노출이 심한 의상을 입기도 한다.

요즘이야 코로나 때문에 마스크는 꼭 써야 하지만, 이렇게 차려 입고 행여 얼굴 화장이 잘못될까 싶어 저녁에는 마스크도 안 하고 헬멧만 쓴 채 오토바이를 타고 다닌다. 의상이나 헤어스타일이 헬멧을 쓰고 오토바이를 타기에 무리가 있다면 평소에는 비싸서 절대 타지 않던 비싼 택시를 타기도 한다.

점점 중산층이 늘어나고 있는 베트남. 평균 나이 31세의 젊은 베트남이 변하고 있다. '여자의 변신은 무죄'라고 했던가? 예전보다 베트남 여성들의 화장도 점점 세련되어 어린 대학생들도 화장을 곧잘 한다. 모델이나 영화배우 못지않게 하나같이 다 예쁘다. 이러한 상황들이 우리나라를 비롯한 외국 유명 화장품 브랜드들이 앞다퉈 베트남 시장을 공략하는 이유다.

7) 베트남은 별자리만 본다, 그래도 혈액형은 알아야…

베트남 친구에게 갑자기 "별자리가 뭐예요?"라는 질문을 받아도 당황하지 마시길. 우리나라 사람들이 혈액형으로 사람의 특성을 파악하려 하듯, 베트남 사람들은 별자리로 파악하려 하기 때문이다. 우리가 그리 친하지 않은 사람에게도 혈액형을 묻는 것처럼, 베트남 사람들도 처음 만난 사람에게 별자리를 물어본다. 이 별자리 질문이 끝나고, 혈액형이 뭐냐고 물으면 그들은 모른다고 한다. 아니 자기 혈액형을 모르다니, 정말 모르냐고 다시 되물어도 모른다고 한다.

놀라운 것은 거의 모든 베트남 사람들이 자기 혈액형을 모른다는 것이다. 아기가 태어나면 혈액형 검사를 하는 우리나라와는 다르게 베트남은 아기가 태어나도 혈액형 검사를 하지 않는다. 성장해서 입원할 일이 생기거나, 부모나 본인이 특별히 요구해서 자비로 혈액형 검사를 하지 않는 이상 본인의 혈액형을 모른다는 것이다.

무슨 이유일까 궁금한데, 대부분의 베트남 사람들이 병원이 아닌 집에서 출산을 하고, 출산 이후 특별히 혈액형 검사를 할 여건이나 기회가 없었기 때문일 것으로 추측된다.

이 추측은 개인적인 생각이지만 설득력이 있어 보이는 게, 최근 호찌민에 있는 한 초등학교에서 단체로 혈액형 검사를 실시했고, 학생들은 이제 자신들의 혈액형을 알게 되었다는 얘기를 들었기 때문이다.

기억을 더듬어 보면 우리도 초등학교 때 단체로 혈액형 검사를 실시한 후 혈액형을 알게 되었다. 우리도 예전엔 산파의 도움을 받아 집에서 출산하는 경우가 흔했고, 병원에서 태어나는 요즘 아이들처럼 태어나자마자 혈액형이 무엇인지 알지 못했던 것이다. 우리가 단체로 혈액형 검사를 한 때가 1970년대 중반쯤인데, 베트남은 이제야 혈액형 검사를 실시하는 것이다.

베트남의 의료 부문은 매우 열악하다. 다른 분야의 발전 속도와는 다르게 의료 부분은 매우 뒤처져 있는 게 사실이다. 이름난 종합 병원들 모두 시설 차체가 매우 낙후되어 있다. 이제 베트남 정부가 국민들을 대상으로 혈액형 검사를 실시하는 것을 보면 의료와 보건 분야도 곧 발전하리라 생각된다. '도이머이' 경제 개혁 전까지 오랫동안 국제 사회와 단절되어 있던 베트남은 어떤 분야에서든 과감히 점프를 잘한다. 베트남의 의료 부분도 크게 점프해서 하루빨리 선진 의료 시스템을 갖춘 환경으로 발전하길 기대한다.

8) 고양이띠, 멧돼지의 해

베트남도 우리처럼 중국 문화의 영향을 받아 십이지(十二支)가 있다. 하지만 우리와는 조금 다르다. 축(丑), '소띠'를 '물소띠'라 하고, 묘(卯), '토끼띠'를 '고양이띠'라 하며, 미(未), '양'을 '염소'라 하고, 해(亥), '돼지'를 '멧돼지'라고 한다.

다른 건 비슷한데, 토끼를 왜 고양이라고 했을까? 우선 베트남에서는 토끼를 보기 어렵다. 베트남은 초원 문화가 아닌 초목 문화로 중국처럼 토끼가 서식할 환경이 안 되기 때문이다.

베트남은 우리나라와 다르게 중국의 십이지를 수용할 때도 중국 것을 그대로 수용하지 않고 자신의 환경에 맞게 변형했다. 그런데 토끼 대신 왜 하필 고양이인가.

중국의 십이지를 살펴보면, 토끼는 십이지(자·축·인·묘·진·사·오·미·신·유·술·해)의 4번 째 지이다. 한자사전을 보면 고양이는 '토끼 묘(卯)'와 같은 음(音)을 가진 '묘(猫)'로 표기되어 있다. 중국어로 성조는 다르지만 음은 토끼와 고양이 모두 '마오(Mão)'이다. 그리고 베트남어 사전을 보면 토끼 묘, 즉 Mão(卯)가 고양이 Mão(卯)로 표기되어 있는데 [Mão 卯(묘): 십이지의 4번 째 지, 고양이]로 표기된 것이다. 토끼卯(Mão)가 베트남에서는 고양이 卯(Mão)로 바뀌어 있는 것이다.

중국의 문화를 어쩔 수 없이 받아들여야 하는 베트남은 생소한 토끼 대신 쌀을 먹는 쥐를 쫓아 주고, 주변에서 쉽게 볼 수 있는 친근하면서도 한자 발음이 토끼와 같은 고양이를 택한 것이다. 중국은 베트남이 토끼를 고양이로 바꿨지만 그래도 자기들의 토끼 묘(卯)를 그대로 사용하는 그들의 문화를 수긍했을 것이고, 베트남은 토끼를 고양이로 바꾸면서도 토끼와 발음이 같으니 중국의 문화를 존중해 준 것이다.

베트남은 천 년 동안 중국의 식민지로 있다 기어코 독립을 한 나라다. 그만큼 민족의 자존심과 자부심이 대단한 나라가 베트남이다. 중국 문화를 수용하면서도 토끼 묘(卯)를 고양이 묘(卯)로 바꿔 자신들의 자존심을 살린 것이다. 참고로 티베트, 태국, 벨라루스에도 토끼가 아닌 고양이가 십이지에 들어 있다고 한다.

9) 샤워는 저녁에만 한다고?

조사할 일이 많아서 오토바이로 여기저기 다니며 자료를 수집하는 남자 대학생 한 명을 6개월째 아르바이트로 고용하고 있다. 구정 전까지 끝내야 하는 일이어서 사무실에서 자료를 정리할 일이 점점 많아지는데, 그 아르바이트 친구의 자리가 마땅치 않아 아침에만 잠깐 들르고 하루 종일 밖에서 업무를 보는 나의 책상을 내 주었다. 가끔 오후에 잠깐 사무실을 들르기도 했는데 그때는 내 책상에 그 친구와 내가 동시에 앉기도 했다. 컴퓨터로 잠깐 필요한 자료를 찾는 정도이고 책상이 좀 큰 편이라 잠시 둘이 앉아도 불편하지 않았다.

그런데 어느 날부터인지 그 친구와 잠깐 같이 앉아 있는 게 불편하게 느껴지기 시작했다. 그 친구의 서류가 점점 책상을 차지해서 그런가 보다 해서 서류는 회의 테이블에서 정리한 후 그곳에 두라고 지시하고, 다음에는 내 영역을 좀 더 확보해야겠다고 생각했다. 알바생과 자리다툼을 하고 있는 스스로의 모습에 어이없는 웃음을 지었다.

어느 날 아침, 회사에 들러 책상 서랍에 둔 서류를 찾다가 그간 그 친구와 잠깐이라도 같이 앉아 있는 게 불편했던 이유를 알았다. 그것은 바로 그 친구에게 땀 냄새가 심하게 났기 때문이다.

처음 몇 달 동안은 전혀 냄새가 안 났는데 요즘 들어 땀 냄새가 많이 나는 것이다. 화장실 옆 계단에서 스마트폰으로 이것저것 보고 있던 그 친구에게 물었다. 아침에 무슨 운동을 하는지, 그리고 운동하면 샤워 좀 하고 출근하라고 했다. 그러자 아침에 운동은 안 하는데 요즘 아침에 샤워는 못 한단다. 아니 왜? 집에 물이 안 나오나? 아니면 샤워기가 고장 났나?

아침에는 찬물이 나와 추워서 샤워를 할 수 없다고 했다. 온수기가 고장 났으면 얼른 고치라고 하고 서둘러 화장실을 나오는데 순간 뒷머리를 뭔가에 맞은 듯했다. 고향 친구와 같이 월세방에 사는 그 친구 집에는 온수기가 없다고 했던 게 떠올랐기 때문이다. 그럼 전에는 아침에 찬물이 아니고 더운 물이 나온 건지 물어보려는데, 요즘에는 저녁에 샤워하고 자야 하는데 너무 피곤해서 그냥 잠들었다고 한다.

"요즘 날씨가 추워져 아침에 물이 너무 차가워요. 제 친구는 아침에 샤워했다가 감기에 걸렸어요"라고 웃으며 말한다. 이 친구는 뭔가 자기가 잘못했거나 미안할 때 웃는다. 자기가 샤워를 못해 땀 냄새가 나서 미안하다는 뜻이다. 아침 샤워에 감기가 걸렸다는 말과 함께 몇 년 전 이 사무실을 얻을 무렵 들었던 '반짝이'가 떠올라서 순간 미안한 마음이 들었다. 같이 웃으면서 그 친구에게 오늘부터 한 달간은 한 시간씩 일찍 퇴근하고 집에 가서 꼭 샤워하고 자라고 하며 어깨를 두드려 주었다.

'반짝이'는 베트남의 첫인상이다.

이 '반짝이' 얘길 하기 전 베트남의 겨울 날씨에 대해 먼저 얘기하면, 우선 하노이는 춘하추동(春夏秋冬)이 있다. 그래서 하노이의 겨울, 대략 12월부터 1월까지 눈이 오는 것은 아니지만 우리나라 가을 정도의 날씨인데도 낮에 해가 안 보일 정도로 하늘이 뿌옇게 될 때가 있고, 비도 아니고 안개도 아닌 이상한 것이 내리기도 하고 여하튼 날씨가 스산한 게 너무 춥다.

그러나 호찌민, 즉 베트남 남부 지역에는 춘하추동이 없다. 일 년 내내 하(夏)하하하. 그냥 쭈욱~ 더운 여름이다. 하지만 12월과 1월에는 해도 빨리지고, 밤에는 좀 선선해서 25~26℃, 어떤 날은 24℃까지 떨어진다. 베트남 생활 초창기에는 몰랐는데 점점 해가 거듭될수록 24℃의 추위(?)를 느낄 수있다. 정말 추워서 감기가 걱정될 때는 가을 점퍼라도 사서 입을까 망설이기도 한다.

체질이 다른 한국인이 이렇게 추위를 느낄 정도면 베트남 친구들은 어떻겠는가? 그들은 당연히 두툼한 파카를 입고 다닌다. 그리고 마치 겨울이 온걸 즐기듯 아주 멋스럽게 털모자와 목도리를 두르고 다니는 젊은 청춘들도 있다. 북부 지방에는 기온이 16~18℃까지 떨어지는 추위에 몇몇 사람들이 '동사(凍死)'했다는 뉴스도 가끔 나온다.

'반짝이'는 베트남에 처음 오는 날 '곧 호찌민 떤선녓 공항에 착륙'할 거란 기내 방송을 듣고 비행기에서 내려다 본 베트남의 첫인상이다. 이 '반짝이'는 밤 비행기가 아니라 낮 비행기라면 누구라도 쉽게 볼 수 있다. 비행기 창문으로 내려다보면, 개미보다 작은 사람들과 자동차, 오토바이 그리고 성냥갑처럼 작은 건물들이 보인다. 그리고 수많은 건물들마다 반짝이는 게 있다. 반짝반짝하고 빛나는 게 보인다. 모든 집들과 모든 건물 옥상에서 반짝반짝, 반짝거리는 것은 바로 스테인리스 재질의 물탱크다.

베트남에 거주한 지 1년이 될 무렵, 사무실을 옮기기 위해 시내 곳곳의 건물들을 돌아다니다 우연히 한 건물 옥상에 올라가게 된 날, 비행기에서 내려다 본 베트남의 첫인상 '반짝이'를 바로 코앞에서 보았다. 그리고 그 '반짝이'가 그렇게 뜨거운 줄도 모르고 만졌다가 손을 데일 뻔했기에 더 기억난다. 옆의 건물도 그 옆의 옆 건물 옥상에도 모두 스테인리스 재질의 물탱크가 하나씩 있다. 한 물탱크 제조회사가 시장을 독점한 듯 똑같다.

건물 옥상까지 따라 올라온 베트남 부동산 직원과 곱게 늙은 건물주인 아주머니의 말에 의하면, 대부분의 베트남 서민 가정에는 순간온수기가 없다고 한다. 그래서 이렇게 태양열에 쉽게 뜨거워지는 스테인리스 재질의 물탱크가 '천연 태양열 온수기' 역할을 한단다. 아침부터 저녁 무렵까지 뜨거운 햇빛이 물탱크 안의 물을 데워주고 그래서 수돗물을 틀면 항상 따뜻한 물이 나와 샤워를 할 수 있는 것이다. 한낮에 공중화장실이나 여느 식당의 화장실에서 수돗물을 틀면 미지근한 물이 나오는 이유가 바로 이것이다.

같이 있던 통역 직원의 말에 의하면 12월이나 1월, 즉 겨울에는 해가 짧고 밤이 길고, 다른 계절보다 상대적으로 기온이 많이 떨어지기 때문에 낮에 잠깐 데워진 물탱크의 물은 밤이 되면서 금세 식어 차가워진다고 한다. 그래서 해가 짧은 겨울에 샤워를 하려면 초저녁에, 그나마 잠깐이라도 낮에 햇빛으로 데워진 물이 차가워지기 전에 샤워를 한다고 보충 설명을 해주었다. 그리고 아침에는 찬물이 나오니 샤워를 하려면 감기에 걸릴 각오를 해야 한단다.

어린 시절, 한국의 겨울은 너무 추워서 우리는 아예 씻지도 않았다. 어쩌다 한 번씩 동네 목욕탕을 가면 탕 속에 있는 사람은 안중에도 없는 듯, 긴 작대기로 사람들 머리를 피해가며 둥둥 떠 있는 때를 걷어내는 험악한 얼굴에 가슴 털 많은 아저씨가 무서웠고, 그 아저씨가 나가면 다들 국수 말이 때를 가지고 누구 때가 더 긴지 떠들며 낄낄거렸던 적이 있다. 그 시절을 생각하면 땀 냄새 따위로 아르바이트 직원에게 속으로라도 화를 낸 자신에게 화가 난다.

미래의 베트남을 이끌 착하고 성실한 그리고 보기 드물게 일 잘하는 꼰짜이(Con Trai, 남자), 우리 아르바이트 직원의 월세집 옥상에도 '반짝이', 스테인리스 물탱크가 있다. 오늘부터 한 시간 일찍 퇴근하니 그 친구는 샤워를 할 수 있을 것이다. 내일 동문들과의 점심 약속을 취소하고, 그와 점심을 같이 해야겠다고 생각한 건, 아직 베트남을 잘 모르면서 섣부른 판단으로 어린 친구를 민망하게 만든 미안함이 가시질 않았기 때문이다.

10) 버릇없는 녀석들, 팔짱 끼는 것이 최고의 예의라고?

베트남에 온 지 얼마 되지 않아 지인의 소개로 만난 베트남 대학교의 교수 한 분이 학교 행사에 초대해서 당시 처음으로 통역 직원과 함께 베트남 대학교 캠퍼스를 구경했던 적이 있다. 행사 시간보다 너무 일찍 도착해서 시간도 때울 겸 궁금하기도 했던 베트남 대학 캠퍼스와 대학교수 연구실을 한번 보고 싶은 마음에 이곳저곳 구경하다 명함에 적어준 방 번호를 물어 연구실을 찾아갔다.

간신히 찾은 그 교수의 연구실 앞에는 학생들 여러 명이 교수의 말을 경청하고 있었다. 그런데 가만히 보니 학생들 대부분이 팔짱을 끼고 있는 게 아닌가? 공연히 분위기를 깰 것 같아, 통역 직원을 잡아 세우고 눈에 띄지 않도록 멀찌감치 물러서 힐끔힐끔 바라만 보는데, 마침 얘기가 끝났는지 학생들이 교수에게 인사하고 가는 게 보였다. 그런데 몇몇 학생들은 인사할 때도 팔짱을 끼고 인사를 하는 게 아닌가?

젊은 나이에 박사학위를 따고 교수가 된 그는 보통의 베트남 사람보다 훨씬 어려 보였는데, 아무리 어려 보이거나 실제 어리다고 해도 선생님을 대하는 학생들의 태도가 눈에 거슬려 못 볼 것을 본 듯 지켜보는 것 자체가 민망했다. 행사 시간도 다 되어 그냥 강당 쪽으로 발길을 돌리려는데, 멀리서 알아본 교수가 반갑게 나를 부르는 게 아닌가? 하는 수 없이 방을 찾는 듯한 시늉을 하다가 어설프게 인사를 하고 그의 안내를 받아 연구실로 들어갔다.

연구실은 내 예상과는 달리 매우 넓었는데 너무 초라했다. 빈 공간에 달랑 책상과 의자 그리고 꽤 무게가 나갈 것 같은 응접세트만 있었다. 고장 난 것 같은 낡은 에어컨에서는 그래도 찬 바람이 나오는지 천장에서 돌아가는 팬 바람이 시원했다. 이런저런 얘기를 하다 행사 시간이 임박했다며 자리에서 일어서는데, 이때가 아니면 물어볼 기회가 없을 것 같아 조심스럽게 입을 열었다.

너무 젊은 외모 탓에 학생들과 격이 없는 것 같다는 말로 시작해 아무리 그래도 선생님이 말하는데, 학생들이 팔짱을 끼고 있는 건 좀 뭐라고 지적을 해야 하는 게 아니냐고 통역 직원을 통해 물으니, 통역 직원이 주저주저 하더니 그대로 말을 전했다. 통역 직원의 말을 듣고 이 친구가 갑자기 깔깔대고 웃는다. 통역 직원도 같이 웃는다.

베트남 사람들, 특히 아랫사람이 윗사람에게 인사할 때는 일반적으로 팔짱을 끼고 허리를 굽혀 인사하는 게 예의라고 한다. 그리고 어른의 말을 들을 때도 팔짱을 끼고 듣는단다. 이것이 최고의 예의를 갖춘 것인데, 선생님이나 부모님에게 가장 예의 바르게 인사하는 방법도 역시 이렇게 양팔을 팔짱 끼듯 가슴 아래로 모아서 인사하는 것이다.

우리가 아는 예의 바른 인사, 예의 바른 태도와는 달라도 너무 다르다. 팔짱을 끼다니.

잠시 걸음을 멈추고 의아해하며 팔짱 낀 자세를 취하니, 그게 아니란다. 방어자세의 팔짱이 아니라 공손한 자세의 팔짱이라면서 통역 직원이 인사법을 보여준다.

먼저 손바닥을 편다. 다음은 팔을 'L'자 형태로 꺾어서 반대편으로 향한다. 그리고 각 손바닥을 양쪽 겨드랑이로 넣는다. 앞에서 보면 팔짱을 끼고 있고 옆에서 보면 겨드랑이에 손이 들어가 있다. 베트남 사람들은 귀한 사람에게 손바닥을 보이는 것은 예의에 어긋난다고 생각하기 때문에 존경의 의미로 이렇게 팔을 들고 손바닥은 안 보이게 가리는 것이란다.

교수와 함께 강당 입구에 들어서자, 학생들이 교수에게 인사한다. 모두 팔짱을 끼고서 말이다.

그 후 1년이 지났을까? 중견 기업 법인장으로 온 지인과 저녁 식사를 하는데 그가 전날 베트남 신입 직원들의 면접 과정을 참관했는데, 면접관의 질문에 팔짱을 끼고 대답하는 몇몇 베트남 친구들의 면접 태도에 대해 지적하면서 어이없다는 듯 이야기했다. 베트남 사람들의 예법이라 말해주니 놀라면서 어제 면접 참관 시 팔짱 낀 면접 태도를 문제 삼아 본인이 지적한 몇몇 지원자들을 재검토하라고 부하 직원에게 급히 전화를 했다.

우리와는 너무 다른 베트남의 인사 예절. 우리도 자기보다 훨씬 나이 많은 베트남 사람을 만나 인사할 수 있으니, 한 번쯤 베트남의 최고 인사법을 익혀두는 게 좋을 것 같다. 우리가 흔히 하는 팔짱 낀 자세에서 손바닥을 펴 겨드랑이 속으로 양 손바닥을 넣으면 된다.

11) 아이들 머리는 쓰다듬지 말라고?

베트남에 온 지 1년 조금 넘었을 때, 출퇴근 시간을 벌고자 시내에서 가까운 로컬 아파트로 이사를 했다. 어느 날 오랜만에 아침 골프를 가기 위해 아파트 정문에서 후배의 차를 기다리는데, 아파트 바로 옆에 있는 유치원 정문으로 엄마들이 오토바이에 아이를 태우고 하나둘씩 나타나는 것이 아닌가? 그 시간이 새벽 6시쯤이다. 우리나라에서는 절대 보기 힘든 유치원 등원 시간이고, 등원 광경이다.

그 새로운 광경에 놀라 후배 차는 신경도 안 쓰고 하나둘씩 오토바이에서 내려 유치원으로 아장아장 들어가는 아이들을 바라보는데, 한 꼬마 녀석이 엄마의 오토바이에서 내리다 모자를 떨어뜨렸다. 뛰어가 모자를 주워 그 꼬마에게 씌워 주면서 머리를 한 번 쓰다듬었다. 순간 뒤통수가 따가워 뒤를 돌아보니, 아이의 엄마가 험상궂은 표정으로 황급히 아이를 낚아채듯 안고 나를 계속 째려보며 유치원으로 들어가는 게 아닌가?

이게 무슨 일이지 영문도 모른 채⋯ 힐끔힐끔 째려보는 아이 엄마와 계속 눈을 맞추며 어이없다는 듯 쳐다보는데, 빵빵거리는 클랙슨 소리에 고개를 돌리니 후배가 벌써 차를 세우고 손짓하고 있었다.

골프장으로 가는 차 안에서 후배에게 조금 전 상황을 이야기하니, 베트남에서 아이들 머리를 쓰다듬는 건 안 좋은 거란다.

베트남 생활 10년차인 후배는 몇 년 전 유치원 앞에서 아들을 기다리다 아들 친구인 한 아이의 머리를 쓰다듬었는데 그 광경을 본 부모가 유치원에 항의해서 유치원에 불려가 훈계 아닌 훈계를 들은 적이 있다고 한다.

베트남 사람들은 모르는 사람이 자기 아이의 머리를 쓰다듬는 것을 아주 싫어한다. 아무리 귀엽다고 해도 남의 집 아이의 머리를 함부로 만지면 안 되는 것이다.

거 참, 우리와는 너무 다른 문화라고 생각하는데, "저도 무슨 이유인지 아직도 모르겠어요. 아마 어린이 유괴사건이 많아서 그런 것 같아요'라고 후배가 한마디 한다.

새벽에 일어나 초췌한 모습으로 골프 모자를 눌러쓰고 있던 내 모습이 아이 엄마에게 흉악한 유괴범처럼 보였을 수도 있다고 생각하니 쓴웃음이 났다.

어린이 유괴사건. 우리가 어렸을 적에도 유괴사건이 있었다. 그래서 한때 저녁이 되면 더 이상 동네에서 친구들과 놀 수 없었다. 집집마다 저녁 식사 시간이 되면 엄마들은 아이들을 불렀고, 같이 놀던 친구들은 하나둘씩 집으로 들어갔다.

간혹 저녁 늦게까지 한 엄마가 울면서 온 동네를 돌아다니며 친구 녀석의 이름을 부르던 것도, 산으로 메뚜기를 잡으러 갔다 늦은 저녁에야 돌아온 그 친구 집에서 나는 몽둥이찜질 소리로 또 한 번 동네가 요란했던 것도 기억난다. 그리고 동네에 낯선 사람이 나타나면 아이들이 모두 집으로 들어갔던 것도, 그해 아랫동네에서 유괴사건으로 시끄러운 일이 있었던 이후 생긴 우리 동네의 새로운 풍경이기에 더욱 기억이 난다.

몇 해 전, 베트남 영화 중 가장 재미있게 본 영화가 있다. 바로 어린이 유괴사건을 다룬 베트남 액션 영화 〈하이 푸엉(HAI PHUONG)〉이다. 이런 소재의 영화가 개봉되는 걸 보면, 아직도 베트남에서는 어린이 유괴사건이 많이 있는 것 같다.

베트남에서는 아이가 아무리 귀여워도 모르는 아이의 머리를 쓰다듬거나 손을 잡으면 아이 부모에게 큰 오해를 받을 수 있으니 주의하자.

12

베트남의 배려 문화

Vietnam

1) 베트남의 길거리 문화, '노점상'

요즘 우리나라는 노점상들이 점점 없어지고 있지만 이곳 베트남에서는 아주 흔하게 볼 수 있는 게 노점상이다. 그래서 가끔 우리의 옛 추억을 떠올리게도 한다.

이곳의 노점상은 세 가지로 나눌 수 있다. 자전거, 오토바이 또는 도보로 이동하며 판매하는 노점상, 일정한 곳에서 저녁 또는 낮에만 영업하는 노점상 그리고 작은 상점을 거점으로 인도까지 진출한 노점상 등이다.

이곳에서 판매하는 제품들은 아주 다양하고 가격도 제각각이다. 낮에는 주로 도심 관광지나 대학가, 학원가 등 관광객과 학생들이 많은 곳, 저녁에는 많은 사람이 모이는 도심의 번화가에 노점상들이 많다. 물론 주택가에도 저녁마다 다양한 야식거리를 판매하는 노점상들이 있다. 그리고 매일 새벽 싱싱한 식료품을 별도의 배달요금 없이 아주 싼 가격에 문 앞까지 배달해 주는 노점상도 있다고 한다.

밤거리의 노점상
(삶은 옥수수, 옥수수알 볶음, 닭발구이, 튀김류, 과일, 삶은 계란과 메추리알 등을 판다.)

    베트남에서 가장 많은 음식과 음료 노점상은 종류에 따라 그리고 계절에 따라 매우 다양하다.

    노점에서 물건이나 음식, 음료를 파는 사람들은 대부분 시골에서 온 사람들이다. 노점상들은 베트남 정부에서 허락한 장소에서만 한시적으로 장사를 할 수 있지만, 단속의 눈을 피해 언제나 변함없이 사람들이 가장 많이 오가는 장소에서 장사를 한다. 파는 물건에 따라 다르지만 가격 흥정은 한 번 해볼 만하다.

    참고로 우리의 가격 흥정 방식과 베트남 사람들의 가격 흥정 방식은 많이 다르다. 예를 들어 장사꾼이 20만 동을 부르면 우리는 보통 처음 12만 동에서 15만 동 정도의 가격을 제시한다. 그러나 베트남 사람들은 처음 7만 동을 부르고, 장사꾼이 다시 18만 동이라고 하면, 다시 9만 동을 제시한다. 우리나라 장사꾼 같으면 화가 날 경우지만, 베트남 장사꾼은 아무렇지도 않게 손님과 계속 흥정한다.

요즘 베트남의 큰 도시에서는 거의 사라졌지만, 아직도 도심 근교 유원지에는 종종 외국인에게만 비싸게 파는 노점상들이 있다. 예를 들어 같은 브랜드의 담배를 앞의 베트남 사람에게는 2만 동에 팔고, 나에겐 5만 동을 부른다. 그냥 웃으면서 정말 꼭 필요하면 그 돈을 주고서라도 사고, 아니면 안 사면 된다. 왜 그러냐고 제발 화내며 다투지 마시길. 코로나 팬데믹으로 많은 노점상들이 사라졌다. 가격 흥정을 하면서 친해진 몇몇 노점상들의 안부가 궁금해진다.

2) 술집 앞에서 안주 팔아도 괜찮다?

우리나라 같으면 말도 안 되는 소리다. 우리는 감히 엄두를 낼 수 없는 경우인데, 술집 주인에게 두들겨 맞거나 영업 방해로 경찰에 끌려가거나 둘 중 하나일 것이다. 하지만 베트남은 다르다. 우리 상식으로는 이해가 안 되지만, 술집에서는 술만 주문하고 술집 앞을 지나다니거나, 술집 앞에 그냥 진을 치고 있는 노점상에서 안주거리를 사서 먹어도 된다.

안주거리는 다양하다. 마른 오징어, 군밤, 옥수수, 어묵, 각종 구이 등. 이런 경우는 술집뿐만이 아니다. 친구와 식당에서 식사를 할 때도 메뉴가 다른 옆집 식당에서 다른 종류의 음식을 주문하고 가져다 달라고 요청하면 갖다 준다. 예를 들어 한 친구는 칼국수를 먹고 싶고, 다른 친구는 냉면을 먹고 싶다면 옆에 있는 냉면 식당에서 냉면을 시킨 후 칼국수 집에서 같이 먹을 수 있는 것이다.

각자 취향에 맞는 음식을 한 식당에서 같이 먹어도 된다. 식사 후 옆집 식당에서 시킨 음식 계산은 물론 옆집 식당에서 하면 된다. 이런 베트남 문화는 우리나라와 너무 대조적이다. 술집이나 식당 주인의 후덕함 그리고 서로 배려하고 상부상조하는 그들의 모습이 아름답고 또한 너무 부럽다.

3) 소음공해를 아시나요?

베트남에 거주하면서 가장 힘들었던 것 중 하나는 한밤중 근처에서 들려오는 각종 소음공해다. 한인들이 모여 사는 아파트 단지에는 없었는데, 로컬 아파트에 살면서부터 각종 소음공해에 시달린 적이 많았다. 우리나라에서 많이 겪는 층간 소음, 즉 아래위층에서 들리는 쿵쾅거리는 발소리, 의자 끄는 소리 등은 거의 없지만, 노래방 기계를 틀어놓고 부르는 노랫소리는 정말 참기 힘들다.

우리나라 사람들 못지않게 그들도 노래 부르는 것을 좋아한다. 식당뿐만 아니라 몇몇 가정에는 가정용 가라오케(노래방 기계)가 설치되어 있고, 최근 스마트폰과 연결해서 사용하는 '노래방 마이크'는 저렴한 가격이라 웬만한 베트남 가정에 하나씩은 있다. 그래서 이것으로 시도 때도 없이 노래를 부른다.

인근 베트남 식당에서 생일파티라도 하는 날이면 초저녁부터 노랫소리와 시끄러운 댄스음악 소리가 함께 들리는데, 어떤 날은 밤 12시가 넘어서도 계속된다.

그렇다면 낮에는 조용한가 하면 그렇지 않다. 최근 아파트 입구에 새로 오픈한 미용실에서는 미용실 밖으로 커다란 스피커를 내놓고 요란한 댄스음악을 하루 종일 틀어놓고 있다. 그리고 일주일에 한 번씩 아파트 아래층에 있는 집과 위층에 있는 집 중 한 집씩 번갈아서 대낮에 현관문을 열어놓고 맥주파티를 하는데, 사람들이 술이 취할수록 말도 많고 목소리도 커진다. 그리고 당연히 시작되는 노랫소리. 어찌나 시끄러운지 같은 층에 있는 집들은 물론 아래위 두세 개 층 세대들에게 그대로 전달된다.

이렇게 아파트 내부, 외부에서 밤낮으로 들려오는 시끄러운 소음공해가 머리를 아프게 하는데도 어느 누구도 이에 대해 불평하거나 따지는 사람이 없다.

베트남 지인에게 그 이유를 물어보니 답은 의외로 간단했다.

'남 좋은 날인데, 왜 뭐라고 하는가'라고. 그리고는 '언젠가 나도 그렇게 노래 부를 때가 있을 것'이라는 거다. 살다 보면 다 그렇고 그런 것인데 뭘 그런 걸 가지고 따지냐는 얘기다.

베트남 사람들은 이러한 소음공해에 대해 무감각한 것인지 아니면 무지한 것인지, 그것도 아니면 전쟁을 많이 겪은 사람들이라 긴장되는 '고요'보다 옆에서 웃고, 떠들고, 노래 부르는 '시끄러움' 속에서 오히려 더 편히 잠을 자는 건지도 모른다.

하지만 몇 년 전 하노이에서 이웃의 노래방 기기 소음에 격분해서 화염병을 던져 화재가 난 사건이 발생했다. 이 사건이 베트남 사람들에게 '소음공해'를 인식시키게 할지도 모르지만 우리와 다른 그들의 정서는 이웃에서 들려오는 소음에 대해 너무나 관대하고 너그럽다는 것이다. 소음공해에 시달리기 싫으면 조용한 동네를 찾아 이사하는 수밖에 다른 방법이 없다.

4) 베트남 사람들의 인내심과 여유

베트남 사람들은 모든 게 느리다. 아니 느린 게 아니라 '천천히'다. 골프 라운드에서 앞 팀이 베트남 사람들이면 한국 사람들은 표정이 일그러지며 말이 많아진다. 좀 답답한 면이 없진 않지만 그들 때문에 오히려 여유가 생겨서 좋다.

그들은 일상에서도 급한 게 없이 뭐든지 천천히 한다. 그래서인지 가만히 살펴보면 베트남 사람들은 화내는 사람들이 별로 없다.

대표적인 경우가 도로에 차가 막혔을 때이다. 그들은 도로에서 차가 길을 막고 있어도 아무도 항의하거나 욕하지 않는다. 그냥 기다린다.

한참 뒤에 길을 막았던 차가 도로에서 차를 빼면 그냥 또 아무렇지 않게 지나간다. 우리나라 사람들 같으면 길이 막히는 순간부터 클랙슨을 누르고, 욕하며, 소리소리 지르고, 길 막은 차 옆을 지나가면서 다시 한번 욕을 한 차례 퍼붓거나 욕하는 눈빛으로 최대한 오래 흘겨보고 간다. 그냥 지나가지는 않는다.

도로공사로 공사차량이 길을 막고 있는 경우 베트남 사람들은 언젠가 길이 뚫리겠지, 하며 기다린다. 우리 같으면 난리가 날 상황인데 말이다.

식당에서도 음식을 주문하면 매우 늦게 나온다. 어떤 날은 아무리 기다려도 가져올 생각을 안 한다. 우리나라 사람들은 난리칠 게 뻔하다. 하지만 베트남 사람들은 그냥 기다린다. 버스 정류소에서 장장 3시간이나 버스를 기다렸다가 타기도 한다.

1990년대 초반 국내 모 카드회사의 CF 촬영차 뉴질랜드를 다녀온 CM 팀의 팀장이자 CF 감독인 선배는 술자리에서 술이 조금 취하면 "뉴질랜드에 가서 살 거야"라며 어찌나 뉴질랜드 얘기를 하던지, 30년이 다 된 지금도 그때의 술자리가 기억난다.

당시 국내 유명 배우가 양 떼와 함께 걷는 장면을 찍는 과정에서 양 떼가 그만 옆의 도로를 잠시 점령했는데, 도로에 길게 밀려 있는 자동차들이 아무도 클랙슨을 누르지 않고 그냥 한참을 기다리다 도로가 정리되고 길이 트이자 다들 웃으면서 지나갔다며 사람들이 얼

관람객들에게 시범을 보이는 구찌땅꿀
안내원

구찌땅굴의 입출구

마나 여유가 있는지, 우리는 왜 그런 여유가 없이 이렇게 죽도록 일
해도 힘들게 사는 거냐고, 역시 선진국은 뭐가 달라도 다르다고 했던
게 기억난다.

　비슷한 상황의 베트남이다. 양 떼가 아니라 공사 차량이 길을 막았
을 뿐, 여유롭게 마냥 기다리는 베트남 사람들. 길이 트이자 아무도
인상 쓰지 않고 지나간다. 그들은 왜 이렇게 여유가 있는 것일까? 베
트남이 선진국도 아닌데 말이다.

　200여 개의 105mm포를 한 번에 1인치씩 하루에 800m를 3개월에
걸쳐 산꼭대기로 옮긴 후, 적의 진지를 초토화시켜 승리한 딘빈푸 전
투에서도 그렇고 구찌의 땅굴, 그 어둡고 칙칙한 땅속에서 살아남아
비행기 한 대 없이 세계 최강인 미국과 싸워 이긴 것도 모두 베트남
사람들의 참을성, 인내심이 전쟁을 승리로 이끄는 데 가장 큰 역할을

했을 것이라 생각된다.

'참을성', '인내심'이란 단어와 '여유'라는 단어는 분명히 다른데, 도대체 베트남 사람들의 그 여유는 무엇인가?

그 답은 바로 출근길, 우리가 알 수 없는 그들만의 무질서 같은 교통질서를 살펴보면 알 수 있다. 베트남 사람들은 나보다는 상대방, 나보다는 우리를 먼저 생각하는 여유와 배려심이 깊다. 오토바이와 자동차가 뒤섞여 가는 복잡한 출근길 도로에서 사고 한 번 나지 않는 이유는 바로 '천천히'와 '양보'인 것이다. 이 양보는 곧 배려이고 이 배려에서 그들을 다시 한번 이해하고, 그들에게 배워야 할 것은 무조건 배우는 게 좋을 것 같다. 우리 기준에서는 가난하지만 우리보다 행복한 그리고 여유로운 베트남 사람들에게 말이다.

5) 쟈스민 냉차가 공짜, 반미도 무료인 곳이 있다고?

베트남 특히 남부 호찌민시는 일 년 내내 더운 여름 날씨다. '너무 더운 계절'과 '엄청나게 더운 계절' 이렇게 두 계절이 있다는 농담을 할 정도이다. 하지만 굳이 구분하자면 크게 우기(보통 4월부터 10월까지)와 건기(보통 11월부터 3월까지)로 나뉜다. 우기 때는 하루에 한 번씩 쏟아지는 스콜(Squall)과 낮은 습도 때문에 그늘에만 있으면 우리나라의 푹푹 찌는 여름 날씨보다 덜 덥다.

사시사철 더운 호찌민은 이런 더운 날씨 탓에 어떤 식당을 가도 마실 수 있는 차(茶)가 바로 짜다(Trà đá)이다.

짜다는 쟈스민 차를 끓여 식힌 후, 시원하게 얼음을 넣은 것으로 여름철 우리의 시원한 보리차처럼 갈증을 해소하고 몸의 열기를 내리는 역할을 한다. 실제로 이 시원한 짜다 한 잔이면 어느 정도 몸의 더운 열기와 갈증이 사라진다.

요즘은 한국에서 보리차를 주는 식당은 거의 없지만 예전엔 대부분의 식당에서 보리차를 마실 수 있었고, 이 보리차는 무료였다. 베트남 식당에서 짜다는 무료가 아니라 유료로 보통 한 잔에 2천 동(100원) 정도를 받는다.

그런데 이 짜다가 공짜인 곳이 있다. 무더운 날씨 속에서도 길거리를 다니며 판매하는 노점 상인들이나, 쎄옴 기사들을 위한 '무료 냉차 (Trà đá miễn phí, 짜다 미엔 피)'라는 팻말과 함께 얼음이 가득 담긴 보냉통을 볼 수 있는데, 바로 이 보냉통에 들어있는 짜다가 팻말에 써 있는 말 그대로 무료인 것이다.

더운 날씨에 목마른 이들을 위해 일반 시민들이 정성스레 준비한 작은 적선(積善)이다. 노점 상인들과 쎄옴 기사들 외에 목마른 사람들은 누구나 그곳에서 목을 축이고, 그들이 가지고 다니는 작은 물통에 시원한 냉차를 담아가기도 한다.

또 길가의 어떤 곳에는 '무료 빵(Bánh mì miễn phí, 반미 미엔 피)'이라는 글이 써 있는 커다란 반미통도 볼 수 있다. 이 반미통에는 베트남어로 다음과 같이 쓰여 있다.

'배고픈 이들을 위해 준비한 빵입니다. 누구든 배고픈 사람은 빵을 가져가서 드세요. 그리고 누구나 배고픈 이들을 위해 이 통에 빵을 넣어둘 수 있습니다.'

이 또한 어느 사회봉사 단체가 하는 것이 아니라, 그냥 그 동네에 사는 일반 사람들이 준비한 또 하나의 적선함(積善函)이다. 우리나라에서는 찾아볼 수 없는 그들만의 365일 불우이웃돕기인 것이다.

모금함에 모인 돈이 얼마이고 어떻게 쓰이는지 아무도 모르지만 우리는 올바르게 쓰일 것이라 믿고 늘 겨울과 함께 나타나는 불우이웃돕기 모금함에 다만 몇 푼이라도 넣는다. 봉사활동에 의심을 가져서는 안 되지만 베트남의 이런 적선함은 우리나라의 어느 사회봉사 단체에서 하는 자선 모금함과는 차원이 다르다.

이들은 아주 소소한 냉차와 민짜 반미 빵에 불과하지만 누구나 적선할 수 있고, 또한 어려운 사람들은 누구나 직접 가져갈 수 있는, 그래서 애초부터 의심할 수 없는 시스템을 갖춰 놓은 것이다. 그들이 의심 받는 게 싫어서 이런 시스템을 만든 것은 물론 아니다. 그들은 그냥 어려운 이들을 돕고자 하는 갸륵한 마음뿐인 것이다.

때로는 두서너 명의 젊은이들이 다리 위에서 지나가는 배고픈 이들을 위해 '민짜 반미'가 아닌 이것저것 앙꼬가 잔뜩 들어있는 우리가 아는 그 '반미'를 나눠주는 것을 볼 수 있다. 또한 시골에서 치료를 위해 호찌민으로 올라온 환자의 보호자들 대부분은 병원비도 감당하기 어려운 처지로 병원 복도에서 쪽잠을 자며, 하루 한 끼의 식사도 못하는 이들이 많다고 하며, 종합병원 앞에서 그들에게 도시락을 만들어 나누는 젊은이들도 볼 수 있다. 그 젊은이들도 결코 넉넉하지 않은데 말이다.

가난하지만 마음만은 절대 가난하지 않은 베트남 사람들에게 어울려 사는 법, 어려운 이들을 생각하는 온정 그리고 사람 냄새 나는 정(情)을 다시 배워야 할 듯하다.

6) 베트남에 거지는 없다?

베트남에 거주한 지 5개월쯤 되었을까? 새로운 직원의 환영회를 겸한 조촐한 저녁식사를 시내의 로컬 식당에서 하게 되었다.

당시만 해도 베트남 음식에 자신이 없던 터라 한국 스타일을 고집하며, 요즘 삼겹살에 김치 구워 먹는 게 한국에서 유행이라며 회식 때면 무조건 한국 식당으로 갔지만, 이번엔 직원들이 원하는 로컬 식당에서 회식하기로 한 것이다. 꽤 먼 곳에서 조사 업무를 마치고 복귀하는 몇몇 직원들을 고려해 저녁 8시에 늦은 저녁식사를 하기로 하여 퇴근 후 집에 들렀다가 혼자 식당을 찾아 가겠다고 했는데, 결국은 못 찾고 직원에게 전화해서 겨우 도착한 그 식당은 낮에 가끔 지나가면서 보았던 것과는 전혀 다른 모습이었다.

 꽤 널찍한 식당 앞 인도에는 예쁜 천이 씌워진 테이블이 있고, 곳곳에 전등을 달아 그럴 듯한 도심 속 야외 식당으로 변해 있었다. 그 분위기에 잠시 취해 맥주를 몇 병 주문해서 먼저 시원하게 들이켰다. 뜨거운 낮과 달리 도심 속 밤은 제법 시원했다. 또한 낮과는 사뭇 다른 멋진 야외 식당에서 마시는 맥주 맛은 기가 막혔다. 그리고 시장한 탓인지 직원들이 이것저것 주문한 이름을 알 수 없는 음식들은 더 기가 막혔다. 거하게 잔뜩 음식을 시켜 직원들과 함께한 이날 회식비는 한국에서는 상상할 수 없을 정도로 저렴했다.

 그날 이후 베트남 어학원 동기들과 맛있는 베트남 음식과 시원한 맥주가 그리워 밤마다 좋다는 야외 로컬 식당을 찾아다녔다.

 이 야외 로컬 식당의 가장 큰 단점이라면 단점인 것이 바로 야외 식당을 갈 때마다, 심지어 다른 동네의 야외 식당을 가도 가는 곳마다 만나는 과일 땅콩 아주머니, 할머니와 할아버지 또는 장애인들이 파는 복권 그리고 껌팔이 꼬마들이다.

 특히 복권과 껌팔이 꼬마들이 문제다. 과일이나 땅콩은 가끔 입가심이나 안줏거리로 사먹지만, 우리가 전혀 알 수 없는 복권을 파는 할머니와 끈질긴 껌팔이 꼬마들 때문에 매번 술자리 분위기와 흥이 가라앉기도 하고, 여하튼 여간 성가신 게 아니었다. 한참 맛있는 음식을 즐기는 우리에게 알아듣지도 못할 말을 계속 반복하고, 테이블을 돌며 함께 앉아 있는 사람에게 끈질기게 같은 말을 하며 사달라고 애원하는 터에 귀찮아서 몇 번 사주었더니, 또 다른 이들이 계속 다가와 끈질기게 복권과 껌을 얼굴 앞으로 들이밀었다. 그래도 모른 척하면 어깨를 툭툭 치기까지 한다.

어느 날 같이 있던 베트남 어학원 동기생이 끈질긴 껌팔이 꼬마에게 좀 전에 산 껌을 보여주었다. 그래도 꼬마는 하나 더 사라는 듯 꿈쩍도 하지 않았다. 그러자 학원 동기생은 2만 동짜리 지폐를 던져주며 짜증이 섞인 말투로 '껌은 됐고, 그냥 좀 가라'고 하며 손짓했고, 꼬마 녀석은 순식간에 지폐를 집고 껌 두 개를 획 던지며 침을 뱉고 가는 게 아닌가.

동기생이 어이없어 하며 '콩알만 한 놈이 자존심은…' 하고 말하는데, 순간 5개월 전 지사 설립을 위해 출장이 아닌 장기 체류를 위해 베트남으로 떠나기 전날 저녁 술자리에서 회사 선배가 한 말이 떠올랐다.

"베트남에 거지 많아. 정말이야, 조심해. 그리고…"

당시 베트남은 국민 1인당 GDP가 2천 달러가 안 되었다. 하지만 한 번도 가본 적 없는 베트남에 대해 술만 취하면 같은 얘길 하는 선배에게 알았으니 걱정하지 말라며 건성으로 답했는데, '거지들이 자존심이 세니까 조심하라'고 한마디 더 한다.

앞선 두 번의 출장길에서도 선배가 똑같은 얘길 해서 교차로 신호에 걸린 택시 안에서 오토바이가 가득한, 그야말로 장관인 오토바이 물결을 보면서도 '혹시, 거지가 있나?' 하고 찾아봤지만, 거지는커녕 거지 같은 사람도 없었고 온통 오토바이뿐 걸어 다니는 사람을 찾아볼 수 없었다. 간혹 있다면 관광 온 외국인들뿐이다. 이렇게 말하고는 "베트남에 거지 없던데 뭘?" 하고 말하니 그때마다 그 선배는 내가 아직 몰라서 그렇단다.

자존심 강한 껌팔이 꼬마를 본 다음 날, 그 선배와 한 시간 넘게 인터넷 전화 통화로 알게 된 사실은 대충 다음과 같다.

여러 후진국들 중 유일하게 베트남만 거지가 없다고 한다. 아니 있지만, 그들은 절대 그냥 돈을 구걸하지 않는다고 한다. 껌이든 복권이든 뭔가를 팔면서 돈을 구걸하는 것이다. 엄밀히 따지면 거지는 아니다. 그리고 그것은 베트남 사람들의 자존심과도 연결되는데, 그냥 돈을 줘도 안 받는 자존심, 그 자존심이 지금의 베트남을 지켜온 것이라고 한다. 그래서 껌팔이든 아니든 베트남 사람들을 절대 만만하게 봐서는 안 된다고 한다.

그리고 구구절절 이미 여러 번 다녀 온 사람처럼 이야기하는 선배가 신기했다. 그리고 그제야 선배 말에 공감이 갔다. 베트남에 한 번도 갔다 온 적 없는 선배가 그런 걸 어떻게 알았는지 아직도 모른다. 학창시절 학생운동을 했던 그 선배는 당시 읽으면 안 되는 사회주의 관련 책까지 가리지 않고 많은 책을 읽어 박학다식했는데, 확실하진 않지만 분명 그 책들을 통해 베트남에 대해 파악했을 것이다.

그 이후 밤에 야외 로컬 식당에 가면 다른 테이블의 베트남 친구들을 살펴보는 버릇이 생겼다. 대부분의 베트남 친구들은 그들에게 복권이든 껌이든 산다. 절대로 그냥 돈만 주는 경우는 없다. 거스름돈도 꼬박 받는다. 어떤 친구는 테이블에 같이 앉아 꼬마와 함께 음식을 먹기도 하고, 남아 있는 음식을 복권 할머니나 할아버지에게 싸주기도 한다. 그들도 넉넉지 않지만, 조금이라도 남을 도우려 하고 조금이라도 가진 것을 나누려 한다. 그리고 식당의 주인이든 종업원이든 누구도 그들을 제지하지 않는다.

나중에 베트남 친구에게 들은 이야기는 지금까지 복권을 구입해서 적은 금액이라도 당첨된 적이 한 번도 없지만, 자신은 물론 대부분의 베트남 사람들은 '가난한 이들에게 잘해 주어야 복을 많이 받는다. 그리고 극락(極樂)에 갈 수 있다'고 믿기 때문에 껌이든 복권이든 거부

복권 판매상이 판매하는 한 장에 1만 동(500원)짜리 복권

감 없이 구입한다고 했다.

베트남은 국민들 대다수가 불교 또는 그와 비슷한 종교를 가지고 있다. 그리고 가난한 사람들일수록 복권 구입을 많이 한다는 통계가 있지만, 그들에게 복권 구입은 일확천금을 얻으려는 것보다 복권을 판매하는 할머니, 할아버지 또는 장애인들에게 연민을 느껴 그들을 돕고자 구입하는 경우가 대부분이다.

이처럼 대부분의 베트남 친구들은 한 번도 복권에 당첨되지 않았는데도 가난한 이웃을 도와 복(행운)을 받으려는 듯 끊임없이 복권을 산다. 그들에게 복권 또는 껌을 사는 것은 바로 가난한 이웃에게 적선(積善)을 하는 것이다.

'너를 찾은 거지를 홀대하지 말라. 그는 거지의 탈을 쓴 천사일 수

도 있으니….' 누구나 한 번 들어봄직한 이 문구 그대로를 모두 실천
하는 듯하다.

베트남에 거지는 없다. 가진 건 없지만, 마음 따스하고 서로 보듬는
이들이 있을 뿐이다. 헐벗고 가난한 이웃을 대하는 태도가 어쩌면 이
렇게 우리와 다를 수 있단 말인가?

최근 코로나 팬데믹 이후 이들은 거의 모두 사라졌다. 도대체 어떻
게 된 것일까?

13

베트남의
유흥과 서비스 문화

1) 나 손님인데… 관심 없나요?

요즘 한국은 어딜 가나 서비스가 좋고 빠르다. 식당, 커피숍, 미용실, 백화점, 공항, 병원 등에서의 친절하고 빠른 서비스는 한국 생활의 큰 편리함이다. 그리고 손님을 진심으로 위하는 친절이어서 기분도 좋다. 이런 친절과 빠른 서비스의 편리함이 익숙해 잘 느끼지 못하지만 베트남에서 며칠만 지내다 보면 바로 느낄 수 있다.

물론 베트남 사람들도 매우 친절하다. 하지만 서비스 업종에 근무하는 사람들의 친절함은 마치 친구를 대하는 듯한 프렌들리한 친절이어서 기분이 조금 다르다. 무엇보다 베트남의 느린 서비스는 한국의 빠른 서비스에 익숙한 사람을 속 터지게 만든다.

식당에서 주문도 늦게 받고, 음식도 늦게 나오고, 간혹 음식이 잘못 나오는 경우도 그렇다. 테이크아웃 커피를 사는 사람들이 길게 줄 서 있어도 종업원들은 즐겁게 잡담하며 자기와는 아무 상관없는 사람들이라는 표정을 지을 때도 있다. 몸이 안 좋아 병원 안내데스크에 가서 문의하면 안내원은 2주 후가 가장 가까운 시간이라고 퉁명스럽게 말한다.

뭐든 조금 빠르고, 더 좋은 서비스를 받으려면 다만 얼마라도 돈을 줘야 한다는 사실도 부담스럽고 번거롭다. 아마 베트남 사람들의 뿌리 깊은 의식 속에 예전 배급 경제 시대의 사고가 남아 있기 때문인 것 같다.

최근 들어 다국적 기업들의 서비스업 진출로 베트남 사람들의 서비스 마인드도 예전보다 많이 개선되고 있다. 하지만 아직 베트남에서 한국식 친절과 빠른 서비스를 기대하는 것은 무리다. 답답하겠지만, 베트남에서는 뭐든지 항상 마음의 여유, 시간의 여유를 가지고 있어야 한다.

2) 이름도 반가운 마트, 분위기도 한국 같은데…

우리나라 유통기업들이 베트남에 진출하면서, 한국 사람들에게 반가운 이름의 마트가 곳곳에 생기고 있다. 이름도, 인테리어도 같고, 마트 내부 분위기도 비슷해서 마치 한국에 온 것 같은 기분을 느낄 수도 있다. 하지만 우리나라와는 조금 다른 운영시스템이 있으니 반드시 알고 있는 것이 좋을 것 같다.

가방을 들고 있는 손님은 마트 입구에서 경비원의 제재를 받는다. 가방이 크면 보관함에, 작으면 가방을 열지 못하도록 비닐봉지로 봉인하거나 케이블 타이로 묶는다. 이때 가방 속에 있는 핸드폰이나 지갑 등은 미리 빼놓아야 한다. 그렇지 않으면 쇼핑 중에 가방 안에서 울리는 핸드폰을 꺼낼 수 없고, 쇼핑 중간에 별도로 계산할 경우가 생기면 지갑을 꺼내기 위해 경비원을 불러야 하기 때문이다.

전자제품을 구입할 때는 판매대 근처에 전원 콘센트가 있으니, 번거롭게 반품하러 오는 일이 없도록 반드시 전원이 들어오고 작동이 되는지 확인해야 한다. 박스 속에 멀쩡하게 들어 있는 제품들이 작동되지 않는 경우가 종종 있다.

판매대에 없는 제품은 재고가 없는 경우가 대부분이다. 직원을 호출해서 아무리 말해도 없다는 말만 반복할 것이다. 우리나라처럼 창고에서 가져오거나 인근의 다른 매장에 있는 것을 가져다주지 않는다. 판매대에 없는 물건은 현재 그 매장에 없는 것이다. 그리고 언제 물건이 들어오는지 물어도 모른다고만 하니, 급히 필요한 물건이라면 다른 매장을 찾아 구입하는 게 빠르다.

또한 마트에서 계산하고 나올 때, 아무리 적은 물건을 구입했어도 절대 영수증을 버리면 안 된다. 영수증과 쇼핑 카트 또는 쇼핑 봉투의 물건을 비교 확인하는 경비원이 출구에 또 있기 때문이다.

이러한 대형마트들은 음식점, 영화관 등 다양한 먹거리와 놀거리를 갖춘 복합 엔터테인먼트 공간으로 많은 베트남 사람들에게 사랑받고 있는데, 주말이면 젊은 연인들의 휴일 하루 코스 놀이공간으로 인기가 있다.

하지만 사람이 많은 곳에는 늘 '알리바바(소매치기, 도둑)'가 있음을 명심해야 하는데, 쇼핑을 마치고 주차장으로 쇼핑 카트를 가지고 나오는 목이 좁은 길에는 마치 베트남 가족, 즉 할머니, 엄마 그리고 손자 손녀들처럼 보이는 4~5명의 전문 소매치기들이 있다. 현금을 꽤 많이 가지고 다니는 한국 사람이 주 타깃인데, 한 사람이 쇼핑 카트 앞에서 진로를 방해하거나 가로막으며 주의를 끌고, 다른 일행은 카트 미는 사람이 한눈판 틈을 이용해 가방이나 지갑을 훔쳐 다른 일행에게 전달해서 훔쳐가는 수법이다.

우리나라에서처럼 쇼핑한 물건이 잔뜩 쌓여 있는 카트 안에 아무 생각 없이 또는 무심코 가방이나 지갑을 올려놓으면 눈 깜짝할 사이에 없어질 수 있다는 것을 명심해야 한다. 근처에 있는 사람들이나 경비원에게 아무리 하소연해 봐야 그들은 아무 말도 않고, 어떤 도움도 주지 않을 게 뻔하다. 번잡하고 사람 많은 곳에서는 자신의 소지품을 스스로 잘 챙겨야 한다.

앞에서 이야기한 판매대에 없는 물건이 왜 그 매장에 없는 것인지는 베트남의 유통 판매 시스템을 살펴보면 이해가 된다. 유통 아이템마다 그리고 매장별로 조금씩 차이는 있겠지만 보통 매장(마트)에 있는 제품들은 제품 공급자에게 제품 값을 지불한 후 제품을 공급받아 판매대에 진열한다. 처음 매장에 공급한 물건에 대한 대금 결제만 1개월 이후라고 하니, 그 후로는 계속 물건 값을 지불해야 하는 시스템이다.

그러다 보니 절대 한 번에 많은 수량의 제품을 구입하지 않는다. 그래서 판매대에 없는 것은 그 매장에 없는 것이고 언제 다시 제품을 구입하게 될지는 매장에 있는 안내 직원도 모르는 것이다. 이러한 유통 판매 시스템은 매장(마트)이 영원한 '갑'인 우리나라와 크게 다른 점이다.

베트남은 사회 전반적으로 우리나라와 달리 제품 공급자를 절대적으로 보호하는 유통 판매 시스템을 가지고 있다. 뭐든 제품을 구입하려면 선불이거나 최소한 물건을 받자마자 대금을 지불해야 한다. 믿을 수 있는 또는 대기업이 운영하는 판매처이니 물건부터 들이밀고 몇 개월씩 물건 값을 못 받아 영세한 제품 공급자가 결국 버티지 못하고 망하는 그런 유통 판매 시스템이 아니며, 그런 경우는 절대로 없다는 얘기다.

혹시 베트남에서 물건을 구입 또는 판매하고자 한다면 이러한 유통 판매 시스템에 대해 사전에 잘 파악하는 것이 중요하다.

3) 영화 상영시간이 극장 입장 시간이라고?

최근 베트남에는 대형마트뿐만 아니라 낯익은 우리나라의 유명 영화 상영관 역시 눈에 띄게 많아졌다. 그래서 베트남에 거주하는 한국 교민들은 한국에서 개봉하는 영화를 베트남에서도 볼 수 있는 기회가 많아졌다.

하지만 베트남 극장의 운영 시스템은 한국과 조금 다르다. 한국에서 영화를 보던 습관대로 티켓을 구입하고 상영시간보다 조금 일찍 극장에 가서 편히 의자에 앉아 있으려고 하지만, 모든 베트남 극장들은 상영시간에 맞춰 입장을 시킨다.

예를 들어 영화가 저녁 6시 상영이라면, 저녁 5시 58분에도 입장할 수 없고, 정각 6시가 돼서야 입장할 수 있다. 6시에 입장하면 극장은 불이 꺼져 있는 상태다. 플래시로 자리를 안내하는 직원이 있어도 어두운 극장에서 자리를 찾는 건 여간 불편한 게 아니다. 스크린에는 다음 개봉 예정 영화와 각종 광고가 상영되고 그렇게 약 20~30분이 지난 후 본 영화를 상영한다.

대부분의 베트남 극장들은 이런 시스템으로 운영하는데, 예전에 티켓 매표소 앞에서 베트남 친구들이 상영시간이 이미 20분이나 지난 영화 티켓을 구입해도 된다고 했던 게 이제야 이해된다. 이것은 아직 시간 개념이 약한 베트남 사람들을 고려한 운영 시스템인 것 같기도 하다.

2018년 8월 기준 우리나라의 CJ CGV와 롯데시네마가 베트남 영화 시장의 60% 이상을 점유하고 있다. CJ CGV는 베트남 전역에 64개, 롯데시네마는 40개의 상영관을 운영하고, 지속적으로 상영관을 늘릴 계획이어서 기존 베트남 배급사들이 문제를 제기하고 있는 상황이다. 상영관을 늘리는 것도 좋지만 베트남 사람들도 점점 시간 개념이 생겨나고 있으니 개선의 여지가 있는 운영 시스템은 기존의 다른 상영관과 차별화하여 한국에서의 극장 운영 시스템처럼 과감히 바꾸는 것도 고려해 보았으면 좋겠다고 생각했다. 코로나 팬데믹 이후 영화 시장과 관련된 모든 회사들이 존폐 위기에 처해 있으니 하루 빨리 예전으로 돌아갔으면 하는 마음뿐이다.

4) 나이트클럽에 웬 소파?

베트남의 도시는 낮과 밤의 모습이 다르다. 낮에는 더운 날씨와 뜨거운 햇빛 때문에 도심 어딜 가도 한적하고 거리에 걸어 다니는 사람을 찾아볼 수 없다. 있다면 외국 관광객들이다. 하지만 밤에는 분위기가 다르다. 낮에 받은 뜨거운 열기를 분출하듯 사람들로 가득하다. 특히 최근에는 도심 곳곳에 주말마다 '차 없는 거리'가 조성되어 여기저기 요란한 네온사인과 조명으로 장식한 다양한 식당과 카페 그리고 상점들이 지나가는 고객들을 유혹한다. 작은 바(Bar)와 클럽에서 새어 나오는 쿵쾅거리는 음악소리는 몸을 들썩이게 만든다.

외국인들이 많이 찾는 유명 나이트클럽은 항상 사람들로 북적거린다. 언젠가 너무 많은 사람들 때문에 베트남 친구들과 베트남 로컬 나이트클럽에 간 적이 있다. 손님들 중 외국인은 찾아볼 수 없고 모두 베트남 젊은이들뿐인 이 로컬 나이트클럽은 무대는 거의 없고, 온통 테이블과 소파만 있었다. 손님들은 대부분 소파에서 그대로 일어나 춤을 추거나 그대로 앉은 채 춤을 춘다. 어떤 친구들은 그냥 소파에 누워 잔다. 주말이라 이곳 역시 자리가 없어 다른 나이트클럽을 찾다 그냥 비어클럽에서 맥주를 마신 적이 있는데, 나중에 베트남 친구를 통해 그 소파만 있던 나이트클럽에 대해 들은 얘기는 놀라웠다.

그 나이트클럽에 있는 손님들 대부분이 마약을 한다고 했다. 그래서 사람들이 모여서 춤을 추는 무대는 거의 없고, 모두 약에 취해 소파에서 춤을 춘다는 것이다. 밤새 지칠 줄 모르고 춤을 추게 한다는 엑스터시 일명 '도리도리'라는 마약이 한때 신촌이나 홍대 인근 클럽에서 유행했다는 얘기를 오래전 들은 적이 있는데, 그 나이트클럽은 손님들 대부분이 바로 그 엑스터시뿐 아니라 코카인 등 각종 마약을 복용하고 음악을 듣고 춤을 추는 곳으로 유명하고 게다가 공안 단속을 여러 번 받았던 곳이라고 한다. 대부분의 로컬 나이트클럽, 특히 소파가 많은 나이트클럽은 공공연하게 마약을 하는 베트남 젊은이들이 많다는 것이다.

베트남은 매춘과 마약 범죄를 중범죄로 처벌하는 나라 중 하나다. 베트남의 TV나 신문에서는 범죄자들의 얼굴을 그대로 노출시킨다. 우리나라처럼 모자를 쓰고 마스크로 얼굴을 가리는 것을 본 적이 없다. 설령 본인이 마약을 안 한다고 해도 옆 테이블에서 권하는 술이나 음료수에 무슨 약을 탔는지도 모르고 그냥 받아 마셨다가 공안 단속에라도 걸려 소변 검사에서 마약 성분이 검출되기라도 한다면 그 무슨 망신이란 말인가?

베트남 로컬 나이트클럽, 특히 소파가 많은 나이트클럽은 아예 얼씬도 하지 마시길.

5) 위험천만한 길거리 공연

베트남 도심에 있는 대부분의 식당들은 밤이 되면 식당 앞 인도에 테이블과 의자를 세팅해서 그럴듯한 야외 식당으로 변신하는데, 서울의 이태원과 같이 외국인 여행객들이 많이 있는 호찌민의 데탐(Đề

Thám, 여행자 거리 이름)에는 식당뿐만 아니라 작은 바(Bar)들도 야외 공간으로 테이블과 의자를 세팅해서 지나가는 사람들을 유혹한다. 이렇게 야외에 차려진 공간에는 밤이 될수록 점점 사람들이 넘쳐나는데, 수많은 사람들과 밝은 조명 탓에 밤 11시가 마치 저녁 7시로 느껴지기도 한다. 그리고 어느 순간 길가 한쪽에서 젊은 청년이 벌이는 원맨쇼에 사람들은 박수갈채를 보낸다.

원맨쇼, 즉 길거리 공연은 다양하다. 카드와 담배 개비로 마술을 하는 사람, 춤을 추고 노래를 부르는 사람, 차력술 또는 불 쇼를 하는 사람 등 다양한 젊은이들의 길거리 공연이 펼쳐진다. 이들의 공통점은 보는 사람이 있거나 없거나 자기들이 준비한 모든 공연을 각본대로 하고 과자나 껌을 테이블에 앉아 있는 손님에게 판매하는 것이다. 손님들은 물론 사도 되고, 안 사도 된다. 공연을 재미있게 본 사람은 당연히 얼마 안 되는 돈이기에 하나가 아니라 두 개라도 산다.

하지만 여러 공연 중 보기에도 아찔하고 위험천만한 것이 차력술과 불 쇼이다. 다양한 종류의 긴 칼을 식도 안까지 넣었다가 빼는 차력술과 휘발유를 머금은 입에서 연신 불을 뿜어대는 불 쇼 묘기는 응급상황에 대한 아무런 대책이 없는 길거리 공연으로는 절대 해서는 안 된다. 또한 외국인들이 마음을 졸이며 보는 것과 대조적으로 대부분의 베트남 친구들은 마냥 즐거워하며 본다는 것에 놀라지 않을 수 없다.

우리나라에서도 아주 옛날에 이와 비슷한 불 쇼와 차력술이 있었다. 그것은 바로 유명 서커스단의 공연이었는데, 지금은 모두 없어졌고 현재 어디에서도 이와 비슷한 공연은 없다. 야외 공간에서는 절대 해서는 안 되는 위험천만한 공연이 베트남에서는 아주 자연스럽게 그것도 수많은 사람들이 지나다니는 길거리에서 벌어지고 있는 것이다. 그리고 그들은 아무 일도 아닌 것처럼 웃고 떠들면서 공연을 즐긴다.

지금 생각하면 우리도 서커스단의 불 쇼와 차력술을 보며 그들처럼 즐겼을 것이다. 하지만 당시 서커스단의 공연은 베트남의 길거리 공연처럼 수많은 사람들로 붐비는 길가에서 하는, 아무런 안전대책도 없는 그런 공연은 아니었다. 안전의식이 없어서인지 아니면 전쟁을 많이 치른 나라 사람들이어서 그런지 겁이 없다. 교통사고로 도로에 피를 흘린 채 사람이 널브러져 있으면, 슬금슬금 다가가서 주머니를 뒤진 후 돈이나 시계 등을 가져간다는 말이 위험천만한 길거리 공연을 아무렇지 않게 보고 있는 그들을 보고서야 현실로 피부에 와 닿았다.

최근 코로나로 한산했던 여행자 거리가 다시 사람들로 북적이기 시작했다. 위험천만했던 길거리 공연은 찾아볼 수 없어 한편으로는 다행이라는 생각이 든다.

베트남은 아직 소화기를 만들지 못한다는 말을 한국의 한 소화기 제조회사의 베트남 공장 준공식장에서 들은 적이 있다. 단순한 기술이지만 관심이 없어서일 것이다.

베트남에 있는 우리는 '안전사고'란 개념조차 모르는 사람들 틈에 있다고 생각하면 될 것 같다. 그래서 어떤 일이든 어떤 상황이든 항상 스스로 안전사고에 대한 것을 염두에 두고 있어야 한다. 안전의식이 부족한 베트남 사람들은 위험한 순간일지라도 웃고 떠들기만 할 뿐 아무 생각이 없을 수 있다는 것을 명심해야 할 것이다.

6) 팁은 얼마를 줘야 하나요?

우리나라에는 없어서 부자연스러운 팁 문화는 미주나 유럽의 국가들과 마찬가지로 베트남에서도 매우 흔하고 자연스러운 문화로 기본적인 에티켓 중 하나이다. 베트남에서 살면서 점차 팁 문화에 대해 익숙해지고 있지만, 처음 베트남을 찾는 이들은 언제 얼마를 줘야 할지 참 애매하고 어려울 것이다.

팁이란 직접적인 서비스를 준 사람에 대한 고마움의 표시다. 직접적인 서비스의 가장 대표적인 것이 마사지다. 한 시간이고 두 시간이고 마사지사가 자신에게 직접 서비스를 해주었기 때문이다. 미용실에서 샴푸와 얼굴 마사지 등 기본적인 서비스를 받는 경우도 마찬가지다. 특히 베트남의 마사지사는 월급은 아주 적고 거의 팁 수입으로 생활하기 때문에 반드시 팁을 주어야 한다. 레스토랑이나 호텔에서도 나에게 서비스를 베푼 종업원에게는 기본적인 팁을 주는 것이 좋다.

현재 베트남의 기본적인 팁 금액은 2만 동(천 원) 또는 1불이라고 생각하면 좋다. 그래서 호텔이나 레스토랑 같은 경우 종업원에게 보통 2만 동(천 원) 정도만 주면 된다. 규모가 있는 레스토랑의 경우 음식 가격의 10% VAT와 5% 서비스 차지가 부과되는데, 이때는 별도의 팁을 주지 않아도 된다.

한국 사람들이 베트남에서 가장 많이 겪는 시빗거리는 바로 택시 거스름돈이다. 택시 요금의 잔돈을 무조건 팁이라고 하기는 조금 애매하다. 예를 들어 택시 요금을 냈는데, 기사가 잔돈을 주지 않거나 또는 정확히 다 주지 않은 채 앞만 바라보고 있는 경우다. 잔돈을 달라고 하면 지갑을 보여주며 잔돈이 없다고 한다. 이럴 때는 아무 말 없이 택시에서 내리지 않고 기다리고 있으면 주기도 한다. 잔돈 금액이 2만 동(천 원) 이상 되는 경우는 모르지만, 그 이하 금액인 경우에는 그냥 팁이라고 생각하고 기분 좋게 내리면 좋을 것 같다.

우리나라 사람들 특히 한국 관광객들 중 마사지를 받고 너무 많은 팁을 주는 경우가 있는데, 이것 또한 문제다. 시원하게 잘 받아서 고마운 마음이라고는 하지만 다음 관광객이나 현지에 거주하는 교민들도 생각해 주어야 한다. 혹시 여행사 직원이나 지인을 통해 마사지사에게 주는 팁 금액의 가이드라인에 대해 설명을 들었다면, 그 선을 넘지 않도록 팁을 주는 게 다음 마사지를 받을 한국 사람을 위하는 것임을 기억하길 바란다. 일반적인 마사지 숍에서 마사지를 그런대로 잘 받은 경우, 10만 동(5천 원)에서 20만 동(만 원), 그렇지 못한 경우는 5만 동(2천 5백 원)에서 10만 동(5천 원) 정도로 팁을 주는 게 보통이다.

7) 베트남은 담배 천국

한국은 이제 어떤 건물이든 실내에서 담배를 피운다는 건 상상할 수 없을 정도로 애연가의 자리가 점점 없어지고 있다. 심지어 실내는 물론 외부 길거리에서도 담배를 피우다 걸리면 벌금을 물어야 한다.

하지만 베트남에선 실내는 물론이고 거의 모든 곳에서 담배를 피울 수 있다. 또한 시중에서 파는 고급 담배의 가격은 우리 돈으로 2천 원이 안 되니, 우리나라 담뱃값의 절반도 안 된다. 베트남과 국경을 맞대고 있는 캄보디아를 통해 밀수되는 우리나라의 유명 담배는 단돈 천 원이면 살 수 있다.

베트남은 그야말로 담배 천국이다. 길거리는 물론 술집, 노래방, 커피숍 심지어 식당에서도 버젓이 담배를 피울 수 있다. 그리고 우리나라 사람들의 담배 예절과는 달리 베트남 사람들은 연장자 앞에서도 태연하게 담배를 피운다. 심지어 아버지와 아들이 같이 담배를 피우기도 한다. 나이 어린 베트남 직원들이 같이 담배를 피운다고 예의 없다고 생각하면 큰 오해다. 이들의 흡연 문화는 우리와 다르기 때문이다.

하지만 요즘 베트남도 점점 금연 장소가 늘어나고 있다. 실내 금연인 커피숍도 많아지고 있다.

옛날 우리네 안방에는 할아버지나 아버지의 재떨이가 있었고, 회사 사무실 책상마다 재떨이가 있던 적이 있다. 머지않아 베트남도 지금의 우리나라와 같이 애연가들이 천대받는 곳이 될 수도 있다. 하지만 아직까지 베트남은 담배 천국이다.

8) 동전과 숟가락으로 모든 근육통을 치료한다?

까오조(Cạo Gió)라고 하는 베트남 민간요법은 통증이 있는 부위에 안티푸라민 냄새가 나는 약용(멘톨) 오일을 바른 후 동전이나 숟가락 같은 것으로 그 부위의 피부를 문질러 자극을 줌으로써 기를 흐르게 하여 통증을 치료하는 베트남 사람들의 민간 치료법이다.

베트남어의 까오(Cạo)는 '깎는다'는 뜻이고 조(Gió)는 '바람'이라는 뜻이다. 바람 때문에 감기나 근육통이 생긴다고 하여 바람을 깎아내면 나아진다는 것이다. 피부를 계속 문지르면 벌건 자국이 남는데 이것은 근육 내에 숨어 있는 뭉친 부분, 즉 풍독(風毒)이 나타나는 것이라고 한다.

이 까오조 자국은 밝은 적색에서 어두운 보라색까지 다양하기 때문에 까오조를 모르는 사람이 이것을 보면, 심하게 다쳤거나 구타를 당한 것으로 오해할 수 있다. 몸에 이러한 자국이 있는 베트남 직원 또는 베트남 친구들을 보면 놀라거나 오해하지 마시길. 또한 베트남 사람 중 이마에 작은 파스를 붙이고 다니는 사람은 감기에 걸렸기 때문이고, 이마와 목젖이 온통 벌건 사람은 머리에 열이 나거나 목이 아플 때, 까오조와 같은 원리로 인중과 목젖 부위를 꼬집어 주면 낫는다고 하여 다른 사람이 눈물이 찔끔 나도록 계속 꼬집어 준 것이니, 이 또한 놀라거나 오해하지 마시길.

심한 근육통이 있을 때 속는 셈치고 까오조를 한 번 받아 보면 좋을 것 같다. 겉으로 보기엔 흉해 보이지만 통증이 빠르게 사라지는 놀라운 경험을 할 수 있다.

9) 커피 한 잔의 여유, 베트남 핀(Phin) 커피

베트남은 세계 2위 커피 생산국이자 수출국이다. 프랑스 식민지였던 1857년 프랑스 선교사에 의해 베트남에 전파된 커피는 초기에는 남부 중심으로 재배되다가 월남전 이후 베트남 정부 차원에서 전국적으로 대량 재배되기 시작했다. 프랑스의 영향으로 '커피'라는 베트남 말도 불어와 발음이 비슷한 '까페(Cà phê)'이다. 브라질에 이어 세계 2위 커피 생산국답게 베트남 사람들은 커피를 매우 즐긴다. 그리고 도심뿐 아니라 시골 동네 어느 곳에서도 아주 쉽게 커피숍을 찾을 수 있다.

베트남 커피숍에서 '까페농(Càphê nóng, 뜨거운 커피)'이든 '까페다(Càphêđá, 아이스커피)'이든, 커피 한 잔을 시키면 작은 컵과 필터 그리고 뚜껑으로 구성된 커피 추출기 '핀(phin)'에 커피가 나온다. 이것이 바로 베트남 전통 커피 추출 방식인 핀 커피다. 커피 추출 과정을 볼 수 있도록 제공되기 때문에 한 방울씩 떨어지는 커피를 천천히 지켜보면서 잠시 여유를 갖게 되며, 커피 또한 천천히 음미하며 마신다. 물론 모든 커피숍이 이런 식으로 손님에게 커피를 제공하는 것은 아니다. 이미 추출해 놓은 커피를 바로 마실 수 있게 준비되어 있는 커피숍도 있다.

베트남 사람들은 추출하는 시간이 걸리더라도 핀 커피를 훨씬 선호하는데, 이 커피는 진한 커피 향과 함께 바쁜 일상 중에 잠시 숨을 돌릴 수 있는 여유를 주기 때문이다.

커피 추출기 '핀'의 양이 너무 적은 것 아니냐고 할지 모르지만, 결코 적지 않다. 그리고 베트남의 어느 커피숍에도 이보다 더 큰 대용량의 커피 추출기는 없다. 만일 있더라도 손님에게는 제공하지 않는다. 커피 향이 매우 강해서 이렇게 적은 용량(보통 120ml)으로도 충분하기 때문이다.

처음 베트남을 찾은 한국 사람들이 베트남 커피숍에서 메뉴판을 보든 안 보든 보통 가장 많이 주문하는 것이 아이스커피인 까페다이다. 베트남의 더운 날씨 때문이기도 하고 한국에서 여름에 가장 편하게 그리고 즐겨 마셨던 기억 때문일 것이다.

하지만 연하고 약한 커피 맛에 익숙한 우리나라 사람들은 이 베트남 아이스커피를 마셔본 후 커피가 왜 이렇게 독하고 쓰냐며 물을 부어 까페다 한 잔으로 서너 잔을 만들기도 한다. 아이스커피라도 핀으로 제공되는 베트남 커피는 양은 적지만, 향이 매우 강하기 때문에 아주 조금씩 천천히 음미하면서 마시면 베트남 커피의 참맛을 느낄 수 있다.

베트남 커피숍에서는 커피를 주문하면 커피와 함께 차 한 잔이 같이 나온다. 이 차를 느윽짜(Nước Trà)라고 하는데, 베트남의 어느 식당에서나 쉽게 마실 수 있는 짜다에서 얼음만 뺀 차, 바로 쟈스민 차다.

느윽짜는 강한 베트남 핀 커피를 조금씩 음미하며 마시는 중간 중간 그리고 커피를 다 마신 후 입 안의 쓸쓸한 커피 향을 말끔하게 처리해 주는데, 쉽게 말하면 입가심용 차인 셈이다.

베트남 사람들은 얼음이 들어 있는 까페다 또는 까페쓰어다(Càphê sữa đá, 아이스 밀크커피)를 마실 때 천천히 얼음을 녹이면서 마시지만, 성격 급한 우리나라 사람들은 커피가 나오자마자 거의 원샷으로 커피를 마시니 잔에 얼음이 거의 그대로 남아 있다. 그리고 얼음 몇 개는 벌써 입에 털어 넣고 아작아작 소리를 내며 씹어 먹는다. 역시 성격 급한 우리는 다르다.

10) 베트남의 부동산 – 목 좋은 자리

장사를 하는 사람들 특히 식당이나 분식집 또는 커피숍이나 호프집과 같이 일반 대중들을 상대로 장사를 하는 사람들에게 가게의 위치는 매우 중요하다. 흔히 '목 좋은 자리'라고 하는 이 가게의 위치를 정하는 데 있어서 업종별로 여러 가지 고려 사항이 있겠지만, 대부분 가장 많이 고려하는 게 유동인구의 많고 적음, 즉 '얼마나 많은 사람들이 이 가게 앞을 지나다니는가?'일 것이다. 하지만 이러한 우리들의 상식 하나만으로 베트남에서 베트남 사람들을 대상으로 하는 가게를 구한다면 실패할 확률이 높다.

베트남의 도심은 어딜 가도 사람들이 많다. 웬만한 도로는 모두 수많은 사람들이 수시로 지나다니는 도로이다. 어느 곳이나 모두 유동인구가 많다는 뜻이다. 이렇게 유동인구가 많다고 모두 목 좋은 자리가 아닌 이유는 이들 모두가 오토바이로 이동하기 때문이다.

도로라고 다 같은 도로가 아니라 그냥 흘러가는 그래서 유동량만 많은 도로인지, 가다가 잠시 쉬거나 머물 수 있는 도로인지도 파악해야 한다. 또한 가게 앞 인도의 폭이 좁은지 넓은지도 중요한데, 이는 모든 손님들이 가게 앞까지 오토바이를 타고 오기 때문에 가게 앞에 충분한 주차 공간이 있는지, 도로에서 오토바이가 가게 앞까지 진입하기가 편한지도 살펴봐야 한다. 만일 주차 공간이 없다면 가게에서 가장 가까운 곳에 주차 공간으로 이용할 마땅한 장소가 있는지도 고려해야 한다.

베트남 사람들은 차선이 여러 개 있는 큰 도로가 아니면 중앙선이 있어도 불법 유턴이나 불법 좌회전으로 건너편에 보이는 가게로 별 무리 없이 오토바이로 진입한다. 그러므로 일방통행 길에 있는 가게 자리보다 양방향 통행로에 있는 가게 자리가 훨씬 더 좋은 자리라고 할 수 있다. 업종에 따라 차이는 있겠지만 뜨거운 낮보다 해가 진 저녁부터 유흥을 즐기는 베트남 사람들의 특성을 고려해 가게 주변의 야간 경관과 야간 업소들도 파악해 두는 게 좋다.

11) 베트남의 부동산 - 시세가 없는 임대료

베트남의 물가(物價)는 우리나라에 비해 많이 저렴하다. 입고 먹고 마시는 모든 것들의 가격이 아주 착하다. 공산품들은 인건비가 싸서 그런 것 같고, 농식품도 풍부한 자연환경 덕에 매우 저렴한 가격이다. 하지만 이러한 저렴한 베트남 물가 대비 비싼 것이 두 가지 있는데, 하나는 택시비이고 또 하나는 부동산 임대료이다. 특히 도심의 임대료는 지역에 따라 차이는 있지만 우리나라와 비교해도 별 차이가 없을 정도로 비싸다. 그러나 시간을 갖고 열심히 발품을 판다면 가격 대비 맘에 드는 곳을 찾을 수 있다. 베트남은 시세가 없기 때문이다.

한인촌의 여러 아파트 단지는 인근에 있는 부동산에서 집주인과 어느 정도 월세 시세를 맞추어 놓는 반면, 그 외 한인들이 거의 없는 로컬 지역의 집과 사무실 또는 가게 자리는 의외로 비싸거나 아니면 의외로 싼 가격의 월세를 만날 수 있다. 물론 로컬 지역을 둘러보려면 베트남 통역 직원과 함께 그 지역의 로컬 부동산을 끼고 찾는 게 가장 좋은 방법이다.

호찌민 시내 중심가의 건물 임대료는 정말 서울 시내 한복판의 시세 못지않게 높은 가격이다. 시내 중심가를 조금 벗어난 지역의 임대료는 들쭉날쭉한데, 나란히 붙어 있는 같은 크기, 같은 층수의 건물 임대료도 차이가 많은 곳이 있다. 또한 사무실 월세나 상점 건물들의 임대료는 절대 내리는 법이 없는데, 이름난 거리의 번듯한 몇몇 상점 건물은 1년이 넘게 비어 있는데도 임대료를 절대 내리지 않는다고 한다. 이렇게 우리 상식으로는 이해하기 어려운 특이한 임대 가격에 대해 부동산 직원에게 그 이유를 물어보면 '건물 주인 마음대로'이기 때문이라고 한다.

호찌민 시내의 부동산 건물주들은 극히 소수의 사람이 다수의 부동산을 소유하고 있는 경우가 많다. 이들은 대부분 하노이 사람들이다. 남북으로 갈라졌던 베트남은 남쪽의 수도 사이공(현 호찌민)이 함락되면서 통일되었는데, 이때 북쪽의 하노이 사람들이 대거 사이공의 부동산을 장악해서 그렇다고 한다. 이들은 한 사람이 많게는 수십 채의 건물을 보유하고 있다고 하는데, 건물 하나를 1년이 아니라 2~3년을 비워 놓아도 사는 데 전혀 지장이 없는 상위 1%의 부유층이기 때문에 굳이 주변 건물 임대료 시세에 맞추거나 그보다 더 임대료를 낮춰 하루라도 빨리 세를 놓을 이유가 없는 것이다.

임차인이 이런 상위 1% 건물주와 특별한 관계로 주변 임대료에 비해 매우 저렴한 임대료를 지불하고 있는 경우도 있고, 건물주와 특별한 관계는 아니지만 이미 오래전 저렴한 임대료로 장기 계약을 했고, 오랫동안 별 무리 없이 꼬박꼬박 임대료를 납부한 임차인들에게는 임대료 인상 없이 임대 계약을 계속 연장하고 있는 경우도 있어서 임대료는 그야말로 '건물주 맘대로'인 것이다. 어떤 건물주는 월세를 은행 송금이 아니라 매번 현찰로 그것도 달러로 지불하겠다고 하면 조금이라도 월세를 깎아 준다고 하니 이 점도 참고하기 바란다.

12) 너무나도 열악한 베트남의 병원들

베트남에 처음 출장 왔을 때는 시내 한복판의 유명 호텔에서, 그리고 체류를 시작하면서부터는 한인들이 모여 사는 그럴듯한 아파트 단지에 거주하면서 주말이면 대형 쇼핑센터나 우리나라와 별반 다를 게 없는 화려한 백화점 등을 둘러보면서 베트남에 대한 선입견, 즉 덥고 지저분한 후진국이라는 고정관념이 점차 사라졌다. 그리고 이곳도 살만한 나라라고 느낄 무렵 여러 병원들을 이러저러한 이유로 방문해 보고 아직 베트남은 후진국일 수밖에 없다는 생각을 하게 되었다.

2년마다 워크퍼밋(노동허가증)을 연장하기 위한 종합건강검진을 받기 위해 그리고 병원에서 봉사활동을 하는 베트남 친구를 돕기 위해 여러 병원들을 다녀 보았다.

베트남의 대형 종합병원에는 시골에서 상경한 환자들과 그 가족들이 많은데, 환자야 병원에서 식사가 지급된다지만, 보호자들은 대부분 끼니를 굶는 가난한 이들이라 그들에게 도시락을 만들어 나눠주는 베트남 친구들을 도우며 따라 다녔다. 그때 베트남의 종합병원이란 게 우리가 아는 상식의 그런 병원이 아니라는 것을 처음 알게 되었다. 워크퍼밋을 위한 종합건강검진은 베트남 정부에서 지정한 종합병원에서만 받아야 하기 때문에 매번 그 해에 지정된 종합병원들을 다니면서 병원 내부 진료실들을 살펴보았는데, 외국 의료재단이 운영하는 종합병원 한 곳을 제외하고는 병원의 건물은 물론 그 외 모든 시설이 낙후되었고, 외국인에 대한 안내원은 고사하고 영어로 된 사인이나 병원 안내용 리플릿조차 없는 곳이 대부분이다. 게다가 각 담당과의 닥터를 제외하고는 거의 모든 병원 근무자들이 영어를 할 줄 모르니, 이곳저곳에 떨어져 있는 여러 과를 찾아다니며 검사를 받기란 매우 힘들고 오래 걸리는 일이어서, 처음 힘들게 종합검진을 받은 다음부터는 베트남 통역 직원을 대동하고 다닌 기억이 있다.

언젠가는 베트남 지인의 부인이 아들을 출산했다고 하는 바람에 베트남의 산부인과 병원까지 가 보았다. 호찌민에서 가장 유명한 산부인과 병원이라는 그곳은 대학교의 캠퍼스처럼 여러 개의 크고 작은 병동을 가지고 있는데, 현대식 건물로 된 몇 개의 병동을 제외하고 나머지 병동 건물은 외관상으로 봐도 건물이 낡았고, 내부 병실은 아늑하고 조용한 분위기의 우리나라 산부인과 병실과는 다르게 휑한 느낌이었다.

휑하다는 것은 병실의 엄청난 크기 때문이다. 병실 내부에는 두 줄로 10여 개의 침대가 놓여 있고, 침대에는 출산한 산모들이 병원에서 지급한 산후복을 입고 누워 있는데, 병실이 아니라 마치 대강당 같은 곳에 침대들이 있는 것 같았다. 물론 우리나라 병원처럼 금액에 따라 다양한 크기의 병실이 있겠지만 산부인과 병실이 그렇게 크고 휑한 건 처음 봐서 놀라웠다.

더운 나라라서 그런지 우리 상식의 산후조리법과는 달리 병실 한쪽 벽에 있는 대형 에어컨에서는 찬 바람이 나오고, 높은 천장에서 돌아가는 대형 팬들은 이 찬 바람을 커다란 병실 곳곳으로 보내주고 있었다. 한 산모는 그래도 더운지 연신 부채질을 했다. 더운 나라의 산후조리법은 아무래도 우리나라와 다른 것 같아서 신기했는데, 병실 밖복도에서 담배를 피우는 사람들을 보고는 잠시 멍해질 정도로 그 광경이 놀라웠다.

병실 밖의 복도는 매우 큰 폭의 복도로 복도 끝 한쪽에 외부와 트인 공간에 있는 쓰레기통 앞에서 몇몇 베트남 남자들이 담배를 피우며 잡담을 하고 있는 것이다. 복도뿐만 아니라 병동 밖 이곳저곳을 살펴보아도 금연 표시가 없다. 금연 표시가 있든 없든 아무리 베트남이 담배 천국이어도 산부인과 병원 안에서까지 담배를 피우는 건 아닌데, 그들 앞을 지나치는 병원 직원 누구도 담배를 피우는 그들에게 뭐라 하는 이가 없었다.

이런저런 이유로 다녀본 베트남의 병원들은 시내의 호텔이나 대형 쇼핑센터 또는 화려한 백화점 분위기와는 180도 다른 하나같이 매우 낡고 열악한 시설이다. 어떤 병원은 건물과 모든 시설이 너무 오래되고 낡았는데, 더운 날씨에 병원 로비는 물론 복도 바닥에 누워있는 사람들 때문에 야전병원 같다는 느낌도 받았다. 실제로 베트남의 오래된 병원들은 대부분 군병원이었다고 한다. 그리고 각 병원들마다 거리에서는 잘 보이지 않던 노인들이 어찌나 많은지….

해외에 체류하는 한국 교민들이 제일 불편해하는 부분이 '아이들 교육 문제'와 '의료 문제'라는 말이 있다. 그리고 여러 베트남 병원들을 다녀보면서 절실히 든 생각은 결코 베트남에서 병원에 갈 일이 없도록 틈틈이 운동하면서 건강하자는 것이다.

14

베트남 사람들의 특성

1) 너무 답답해, 천천히 문화

우리나라 사람들은 대부분 성격이 급한 것도 있지만 '우리도 한 번 잘 살아보자'라는 산업화 시대를 겪으며 좀 더 일을 많이 해서 생산량을 늘리고 그래야 더 많은 돈을 벌 수 있다는 생각에 뭐든지 '빨리빨리' 하는 습성을 갖게 됐다. 하지만 베트남 사람들은 다르다. 뭐든지 '천천히'다. 이것이 베트남 사람들과 우리가 가장 많이 부딪치는 부분이다.

그들은 뭐든지 확실하게 하기 위해 천천히 한다고 한다. 그리고 우리나라 사람들이 빨리빨리 하라고 하면, '빨리빨리 해서 뭐하게?(Nhanh nhanh lam gi?)'라고 반문한다. 빨리빨리 해봐야 달라지는 게 없다고 생각하기 때문인데, 예전의 우리처럼 오랫동안 농경 생활을 한 습성이 몸에 배어 있는 탓이기도 하지만, 아마도 가장 최근에 있었던 사회주의 경제 체제인 배급 경제 시대의 배급제도 영향을 받았기 때문인 것 같다.

1975년 4월 30일 월남전(대미항전)에서 승리하고 남북통일을 이룩한 베트남 정부는 베트남 전역에 특히 남베트남 지역에 사회주의 경제 체제를 이식하기 위한 경제 통합을 추진했다. 생산은 정부의 생산 계획에 따라 중앙 통제 방식으로 이루어졌고, 생산물은 통제된 가격과 배급망을 통해 일정하게 공급되었다. 이때를 배급 경제 시대라고도 하며, 이 시기의 영향으로 '일을 많이 하든 적게 하든 배급받는 양은 똑같은데, 무엇 때문에 빨리빨리 하는가'라는 사고방식이 자리를 잡게 된 것 같다.

하지만 최근 젊은이들을 중심으로 자본주의 사고방식이 차츰 자리를 잡고 있는 것으로 보이는데, 그것은 바로 투잡(two job)을 갖는 젊은이들이 늘고 있다는 것과 최근 중산층이 증가하면서 소형 자동차의 판매량이 증가하고 있다는 것으로 알 수 있다. 베트남은 변화가 빠르지만, 베트남 사람은 변화를 싫어하고 두려워하기도 한다. 하지만 차츰 베트남 사람들의 이러한 의식도 변할 것이라고 생각한다.

베트남의 도로 교통 문화에서만큼은 '빨리빨리'가 아니라 지금처럼 '천천히'가 오랫동안 변하지 않고 유지되었으면 좋겠다. 주요 교통수단인 오토바이는 물론 현재의 도로 교통 시스템이 획기적으로 바뀌기 전까지는 말이다.

2) 30분 늦는 건 보통, 베트남 타임

우리는 약속 시간을 중요하게 생각한다. 그래서 약속 시간에 조금이라도 늦을 것 같으면 상대방에게 미리 연락해서 양해를 구하곤 한다. 하지만 베트남 사람들은 약속 시간에 대한 개념이 약하다. 모든 사람이 다 그런 것은 아니지만 대부분의 베트남 사람들은 연락도 없이 약속 시간보다 20분~30분 늦는 게 예사다. 다시 말해서 베트남 사람들은 약속 시간을 잘 안 지킨다.

과거에 한국 사람들이 시간 개념도 없고 약속 시간도 잘 안 지키는 것을 본 외국인들이 '코리안 타임'이라고 했던 것처럼 현재 베트남에는 '베트남 타임'이 있다. 베트남은 아직까지도 농경문화의 영향을 받아서인지 정확한 약속 시간에 대한 개념이 없다. 하지만 우리가 변화한 것처럼 베트남도 곧 바뀌지 않을까?

3) 디지털보다 아날로그, 현금이 최고!

외국자본의 유입으로 베트남은 빠르게 변화하고 있으며, 스마트폰 보급률이 높아지면서 모든 것이 디지털화되는 것처럼 보인다. 하지만 베트남에 유독 바뀌지 않는 문화가 있다. 바로 현금 문화다. 아직 그들의 은행과 신용카드 이용률은 매우 낮다. 현재 신용카드를 사용할 수 있는 곳이 많이 증가하고 있지만 아직 우리나라처럼 어디서나 카드 사용이 자유롭지 않기 때문에 현금을 항상 가지고 다녀야 한다. 또한 베트남 사람들은 은행을 좋아하지 않아서 대부분 본인 명의의 은행계좌가 없다. 그래서인지 베트남 직원들은 월급을 현금으로 받는 것을 더 좋아한다. 위험하지 않냐고 물어봐도 괜찮다고 한다.

하노이나 호찌민과 같이 베트남의 큰 도시에서 일하는 직원들의 경우 대다수가 시골에서 돈을 벌기 위해 상경한 이들이다. 은행 통장을 가지고 있지 않은 이들이 고향에 있는 부모형제에게 돈을 보낼 때는 어떻게 할까? 그들은 고향으로 가는 버스회사 또는 버스 운전수에게 돈을 주고 전해달라고 부탁한다. 물론 금액에 따라 다르지만 큰 금액일 경우 일정 금액을 별도의 수고비로 지급한다.

최근 한국계 은행과 외국계 은행이 많아진 것도 있고 베트남 정부에서도 은행 이용을 적극 장려해서 베트남 사람들도 통장을 만들어 은행을 이용하는 사례가 조금씩 증가하고는 있지만, 예전 우리가 구들장 속이나 항아리 단지에 현금을 보관했던 것처럼 아직까지 베트남에는 집집마다 금고에 현금을 보관하는 현금 문화가 남아 있다.

4) 디지털 도어 록보다 열쇠가 최고!

최근 베트남에는 도시의 모습이 바뀔 정도로 새로 생기는 아파트 단지들이 많이 있지만 아직까지 대부분의 베트남 사람들이 선호하는 주거 문화는 주택 문화다. 이들이 선호하는 주택은 과거 프랑스 식민지의 영향을 받아 짧고 긴 장방형 형태의 주택으로 보안문제에 있어서 누구보다 철저한 베트남 사람들은 현관문에서부터 방문까지 모두 열쇠를 선호한다. 우리가 선호하는 디지털 도어 록은 보안이 좋지 않다고 생각해서 많이 사용하지 않는다. 잠시 사무실 앞 또는 집 앞의 가게에 갈 때도 문을 반드시 잠그고 간다. 남의 집 또는 남의 사무실을 방문할 때 문을 열어 놓고 가거나 문을 잠그지 않는 행동은 그들에게 큰 실례가 될 수 있으니 주의해야 한다.

5) 정리 정돈 좀 합시다

베트남은 낮은 인건비를 바탕으로 아르바이트 문화가 매우 발달되어 있다. 식당이나 커피숍 또는 패스트푸드점에는 생각보다 많은 아르바이트생, 즉 시간제 직원들을 볼 수 있다. 우리는 패스트푸드점에서 종업원이 있든 없든 스스로 주문하고 스스로 음식을 가져다 먹고, 스스로 치우는 것이 습관화되어 있지만 '셀프 서비스'란 개념이 아직 없는 베트남 사람들은 아르바이트생들이 많으니 먹고 나서 뒷정리는 안 해도 된다고 생각하는지, 아니면 마치 야간 야외 식당에서 식탁 바닥에 음식 접시나 음식 쓰레기 등을 아주 편하게 버리는 게 습관이 되어서인지 식탁 위와 식탁 밑을 온통 지저분하게 해놓고 그냥 가버리는 경우가 많다. 결국 아르바이트생들이 눈살 하나 찌푸리지 않고 다 치운다. 요즘 우리나라의 패스트푸드점에서는 보기 힘든 광경이다.

베트남의 낮은 인건비도, 베트남 사람들이 뒷정리를 잘 안 하는 습성도 곧 바뀌리라 생각된다. 아직도 한류 열풍인 베트남에서 우리 한국인들은 항상 베트남 사람들의 관심의 대상이며, 본보기가 될 수 있기에 베트남 사람들에게 스스로 정리 정돈하는 셀프 서비스의 본보기 그리고 좋은 손님의 매너를 보여 준다면 한국과 한국인에 대한 이미지가 더욱 좋아지지 않을까?

6) 저 가수 안 죽어. 제발 얼굴만 좀 잡으라니까!

베트남에 온 지 얼마 안 되었을 때, 후배의 회사에서 하는 한국 유명 가수의 공연 행사를 도와준 적이 있었다. 호찌민 시내 5성급 호텔의 그랜드볼룸이 행사 장소인데, 공연 전날 이러저러한 시스템 세팅과 테크니컬 리허설(출연진 없이 조명, 음향, 영상, 중계, 특수효과 등 시스템만 하는 리허설)을 봐주는 일이었다. 워낙 심플한 행사라 체크할 것이 거의 없었다. '이런 데서 소리가 나오긴 하나?'라는 의심이 들 정도로 심각하게 낡은 스피커 박스와 콘솔에 설치되어 있는 낡은 각종 컨트롤들이 박물관 물건처럼 신기할 정도였다. 좀 위험하게 설치되어 있는 조명 바와 무대 주변으로 어지럽게 뒤엉켜 있는 각종 라인들을 깔끔하게 정리하도록 하고, 몇몇 업체가 오지 않아서 리허설이라기보다 간단히 각 시스템을 체크하는 정도였다.

다음 날 공연이 시작되고 전혀 예상하지 못했던 곳에서 문제가 발생했다. 바로 어제 리허설에서 모습을 보이지 않던 중계 카메라다.

보통 무대의 좌우에 대형 스크린 또는 LED 화면이 있는 경우, 이는 행사 관련 영상이나 자막 또는 무대에 등장한 출연진을 카메라로 잡아 대형 화면을 통해 무대에서 멀리 떨어져 있는 뒤쪽 객석에서도 좀 더 잘 보이도록 하는, 그야말로 공연의 다양한 연출적 요소를 표현하면서 관객과 커뮤니케이션을 하는 툴(Tool)이다.

예산이 부족했는지, 보통 두 대 이상으로 구성되는 중계 카메라가 객석 중앙통로에 한 대밖에 없었다. 가수가 등장하고 첫 번째, 두 번째 곡까지 끝났는데, 돋보기안경을 목에 걸치고 있는 50대 후반으로 보이는 이 카메라맨 아저씨는 등장한 가수를 단 한 번도 클로즈업하지 않는 거다. 무대 전체를 잡았다가 어쩌다 한 번씩 가수를 풀숏(Full Shot, 머리부터 발끝까지)으로만 잡았다. 돋보기 아저씨에게 조용히 다가가서 손짓 발짓으로 한 곡 한 곡 클라이맥스 때는 가수를 좀 더 클로즈업하라고 하니 알았다는 듯 고개를 끄덕이고는 웨이스트 숏(Waist shot, 머리부터 허리 위까지)까지 잡았다가 내가 돌아서면 또 천천히 다시 풀숏으로 잡는다.

다시 잡겠지 하면서 기다리는데 계속 무대 전체 또는 풀숏으로만 잡는다. 눈치 보듯 가끔 힐끗힐끗 나를 쳐다보기만 한다. 또 가서 손짓 발짓으로 돋보기 아저씨에게 제발 클라이맥스 때가 아니더라도 가수 얼굴만 좀 잡으라고 얘기했다. 이 아저씨 또 잡는 척하다 카메라를 뺀다.

약 올리는 건가? 네 번쯤 반복하니 열이 올라 표정 관리가 안 된다.

통역을 불러 얘기하니, 통역이 대뜸 말한다. "저희 베트남에선 사진에 몸 전체를 넣어요."

그래야 그 사람이 안 죽고 오래 산단다. 귀신 씨나락 까먹는 소릴 한다. 말도 안 되는 소리 말고 내가 말한 대로 얘기하라고 했다. 나중엔 돋보기 아저씨가 알아 듣건 못 알아 듣건 좀 오버해서 손짓 발짓하면서 말했다.

"아저씨, 저, 저 가수 죽을까봐 그래? 저 가수 안 죽어. 제발 얼굴만 좀 잡으라니까!!!"

결국 공연이 끝날 때까지 돋보기 아저씨는 계속 내 눈치를 보면서 바스트 숏(Bust shot, 머리부터 가슴까지)까지만 내게 보여주고 끝까지 나를 경계하며 서둘러 카메라 장비를 챙겨 도망치듯 사라졌다.

며칠 뒤 어찌 어찌 알게 된, 베트남에서 건설 회사를 운영하며 그럭저럭 잘사는 나이 많은 베트남 지인 형을 오랜만에 만났다. 태국으로 가족여행 다녀온 걸 자랑하려고 만나자고 한 거다. 핸드폰으로 여행 사진을 한 장 한 장 넘기며 보여주는데, 순간 그 귀신 씨나락 까먹는 소리가 생각났다. 핸드폰을 가로채서 봤다. 80장이 넘는 사진들 모두 '풀숏' 사진이다. 클로즈업 아니, 상반신만 찍은 것이 단 한 장도 없다. 신기해서 다시 처음부터 확인하려는데, 사진 중 잘못 찍은 게 있다며, 내 손에서 핸드폰을 가져가더니 사진 속에 운동화 앞부분이 잘린 사진 하나를 찾아 삭제한다.

요즘은 많이 달라졌지만 몇 년 전만 해도 베트남의 TV 드라마, CF를 보면 내용은 정확히 잘 모르지만 화면으로 느끼는 왠지 이상하고 촌스러움은 바로 미쟝센(mise-en-Scène, 의상, 소품 등 한 화면을 구성하는 다양한 요소)이 약하기 때문이다. 그리고 거의 모든 출연진들을 풀숏으로 잡아 마치 연극을 보는 듯한 느낌도 든다.

사진을 찍을 때, 베트남 친구들은 당연히 풀숏으로 찍어 줘야 좋아한다. 베트남 직원, 친구 또는 여자 친구와 사진 찍는 걸로 싸우지 마시고, 사진 찍기 전 원하는 숏을 미리 얘기하는 습관을 갖는 게 좋겠다. 그리고 한국 사람은 사진에 잘려도 안 죽으니 걱정 말고 가까이서 상반신만 찍으라는 말도 꼭 하기 바란다.

아주 오래된 어린 시절 기억 한 조각이 떠오른다. '사진을 자주 찍으면, 영혼을 뺏겨서 빨리 죽는다.' 그리고 그 시절 사진 찍어 달라고 부탁하는 어른들에게 들었던 말은 '그 카메라 비싼 기다. 조심하래이', '아야, 발 자르지 마라. 진짜 발 잘린단다. 머리도 그렇고, 아야… 다 나오나?'

베트남은 과거로의 여행길에 만나는 오래된 추억들 같다.

7) 목욕탕 안에서 속옷을 입는다고?

이 더운 베트남에도 대중목욕탕이 있다. 냉탕, 열탕 그리고 사우나도 있다. 시원하게 등을 밀어주는 세신(洗身) 서비스도 받을 수 있다. 거의 모든 것이 한국식이다. 물론 사장님이 한국 교민이고, 손님도 대부분 한국 사람이다. 가끔 한국 손님과 함께 일본 사람, 중국 사람 그리고 베트남 사람이 온다.

특이한 것은 베트남 사람은 대중목욕탕 안에서 속옷(팬티)을 입고 다닌다는 거다. 사우나 안에서 땀을 뺄 때도 그렇고 샤워를 할 때도 팬티를 입는다. 탕 속으로 들어가려면, 다른 사람들처럼 속옷을 벗어야 하는 걸 알기 때문에 들어가지 않는다. 그냥 사우나와 샤워만 하고 나간다. 사람들이 많아서 그런가 보다 했는데 아니다. 골프장의 샤워장에서도 베트남 사람들은 속옷을 벗지 않는다. 큰 수건으로 가리고도 엄청 부끄러워한다. 집 근처 헬스장에는 모두 베트남 사람들이다. 물론 이곳 헬스장의 샤워실과 사우나 그리고 목욕탕에서도 베트남 친구들은 속옷을 입은 채 샤워하고, 심지어는 탕 속에도 속옷을 입고 들어간다.

나중에 베트남 친구에게 들은 얘기지만, 베트남 사람들은 남녀를 불문하고 대중목욕탕 문화를 낯설어하고 부끄러워한단다. 벌거벗고 많은 사람들 앞에서 알몸으로 목욕하는 것이 왜 그렇게 좋은지 한국 사람들을 이해할 수 없다고 한다. 아마 강에서 옷을 입고 목욕하던 습관 때문인가, 아니면 집에서 혼자 따로 목욕하던 버릇 때문인가? 어쨌든 베트남 사람들은 아무리 동성이라도 알몸으로 목욕하는 것은 상상할 수 없는, 거부감이 많은 일이란다. 만일 베트남 친구와 목욕탕에 가더라도 속옷을 입고 탕 속으로 들어오는 베트남 친구를 이상한 눈으로 쳐다보지 마시길. 그들에게 대중목욕탕이나 사우나 문화는 전혀 경험해본 적 없는 낯선 목욕 문화이기 때문이다.

8) 오래된 고향 친구가 아니라 처음 만난 사이라고?

베트남 친구들이 처음 만난 사람을 대하는 걸 보면, 방금 만난 사람도 몇 년을 서로 알고 지낸 사이처럼 정말 친하게 행동한다. 그리고 갑자기 만난 외국 친구도 아무 거리낌 없이 집으로 초대한다.

베트남 친구들끼리 서로 금방 친해지는 것은 서로에 대한 호칭을 정하면서인데, 베트남어는 상대방과 나에 대한 호칭에 있어서 우리말과 비슷하게 나이에 따라 상대방과 자신을 호칭하는 말이 달라진다. 다른 외국어 특히 영어와 다르게 우리와 비슷하고 정서적으로 많이 가깝다고 느끼는 부분이다.

예를 들면 나보다 나이가 많은 사람에게 자신을 호칭할 때는 엠 (Em: 본인), 나보다 나이 많은 사람이 남자이면 안(Anh: 상대방 남자), 여자이면 찌(Chi: 상대방 여자)라고 한다. 여기에 각각 호격 조사 어이 (oi)를 붙이면, 엠어이(Em oi: 동생아, 식당에서 종업원을 부를 때 많이 씀), 안어이(Anh oi: 형아 또는 오빠야), 찌어이(Chi oi: 누나야 또는 언니야)가 된다.

그래서 베트남 친구들은 나이를 먼저 물어 보고 호칭을 정한 다음 고향, 친구, 직업, 취미 등을 자연스럽게 이야기하고 공통점을 찾아 유대감을 형성하여 아주 쉽게 친해지는 것이다. 모르는 사람이 보면 아주 오래된 고향 친구를 오랜만에 만난 것처럼 웃고 떠들며 이야기한다.

정말 이상한 건 베트남 친구들은 아무리 어린 시절부터 알고 지낸 친구라 해도 절교할 때는 단칼에 절교한다. 모르는 사람들과 쉽게 친해지는 반면 아주 오래된 사이라도 돌아설 때는 쉽게 돌아서는 것이다. 옆에서 지켜보면 이해하기 힘들 때가 많다. 뭘 잘 모르고 있었던 것인가? 그들의 대화를 이해 못한 것인가? 둘 사이에 무슨 큰일이 있었나?

천천히 서로를 알아가고 친해지면서 오래 가는 우리들의 '깊은 정 문화'와 다른 그들의 '가벼운 정 문화'에 당황스러울 때가 종종 있다. 오랫동안 근무했던 직원이 월급 몇 푼 더 준다는 회사로 훌쩍 옮기는 경우가 대표적이다. 그들은 철저하게 실리 위주다. 베트남이 같은 사회주의 국가이면서 오랜 동지와도 같은 북한과 한 순간에 단절하고 월남전(대미항전)의 주적(主敵)인 미국과 언제 그랬냐는 듯 손잡은 것도 같은 맥락인 것이다.

9) 콤싸오(Không sao)의 숨은 뜻

처음 베트남어를 배울 때 '콤싸오'를 우리말로 (나는) '괜찮아' 또는 (너) '괜찮아?'라는 뜻으로 배운다. 그러나 베트남에서 지내다 보면 도저히 괜찮다고 말하면 안 되는 상황에서 그들이 괜찮다고 말하는 경우를 보게 된다. 그러면 우리는 잠시 당황하다가 열이 받는다. '미친놈,

왜 괜찮다고 하는 거야?'라고 흥분하다 뭔가 자신이 상황 파악을 잘 못한 건지, 아니면 그들의 대화를 충분히 이해하지 못해서 그런 건지 다시 한번 생각하게 된다.

그렇다면 베트남어 '콤싸오'는 '괜찮다'라는 뜻 외에 우리가 알지 못하는 다른 뜻이 있는 게 분명하다. 우리말에서 '괜찮다'는 단어는 잘못 또는 실수를 한 사람이 나에게 미안하다고 사과할 때 보통 '나는 괜찮다'고 말하며 잘못이나 실수를 포용해 줄 때 사용한다. 그리고 상대방이 '몸이 좀 어때요?' 하고 컨디션을 물어볼 때, '괜찮아요'라고 말하며, 내 컨디션을 걱정하는 상대에게 답하거나 관심 가져줘서 고마울 때 또는 심각한 몸 상태를 숨기고 상대를 안심시킬 때 우리는 '괜찮다'고 말한다. 그리고 '괜찮아, 툴툴 털고 일어나'라며 상대방을 위로할 때도 사용한다.

그런데 베트남 사람들은 자신이 분명히 잘못을 해서 '죄송합니다' 라고 사과를 해야 하는 경우인데도 불구하고 상대방에게 '콤싸오'라고 한다. 기가 차다. 미치고 팔딱 뛰는 차원을 넘어 바보로 만든다. 아무도 그의 말에 시비를 걸거나 흥분하는 사람이 없기 때문이다. 도대체 베트남의 '콤싸오'에는 어떤 숨은 뜻이 있는 것인가?

첫 번째, '콤싸오'는 자기 과오가 지나치게 과장되는 걸 막으면서, 미리 아무것도 아닌 것으로 보이게 해서 화가 난 상대방과 대화를 하려고 하는 말이다. 경직되고 난처한 상황을 스스로 극복하기 위한 또는 빠져나가기 위한 말이다. '미안해요'라는 말은 누가 잘하고, 누가 잘못했는지 시시비비를 가려서 사과와 용서를 주고받기 위한 또는 처벌의 단초를 제공하는 말이다. 그래서 그들은 웬만해서는 절대로 '미안하다'는 말을 안 한다.

그리고 베트남 사람들은 이렇게 난처한 상황에 직면하는 것을 매우 부자연스러워한다. 그래서 상대방의 잘못을 지적하기보다는 차라리 자기가 참는 편을 택한다. 이들에게는 옳고 그름의 경계로 경직된 분위기보다는 차라리 자기가 좀 참고 자연스러운 분위기가 되는 것을 더 선호한다. 이러한 상황은 월남전 당시 베트콩으로 의심받아 미군에 잡힌 베트남 사람들의 상황과 비슷하기도 하고, 전쟁 후 인민재판의 분위기와도 흡사한 모두 경직된 상황의 순간이다.

자신의 잘못이나 죄를 시인하는 순간 바로 총살당하거나, 모든 이가 지켜보는 바로 그 자리에서 인민재판의 처벌을 받아야 하기 때문에, 일단은 본능적으로 그러한 경직된 상황을 피한다고 한다. 그리고 마치 본인이 피해자인 것처럼 서로 '콤싸오'라고 하는 경우도 있다고 한다. 그래서 직언을 하는 것은 되도록 피하고 간접적으로 그리고 듣는 사람 입장에서 기분 나쁘지 않도록 매우 완곡하게 말한다.

베트남 사람들은 미안해도 웃고, 화나도 웃고, 싫어도 웃고, 거절할 때도 웃고, 곤란해도 웃고, 슬퍼도 웃는다. 그래서 웃음 종류도 36가지(36 kieu cuoi)나 된다고 한다. 이것은 정확히 36개의 웃음 종류가 있다는 것이 아니라, 그만큼 다양한 뉘앙스를 내포하고 있는 웃음이 많이 있다는 뜻이다. 그래서 우리는 그들의 웃음과 그 의미를 잘 파악해야 한다.

두 번째, '콤싸오'는 '참아줍시다'라는 의미로 주변 사람들에게 하는 말이다. 그들은 다른 사람이 잘못했을 때 잘 참아 준다. 베트남 사람의 특징을 말할 때 '찌우코(Chịu khó, 잘 견디다)'라고 한다. 그들은 시시비비를 가리는 일은 될 수 있으면 피하고 그냥 자기가 참고 견디는 쪽을 택한다. 베트남 사람들의 인내심은 다양한 방면에서 정말 대단하다.

세 번째, '콤싸오'는 '잊어버립시다'라는 의미로 불행에 처한 사람에게 하는 말이다. 불행한 상황을 어서 잊고 초연하자고 하는 것이 바로 '콤싸오'인 것이다. 이미 벌어진 일에 대해서는 빨리 잊어버리고 미래를 준비하자고 그들은 '콤싸오'를 말한다. 베트남 속담에 '재산이 생명을 대신한다(Của đi thay người)'라는 말이 있다. 물건을 잃어버렸을 때 그들은 '그 물건이 자기 생명을 대신했다고 스스로 또는 상대방을 위로하며' 초연하게 넘어간다고 한다.

위의 첫 번째 경우 외에는 우리말의 '괜찮다'라는 말도 비슷하게 사용되지만 베트남에서와 같이 흔히 사용되지는 않는다. 첫 번째 경우도 사용할 수 있지만 그런 상황은 보통 일반적이지 않고 영화에서 조폭들이 사용하는 걸 가끔 본다.

베트남은 '콤싸오'란 단어가 활발하게 작용하지 않으면 살기 힘든 나라다. 오랜 전쟁과 식민 통치, 사회주의로 인한 경제적 어려움 등을 겪으면서 쓰게 된 '콤싸오'라는 단어는 살기 위한, 살아남기 위한 단어였다. 스스로 자신을 보호하고, 자신과 가족을 위로하며 상대방을 이해하려고 했던 것이다. 아직도 '콤싸오'는 적어도 베트남에서는 어떤 문제든 좀 더 쉽게 해결하기 위해 쓰는 단어인 것 같다.

10) 한국 여자를 뚫어지게 쳐다보는 베트남 남자들

"워낙 키도 크고 잘생긴 얼굴 덕에 베트남 어딜 가도 굶지 않았고, 잠자리도 모두 공짜였어."

오래전 베트남에 진출해 회사를 번듯한 중견 기업으로 키운 교민 한 분이 술자리에서 우스갯소리로 한 얘기다. 그런데 나중에 알고 보니 우스갯소리가 아니라 사실이었다.

약 20여 년 전 자신의 키(165cm)는 베트남 사람들이 보기에 상당히 큰 키고, 하얀 얼굴은 무조건 잘생긴 거였다고 한다. 한국인을 처음 본 마을 사람들은 모두 나와 쳐다봤고, 마을 어르신 또는 촌장으로 보이는 할머니의 손에 이끌려 그 집에서 식사며, 잠자리까지 푸짐한 대접을 받았다고 한다. 당시에는 이런 일이 가는 마을마다 흔하게 일어났다고 하는데, 심지어 어느 마을의 할머니는 어린 손녀를 잠자리에 넣어주고는 좋은 씨를 주고 가라고까지 했단다.

이제는 베트남에 한국 사람들이 워낙 많아 절대로 그런 일은 없을 것이라고 생각했는데 아니다. 얼마 전 베트남 지사로 발령받아 이곳에 온 지 일주일이 안 된 거래처 여성 임원을 우연히 만나 들은 얘기는 이렇다.

아침에 출근하기 위해 집을 나서면서 회사에 도착할 때까지 마주치는 모든 베트남 남자들이 자기를 쳐다보며 수군거린다는 것이다. 회사 빌딩의 엘리베이터를 타도 남자들이 바로 코앞에서 뚫어지게 쳐다본단다. 왜 그렇게 쳐다보는지 도무지 이해가 안 되어 베트남 직원에게 물어보았더니 '호기심'이란다. 지금까지 베트남에 온 한국 사람들은 대부분 남자들이었는데 아마 한국 여자를 처음 봐서 그런 거라고.

베트남은 문호개방이 늦은 나라 중 하나다. 미국의 무역 금수조치로 오랫동안 닫혀 있다가 1990년 문호를 개방하여 어쩌다 TV 화면에서만 보던 외국인을 직접 눈으로 보게 되면 신기해서 뚫어져라 쳐다보는 것이다.

한국과 베트남은 1992년 수교를 맺었다. 수교 이후부터 몇 년 전까지만 해도 특히 도시가 아닌 시골에서의 호기심은 더 대단했다. 외부와 단절된 상태로 공동 생활하는 전통적인 촌락 공동체의 폐쇄적인 성격이 시골에는 아직까지 많이 남아 있기 때문에 외부인에 대한 호기심이 더 많았다고 한다.

베트남까지 온 대한민국 워킹 여성들이여! 베트남 남자들의 호기심 때문이든 아니든 그대들은 실제로 더 예쁘고, 세련되고, 멋져 보이니 그냥 예뻐서 쳐다보는 거라고 생각하시길. 파이팅!

11) '알리바바', 잡지도 않고 신고도 안 한다?

베트남에서는 도둑이나 소매치기를 '알리바바'라고 한다. 처음 베트남에 출장 와서부터 거주하는 지금까지 가장 조심해야 할 제 1순위가 바로 알리바바다. 아마 모든 한국 교민들이 그럴 것이다. 우리가 외국인이어서가 아니다. 베트남 친구들도 우리처럼 항상 알리바바를 조심한다고 한다.

알리바바(Alibaba)는 천일야화(千一夜話), 『아라비안나이트』의 「알리바바와 40인의 도적」에 나오는 주인공 이름이다. 마치 우리나라의 흥부와 놀부 이야기처럼 욕심 많고 못된 형과 마음씨 착한 동생의 이야기인데, 여기서 마음씨 착한 동생이 바로 '알리바바'다. 착한 주인공 동생 이름이 나쁜 소매치기의 대명사로 둔갑한 것인데, 도대체 왜 소매치기를 알리바바라고 하는 것일까?

베트남 친구의 말이 사실인지 모르지만, 도적이 나오는 이야기니까 그냥 '알리바바'를 도둑, 소매치기로 말한다는 것이다. 그만큼 베트남 사람들은 어떤 부분에 있어서는 복잡하지 않고 단순하다. 그냥 그들이 그렇게 정해서 사용하면 그만이다.

우리나라 여행사의 관광 가이드는 길에서 소매치기를 당하면, 큰소리로 '알리바바'라고 외치라고 가르쳐 준다. '알리바바'는 베트남 사람들이 모두 '소매치기'로 알고 있다는 말이다.

소매치기는 어느 나라에나 있다. 예전에 우리나라에도 소매치기가 참 많았다. 역 대합실이나 지하철 그리고 만원 버스 등. 사람들로 꽉 찬 만원 버스가 앞뒤 문을 굳게 닫은 채, 정거장을 건너뛰고 노선과 관계없이 경찰서나 파출소 앞으로 직행한 이유는 5분이 아쉬운 출근길, 소매치기 한 명을 잡기 위해서였고, 승객 중 아무도 불만을 얘기하지 않고 협조하던 적이 있었다. 시골 장터의 행사장, 관광지 등 사람들로 붐비는 곳에도 소매치기가 많았고, 그들을 잡는 것은 경찰보다는 날치기 비명을 들은 주변 사람들, 즉 '용감한 시민'들인 경우가 많았다.

이러한 기억을 갖고 있는 우리를 당황스럽게 하는 것은 베트남 사람들은 모두 눈앞에서 도망가는 알리바바를 잡으려 하지 않는다는 것이다. 처음에는 알리바바가 모두 민생고를 해결하려는 어려운 사람들이고, 모두 그들의 어려움을 알기 때문에 봐주는 줄 알았다.

그리고 우리는 오토바이를 타고 날치기하는 알리바바가 가방을 빼앗으려고 한다면 그냥 봐주라고 배웠다. 빼앗기지 않으려고 가방끈을 잡고 있으면 길바닥에 질질 끌려가며 온몸에 상처가 나고, 설령 오토바이가 멈춘다 해도 그들의 손에 칼이 있을 수 있어 더 큰 화를 당할 수도 있기 때문이란다. 무엇보다 이런 상황에서 주변 사람들도 괜히 불똥이 자기에게 튈까 봐 몸을 피한다는 것이다. 우리나라와는 정반대의 분위기다.

한 후배에게 들은 이야기는 더 확실하게 베트남 사람들이 우리와 다르다는 걸 증명한다.

아파트가 아닌 일반 주택가에 사는 후배 집에 도둑이 들었다. 바스락거리는 소리를 듣고 이층으로 올라간 후배는 위층으로 도망가는 도둑을 쫓아갔지만 4층 옥상까지 간 도둑이 다시 옆 건물로 뛰어내려 다리가 부러진 듯 절뚝거리며 도망갔고, 후배는 결국 도둑을 놓쳤다.

다음 날 아침 옆집 아주머니가 후배 집으로 출근하는 메이드(가정부)에게 어젯밤 집에 도둑이 들었다고 얘기하더라는 것이다. 어떻게 안 것인지 의아한 표정을 지으니 메이드 왈, 옆집 아주머니는 처음 도둑이 담을 넘어 집에 들어올 때부터 옥상에서 뛰어내려 도망갈 때까지 모든 광경을 불 꺼진 방 창문 틈으로 지켜보고 있었다고 한다. 그리고 옆집 아주머니뿐만 아니라 근처에 사는 사람들이 모두 지켜

봤을 수도 있다고 했다. 아무도 잡으려고 하지 않고 공안(경찰)에 신고는커녕 도둑이 왔다고 소리치지도 않고 그냥 지켜만 보고 있던 것이다. 신고하거나 소리를 쳐서 도둑에게 원한을 사게 되면 보복이 있을 것 같아서 그랬다고 한다.

베트남 사람들은 어떤 이유로든 공안 만나는 것을 싫어하고, 또 복잡한 일에 끼어드는 것 자체를 싫어한다. 교통사고 시에도 아주 큰 사고가 아니면 사고 당사자들끼리 해결하는 게 대부분이고 절대 공안을 부르는 일은 없다. 정말 우리나라와 달라도 아주 많이 다른 부분이다.

며칠 전 개인주택으로 새 사무실을 이전한 금고 회사를 운영하는 지인을 만나기 위해 큰길에서 떨어진 한적한 주택가를 택시를 타고 찾아갔다. 사무실로 돌아오는 길에 택시를 잡으려고 큰길까지 나오면서 보니 집집마다 어찌나 철창을 많이 설치해 놓았던지, 어떤 집은 하늘이 보이는 앞마당 위에도 철창으로 뒤덮어 놓아 너무 놀랍고 신기하기까지 했다.

"아무도 도와주지 않는다. 심지어는 공안까지도 도와주지 않는다. 베트남에서 자신의 재산은 자신이 지켜야 한다"라며 조금 전 자기 회사 금고에 대해 한껏 자랑하던 지인의 말이 다시 떠올랐다.

공안에게 도둑을 잡아달라고 하면, 공안이 돈을 요구한다. 돈을 주면 잡아 주고 안 주면 안 잡아 준다는 것이다. '공안도 도둑과 한편'이라는 말이 나오는 이유다.

유명 관광지에서 지갑을 소매치기당하고, 그 일당 중 한 명을 잡아 공안에게 데려갔더니, 공안은 딴청만 피웠다. 지갑에 있던 현금 1천만 동(우리 돈 50만 원)은 필요 없으니 신분증과 은행 카드만이라도 찾아달라는 내 얘기를 듣고 10분 뒤 바로 공안에게 신분증과 은행카드를 건네받은 경험이 있다. 공안은 그것을 어디서 어떻게 찾았는지 아무 말도 하지 않았고 나 역시 묻지 않았다.

270

대부분 지갑에 현금이 많은 한국인들은 아무래도 '알리바바'의 표적이 될 수 있으니 항상 소지품을 조심하고 개인주택보다 아파트에 거주하는 것이 더 안전하다. 어느 정도 여유가 있는 베트남 사람들이 비싼 가격에도 불구하고 경비와 보안 시스템이 좀 더 잘 되어 있는 주택이나 최신 아파트를 선호하는 이유가 바로 이 '알리바바' 때문이다.

12) 마주보지 않고 옆으로 나란히 앉는 사람들

베트남의 커피숍이나 식당에 가 보면, 손님이 모두 거리 쪽을 바라보고 앉아 있다. 혼자 온 사람은 그렇다 치더라도 두 사람인 경우 남자 둘이거나 부부나 연인 사이로 보이는 남녀 커플이거나 할 것 없이 마주보고 앉는 것이 아니라 옆에 나란히 앉아 식사를 하고 차를 마시고 대화를 하는 모습을 볼 수 있다.

우리는 보통 서로 마주보고 식사하고, 마주보고 차를 마시며 대화하는데, 베트남 사람들은 왜 그런 것일까? 처음엔 프랑스의 영향을 받아 나란히 거리를 보며 앉는 게 유럽 스타일인 줄 알았는데 아니다. 베트남 지인이 그것은 일종의 '습관'이란다. 본인도 100% 장담할 수는 없지만 아마 전쟁의 영향일 거라고 한다.

중국과의 오랜 전쟁이나 내부 왕조끼리의 전쟁은 제외하더라도 19세기 후반부터 시작된 70년간의 프랑스 식민지 시대부터 2차 세계대전 때의 항일 투쟁, 1945년 일본의 무조건 항복으로 독립 국가가 세워지는 듯했지만 이를 인정하지 않는 프랑스와 또다시 시작된 전쟁. 기어코 디엔비엔푸 전투에서 프랑스에게 항복을 받아 내지만 승리의 기쁨도 잠깐, 프랑스의 주장으로 베트남은 남북으로 분단되고 남베트남의 부패 정부와 미국의 개입, 그 후 통킹만 사건을 빌미로 시작된 월남전과

1975년 4월 30일 남베트남(월남)의 패망까지….

이처럼 최근 100년이 넘는 기간 동안 끊임없는 전쟁 속에서 살아온 베트남 사람들은 살아남기 위해 늘 주위를 지켜보며, 때론 누가 적이고 누가 아군인지 모르는 상황 속에서 항상 사람들을 경계하며 살아온 것이다. 그들의 36가지 웃음 속에 숨겨진 초초함과 생존 본능의 진지한 표정들은 바로 항상 주위를 경계하는 굳은 표정의 얼굴이다.

언제 어디서 폭탄이 터질지, 언제 적이 나타날지, 누가 나를 감시하는지 등 여러 가지 복잡한 상황에서 항상 주위를 살피고 사람들을 경계하며 살다 보니 식사할 때나 차를 마실 때도 본능적으로 안전한 벽을 등지고 밖을 살피며 사람들을 살피는 것이라고 한다.

그런 오랜 습관이 지금까지도 남아 있어 친한 친구와 식사를 할 때도, 연인과 달콤한 이야기를 속삭일 때도 마주보는 게 아니라 자연스럽게 나란히 앉아 밖을 쳐다보며 차를 마신다는 것이다.

이처럼 나란히 앉아 식사를 하거나 차를 마시는 사람들은 대부분 직접 전쟁을 겪었거나 적어도 전쟁에 대한 이야기를 듣고 자란, 어느 정도 나이가 있는 사람들이다. 또한 그들이 그렇게 앉는 식당이나 찻집은 대부분 칼집 형태의 건물로 전형적인 베트남 스타일 건물이다. 전쟁에 대해 전혀 모르는 20대 젊은이들은 웃고 떠들며 우리처럼 마주 앉는다. 그리고 그들은 전형적인 베트남 스타일의 건물이 아닌 새롭고 감각적으로 설계된 그들만의 새로운 공간을 찾아 그곳에 몰려 있다. 그래서 젊은이들에게 옆으로 나란히 앉는 이유를 아는지 물어보면 당황해한다. 그들은 그렇게 앉는 이유에 대해 생각해 본 적조차 없다고 한다.

그들은 아버지 세대 그리고 그 아버지의 아버지 세대에 대해 의식하지 못하는 것인지, 아니면 일부러 의식하지 않으려 하는 것인지 모르겠지만 다분히 현실적이다. 과거에 대해 이야기하는 것을 싫어한다.

272

"다 지나간 일이에요", "옛날 일인데요 뭐" 그들에게 과거는 과거고 현재는 현재다. 참 심플하다.

한국의 월남전 참전에 대한 질문에는 "한국 군인이 잘못한 게 아니죠. 한국은 미국이 시키니까 한 거 아닌가요?"라고 하며 우리를 당황하게 한다. 월남전의 주적인 미국도 쿨하게 용서하는 그들이다. '용서는 하되 잊지는 않는다'며, 그들은 미국을 이긴 것에 대한 자부심은 절대로 내색하지 않는다.

미국은 그냥 '현재 돈 많은 나라, 도움을 받아야 하는 나라'라는 정도로 인식한다. 그러면서 그들은 월급을 좀 더 많이 주는 다국적 기업에 취직하기 위해 열심히 영어 학원을 다닌다. 영어를 무조건 잘해야 먹고 사는 데 지장이 없을 거라고 생각하는 젊은 엄마들은 6~7세 자녀들을 오토바이에 태우고 영어 학원에 밀어 넣는다. 놀랄 정도로 현실적인 젊은 세대들의 모습 또한 생존을 위한 것이라 생각하니 측은한 마음이 든다.

"친구든, 연인이든 마주보는 것보다 둘이 같은 곳을 바라보는 게 좋은 거 아니에요?" 젊은 베트남 친구의 재치 있는 대답이다.

그렇다. 어두운 과거의 모습이 보이더라도 해석을 달리하면 미래가 보이는 법.

'그래, 맞아. 나란히 앉아 얘기하면, 마주보는 것보다 얼굴에 음식이나 침도 안 튀고 좋네.' 이 또한 재미있다. 괜히 과거에 얽매여 있는 우리만 심각한 것인가?

13) '베트남 타임'은 사라지고 다시 '코리안 타임'

오래전, 한국 사람들이 약속 시간을 잘 지키지 않는다고 해서 외국인들이 모든 일에 보통 30분에서 1시간 정도의 여유를 두라는 의미로 '코리안 타임'이라는 말을 썼던 걸 기억한다. 친구들과의 약속 시간에 늦으면 변명거리로 종종 그 말을 써먹던 기억도 있다.

태어난 시(時)를 묻는 질문에 '점심 먹고 누렁이(개) 밥 줄 때 태어났지 아마?'라고 하시는 우리네 어머니들의 말에서도 알 수 있듯 우리는 오랜 세월 농경 생활에 익숙해져 있었기 때문에 정확한 시간 개념이 없었다.

역시 농경 생활에 익숙한 베트남 사람들도 산업화와 근대화가 되기 전까지는 예전의 우리와 같이 시간 개념이 없는 것이다. 기본 30분에서 1시간 특히 갑자기 비라도 내리면 약속 시간은 서로 연락하지 않아도 자동으로 무한 연기 또는 취소로 알고 있는 이 '베트남 타임'이 서서히 사라지고 있다. 베트남 친구와의 약속 시간에 늦을 거라 생각하고 일부러 20분 지나서 갔더니 정시에 나와서 기다렸다는 것이다. 그러면서 요즘 한국 사람들이 시간 약속을 더 안 지키는 것 같다는 말에 갑자기 멍해졌다.

베트남 친구들이 다 그런 것은 아니지만 보통 약속 시간보다 20분~30분 늦게 나오는 것이 예사다. 하지만 그렇다고 약속 시간에 늦게 나갔다가는 그들에게 다시 코리안 타임이란 소리를 들을지도 모른다.

Vietnam

'뜨뜨(Từ từ, 천천히)'의 의미와 베트남의 저력

일 년에 꼭 한두 번씩 모임에서 보는 베트남 친구가 있는데, 그 친구는 나를 볼 때마다 여자 친구를 소개해 준다고 한다. 5년 전 처음 만난 자리에서 시작한 말인데, 그 말을 기억하고 내가 언제 소개해 줄 거냐고 물으면, 그는 해마다 같은 말을 되풀이한다.

'뜨뜨(Từ từ)'… 천천히란다.

그가 왜 그렇게 말하는지 그리고 그렇게 말하는 그의 말뜻이 뭔지 최근에야 알았다.

베트남에 거주한 지 20년이 넘은 어르신과 함께한 자리에서 어르신도 똑같은 경우가 있다면서 그 어르신이 아는 베트남 친구분은 20년이 넘게 '뜨뜨'라 말한다고 한다.

처음엔 '왜 이리 급해? 좀 기다려 봐…', '기다리면 해줄게, 천천히…'라는 의미인 줄 알았는데, 그 말은 그냥 '립 서비스(Lip service)'라고 한다.

어르신 말을 들으며 '뜨뜨'는 마치 '뭐 돈 될 게 없나' 하며 너도 나도 베트남으로 몰려든 우리들에게 던지는 화두(話頭) 같다는 생각이 들었다.

그 어르신은 베트남 사람들은 이와 같이 립 서비스를 능청스럽게 매우 잘 한다고 하며, 좀 더 다양한 베트남 사람들의 특성을 얘기해 주었다. 그 내용을 정리해 보면 다음과 같다.

베트남 사람들 대부분은 남에게 듣기 싫은 얘기를 잘 안 한다. 그리고 본인이 난처한 상황에 빠지는 걸 싫어하고, 혹시 그런 상황에 빠지면 거짓말과 아주 다양한 핑계를 대서라도 일단 그 상황을 피하고 본다. 자신이 난처한 상황이건 남이 난처한 상황이건 무엇을 물어보면 일단 무조건 '난 몰라요(Em không biết)'라고 한다.

그들은 또 아무리 잘못했어도 웬만해서는 '미안하다(xin lỗi)'는 말을 하지 않고, 대부분 고민도 안 한다.

어린아이를 키우는 엄마들을 보면, 밥 먹기 싫은 아이들을 쫓아다니면서 화 한 번 내지 않고 밥을 끝까지 다 먹이고, 어쩌다 아이를 혼내는 경우 나중에는 반드시 아이를 꼭 안아준다. 어떻게 보면 아이를 그야말로 기고만장(氣高萬丈)하게 키우는데, 그래서 그런지 모르지만 베트남 사람들은 자존심은 물론 똥고집도 무척 세다. 또한 그들은 우쭐대는 걸 좋아하는데, 그래서 부하 직원들이 집을 방문하는 걸 좋아한다.

참고로 베트남 사람들은 '선물'과 '뇌물'을 구분할 줄 아는데, 베트남 사람에게 선물할 경우가 생기면, 약 100$ 정도 내외의 금액으로 선물을 하면 되고, 그의 부인에게 어울리는 가정용품 같은 것을 선물하면 더 좋아한다고 한다.

베트남 사람들은 재재혼도 청첩장을 돌리며, 재혼 부모 자녀들끼리도 결혼이 가능하다고 한다. 부모는 부모, 나는 나. 단순하지만 아주 명쾌하고 합리적인 사고방식을 가졌는데, 간혹 식당에서 손님이 식사 중인데 종업원이 옆에서 청소를 하는 것도 이런 단순한 사고방식에서 비롯된 것 같다. '너는 손님이니 밥을 먹는 거고, 나는 지금 청소를 해야 하니 청소를 하는 거다.' 뭐 이런 식이다. 그리고 아직까지 그런 종업원의 행동에 대해 항변하는 베트남 사람을 본 적이 없다. 단순하고 합리적인 그들의 사고방식이 경험이 많지 않은 서비스업종과 만나 조합을 이루지 못하고 있는 현상인 듯하다.

또 그들은 대부분 큰소리로 우는 경우가 없는데, 초상집에서도 곡을 안 한다. 큰 슬픔이건 작은 슬픔이건 울음을 절제한다. 베트남 사람들은 대부분 방귀소리도 없단다. 즉 소리 없는 방귀를 뀐다고 한다. 이런 것도 자존심이 작용하는 것 같다.

베트남 사람들은 모두 경로사상이 투철해서 버스나 공원 벤치에서 노인에게 자리 양보를 잘하고 심지어 이혼한 부인이 시부모를 계속 모시는 경우도 있다. '헤어진 건 남편과 헤어진 것이지, 남편의 어머니와 헤어진 것은 아니다'라고 한단다.

축구 도박을 좋아하는 그들은 잃은 돈을 나중에 주는 일도 없고 개평도 없단다. 불법임에도 불구하고 축구 도박이 일상화되어 있고, 오래된 규칙이라 생각하는지 몰라도 도박의 룰을 정확히 지킨다.

베트남의 각 학교 선생님은 체벌 권한은 있지만 학생에게 폭력을 사용하지 않는다. 심지어 군사훈련 교육장에서도 교관이 훈련병들에게 매우 자상하게 가르친다고 하니 교육은 강압적이거나 윽박질러서 되는 게 아니라는 걸 그들도 아는 것이다.

무엇보다 그들은 가난하고 어렵게 생활하지만 부지런하고, 서로 도우며, 배려하고, 아량이 있고, 지혜가 있다. 그리고 모든 걸 '천천히' 한다. 절대 서두르지 않는다. 자국의 재정 상태를 고려해 아시안게임 개최권도 반납한 그들이다. 그들은 어리석지 않다. 그리고 많은 면에서 우리보다 합리적이다.

'베트남 사람들을 절대 얕보지 마라.'

20년 넘게 베트남에 거주하신 어르신과의 대화 끝에 나온 말입니다.

베트남은 무려 천 년이라는 긴 세월 동안 중국의 식민 지배를 받으면서도 민족의 정체성을 잃지 않고 기어코 독립을 한 나라입니다. 그리고 다시 천 년 동안 중국, 프랑스, 일본, 미국과 싸워 이긴 나라입니다. 그들은 무서울 정도로 신념이 곧고 끈질기고 또한 민족 자부심이 대단한 사람들입니다.

베트남 땅에 빌붙어 사는 우리는 이방인입니다. 아무리 나이가 어려도 베트남 사람을 무시하지 말아야 합니다. 그들이 일을 잘 모르고 어리둥절해하는 이유는 가난 때문에 교육을 못 받았고, 가난 때문에 우리가 상식적으로 알고 있는 많은 업무의 경험을 못 한 것뿐입니다.

베트남 생활 초창기를 지나 어느덧 24도의 서늘함을 느끼고, 풀숲에 가도 모기에 잘 안 물리는 체질로 바뀐, 그렇게 차츰 베트남에 적응해가는 어린 새내기지만 분명히 느낄 수 있습니다.

베트남의 저력을 그리고 베트남이 머지않아 지금보다 훨씬 잘사는 나라가 될 것이란 것을….

비엣남 보득!

* Việt Nam Vô Địch: 축구경기 중 베트남 관중들의 구호. 무적 베트남 또는 챔피언은 베트남이라는 뜻.

📖 북오션 부동산 재테크 도서 목록 📖

부동산/재테크/창업

장인석 지음 | 17,500원
348쪽 | 152×224mm

▌롱텀 부동산 투자 58가지

이 책은 현재의 내 자금 규모로, 어떤 위치의 부동산을 언제 살 것인가에 대한 탁월한 분석을 펼쳐 보여 준다. 월세탈출, 전세탈출, 무주택자탈출을 꿈꾸는, 건물주가 되고 싶고, 꼬박꼬박 월세 받으며 여유로운 노후를 보내고 싶은 사람들을 위한 확실한 부동산 투자 지침서가 되기에 충분하다. 이 책은 실질금리 마이너스 시대를 사는 부동산 실수요자, 투자자 모두에게 현실적인 투자 원칙을 수립할 수 있도록 해줄 뿐 아니라 실제 구매와 투자에 있어서도 참고할 정보가 많다.

나창근 지음 | 15,000원
302쪽 | 152×224mm

▌나의 꿈, 꼬마빌딩 건물주 되기

'조물주 위에 건물주'라는 유행어가 있듯이 건물주는 누구나 한 번은 품어보는 달콤한 꿈이다. 자금이 없으면 건물주는 영원한 꿈일까? 저자는 현재와 미래의 부동산 흐름을 읽을 줄 아는 안목과 자기 자금력에 맞춤한 전략, 꼬마빌딩을 관리할 줄 아는 노하우만 있으면 부족한 자금을 충분히 상쇄할 수 있다고 주장한다. 또한 액수별 투자전략과 빌딩 관리 노하우 그리고 건물주가 알아야 할 부동산지식을 알기 쉽게 설명한다.

박갑현 지음 | 14,500원
264쪽 | 152×224mm

▌월급쟁이들은 경매가 답이다
1,000만 원으로 시작해서 연금처럼 월급받는 투자 노하우

경매에 처음 도전하는 직장인의 눈높이에서 부동산 경매의 모든 것을 알기 쉽게 풀어낸다. 일상생활에서 부동산에 대한 감각을 기를 수 있는 방법에서부터 경매용어와 절차를 이해하기 쉽게 설명하며 각 과정에서 꼭 알아야 할 중요사항들을 살펴본다. 경매 종목 또한 주택, 업무용 부동산, 상가로 분류하여 각 종목별 장단점, '주택임대차보호법' 등 경매와 관련되어 파악하고 있어야 할 사항들도 꼼꼼하게 짚어준다.

초저금리 시대에도 꼬박꼬박 월세 나오는
수익형 부동산

현재 (주)기림이엔씨 부설 리치부동산연구소 대표이사로 재직하고 있으며 [부동산TV], [MBN], [한국경제TV], [KBS] 등 방송에서 알기 쉬운 눈높이 설명으로 호평을 받은 저자는 부동산 트렌드의 변화와 흐름을 짚어주며 수익형 부동산의 종류별 특성과 투자노하우를 소개한다. 여유자금이 부족한 투자자도 전략적으로 투자할 수 있는 혜안을 얻을 수 있을 것이다.

나창근 지음 | 17,000원
332쪽 | 152×224mm

주식/금융투자

북오션의 주식/금융 투자부문의 도서에서 독자들은 주식투자 입문부터 실전 전문투자, 암호화폐 등 최신의 투자흐름까지 폭넓게 선택할 수 있습니다.

주식투자
기본도 모르고 할 뻔했다

코로나 19로 경기가 위축되는데도 불구하고 저금리 기조가 계속되자 시중에 풀린 돈이 주식시장으로 몰리고 있다. 때 아닌 활황을 맞은 주식시장에 너나없이 뛰어들고 있는데, 과연 이들은 기본은 알고 있는 것일까? '삼프로TV', '쏠쏠TV'의 박병창 트레이더는 '기본 원칙' 없이 시작하는 주식 투자는 결국 손실로 이어짐을 잘 알고 있기에 이 책을 써야만 했다.

박병창 지음 | 19,000원
360쪽 | 172×235mm

하루 만에 수익 내는
데이트레이딩 3대 타법

주식 투자를 한다고 하면 다들 장기 투자나 가치 투자를 말하지만, 장기 투자와 다르게 단기 투자, 그중 데이트레이딩은 개인도 충분히 가능하다. 물론 쉽지는 않다. 꾸준한 노력과 연습이 있어야 한다. 하지만 가능하다는 것이 중요하고, 매일 수익을 낼 수 있다는 것이 중요하다. 그 방법을 이 책이 알려준다.

유지윤 지음 | 25,000원
312쪽 | 172×235mm

최기운 지음 | 18,000원
424쪽 | 172×245mm

10만원으로 시작하는 주식투자

4차산업혁명 시대를 선도하는 기업의 주식은 어떤 것들이 있을까? 이제 이 책을 통해 초보투자자들은 기본적이고 다양한 기술적 분석을 익히고 그것을 바탕으로 향후 성장 유망한 기업에 투자할 수 있는 밝은 눈을 가진 성공한 가치투자자가 될 수 있다. 조금 더 지름길로 가고 싶다면 저자가 친절하게 가이드 해준 몇몇 기업을 눈여겨보아도 좋다.

박병창 지음 | 18,000원
288쪽 | 172×235mm

현명한 당신의 주식투자 교과서

경력 23년차 트레이더이자 한때 스패큐라는 아이디로 주식투자 교육 전문가로 불리기도 한 저자는 "기본만으로 성공할 수 없지만, 기본 없이는 절대 성공할 수 없다"고 하며, 우리가 모르는 '기본'을 설명한다. 아마도 이 책을 보고 나면 '내가 이것도 몰랐다니' 하는 감탄사가 입에서 나올지도 모른다. 저자가 말해주는 세 가지 기본만 알면 어떤 상황에서도 주식투자를 할 수 있다.

최기운 지음 | 18,000원
300쪽 | 172×235mm

동학 개미 주식 열공

〈순매매 교차 투자법〉은 단순하다. 주가에 가장 큰 영향을 미치는 사람의 심리가 차트에 드러난 것을 보고 매매하기 때문이다. 머뭇거리는 개인 투자자와 냉철한 외국인 투자자의 순매매 동향이 교차하는 곳을 매매 시점으로 보고 판단하면 매우 높은 확률로 이익을 실현할 수 있다.

곽호열 지음 | 19,000원
244쪽 | 188×254mm

초보자를 실전 고수로 만드는 주가차트 완전정복

이 책은 주식 전문 블로그 〈달공이의 주식투자 노하우〉의 운영자 곽호열이 예리한 분석력과 세심한 코치로 입문하는 사람은 물론 중급자들이 놓치기 쉬운 기술적 분석을 다양하게 선보인다. 상승이 예상되는 관심 종목 분석과 차트를 통한 매수매도타이밍 포착, 수익과 손실에 따른 리스크 관리 및 대응방법 등 주식시장에서 이기는 노하우와 차트기술에 대해 안내한다.

유지윤 지음 | 18,000원
264쪽 | 172×235mm

누구나 주식투자로
3개월에 1000만원 벌 수 있다

주식시장에서 은근슬쩍 돈을 버는 사람들이 있다. '3개월에
1000만 원' 정도를 목표로 정하고, 자신만의 투자법을 착실
히 지키는 사람들이다. 3개월에 1000만 원이면 웬만한 사람들
월급이다. 대박을 노리지 않고, 딱 3개월에 1000만 원만 목표
로 삼고, 그것에 맞는 투자 원칙만 지키면 가능하다. 이렇게
1000만 원을 벌고 나서 다음 단계로 점프해도 늦지 않는다.

근투생 김민후(김달호) 지음
16,000원 | 224쪽
172×235mm

삼성전자 주식을 알면
주식 투자의 길이 보인다

인기 유튜브 '근투생'의 주린이를 위한 투자 노하우. 국내 최초
로 삼성전자 주식을 입체분석한 책이다. 삼성전자 주식은 이른
바 '국민주식'이 되었다. 매년 꾸준히 놀라운 이익을 내고 있으
며, 변화가 적고 꾸준히 상승할 것이라는 예상이 있기에, 이 책
에서는 삼성전자 주식을 모델로 초보 투자자가 알아야 할 거의
모든 것을 설명한다.

금융의정석 지음 | 16,000원
232쪽 | 152×224mm

슬기로운 금융생활

직장인이 부자가 될 방법은 월급을 가지고 효율적으로 소비하
고, 알뜰히 저축해서, 가성비 높은 투자를 하는 것뿐이다. 그 기
반이 되는 것이 금융 지식이다. 금융 지식을 전달함으로써 개설
8개월 만에 10만 구독자를 달성하고 지금도 아낌없이 자신의 노
하우를 나누어주고 있는 크리에이터 '금융의정석'이 영상으로는
자세히 전달할 수 없었던 이야기들을 이 책에 담았다.

터틀캠프 지음 | 25,000원
332쪽 | 172×235mm

캔들차트 매매법

초보자를 위한 기계적 분석과 함께 응용까지 배울 수 있도록 자
세하게 캔들 중심으로 차트의 원리를 설명한다. 피상적인 차트
분석이 아니라 기계적으로 차트를 발굴해서 실전에서 활용하는
데 초점을 맞춘 가이드북이다. 열심히 공부하고 노력하여 자신
만의 매매법을 확립해, 돈을 잃는 투자자에서 수익을 내는 투자
자로 거듭날 계기가 될 것이다.